本书出版得到
西北大学“双一流”建设项目资助
(Sponsored by First-class Universities and
Academic Programs of Northwest University)

丝 路 豹 斑

（再续）

——不起眼的交流，不经意的发现

冉万里　著

科 学 出 版 社
北　京

内 容 简 介

本书共分六章，各章内容以“丝绸之路”为线索，将其串联在一起，形成基本架构。全书所述包括：文明交流视野下的楼兰及其周边、北魏及其以后的石刻绘画艺术中的银杏树及花树、筌蹄形象及实物的传播与演变、唐代长安地区墓葬乐舞图像中的氍毹及莲花上的舞蹈、唐代长安名刹西明寺、史海拾贝等。

本书内容丰富，选题新颖，视角独特，以小见大，为读者阐释了人类文明交往的特点，适合考古工作者、美术史研究者以及相关领域的研究者阅读。

图书在版编目（CIP）数据

丝路豹斑：再续：不起眼的交流，不经意的发现 / 冉万里著．—北京：科学出版社，2021.12

ISBN 978-7-03-071137-3

Ⅰ．①丝…　Ⅱ．①冉…　Ⅲ．①丝绸之路 - 研究　Ⅳ．① K928.6

中国版本图书馆 CIP 数据核字（2021）第 270940 号

责任编辑：柴丽丽 / 责任校对：邹慧卿
责任印制：肖　兴 / 封面设计：张　放

科 学 出 版 社 出版
北京东黄城根北街 16 号
邮政编码：100717
http://www.sciencep.com
北京汇瑞嘉合文化发展有限公司 印刷
科学出版社发行　各地新华书店经销
*
2021 年 12 月第　一　版　开本：787×1092　1/16
2021 年 12 月第一次印刷　印张：24 1/2
字数：577 000

定价：200.00 元

（如有印装质量问题，我社负责调换）

前　言

探讨有关丝绸之路的话题，犹如品茗，日饮、时饮亦不觉其厌、不觉其烦。为何？因为新的考古发现、新的认识、新的学术观点层出不穷，令人目不暇接，不得不去反复思考、琢磨。在这样一个信息爆炸的时代，任何个人在巨量的信息面前都会有手足无措之感。拙著一如既往，依然选择一个能够反映东西方交流的较小的研究对象，抽丝剥茧，展开论述，旨在探讨文化交流的方式、模式等问题。丝绸之路是概念，是交通线路，而人群的互动、物质的交换以及文化的共生共存、相互借鉴促进的人类社会进步与繁荣则是其核心和根本。所以，丝绸之路的研究，可以从不同角度，采用不同方式，从而达到揭示问题本质的目的。

本书分为六章，以丝绸之路和文化交流为基本线索，探讨了如下内容：通过分析文明交流视野下的楼兰及其周边地区，探讨了古楼兰在中外文化交流上的重要地位；通过讨论北魏及其以后石刻绘画艺术中的银杏树及花树的发展演变，探讨了文化的交流与本土化问题；通过研究筌蹄的形象及实物的传播与演变，探讨了一种坐具从形象到实物的传播过程，及其在古代中国产生的影响；通过对唐代长安地区墓葬乐舞图像中的氍毹及莲花上的舞蹈图像进行分析，探讨了氍毹形象的出现与氍毹作为实物输入的时间，以及这种外来物品在唐代社会所起的作用，同时也探讨了作为一种艺术表达形式的莲花上的舞蹈与佛教文化的关系；探讨了唐代长安名刹西明寺在唐代的社会地位以及西明寺学派形成的原因；史海拾贝，属于读书札记性质，由六个与佛教和文化交流有关的小问题组成。

目前，丝绸之路的相关研究，已经不是以往的“星星之火”，而是“东风夜放花千树”的繁荣局面。同时，在新时代、新思想、新理论的指导下，将丝绸之路的研究与国家需要结合起来，认真讲好丝绸之路背后的生动故事，培育家国情怀，认识并阐释好中华民族自古以来在对待外来文化的问题上所持的包容态度和开放心态，从而取得更大的成绩。

目　录

第一章　文明交流视野下的古楼兰及其周边
——汉晋时期的楼兰遗物中所见文化因素分析

楼兰是西域古国名，都楼兰城，曾经为丝绸之路必经之地，现只存遗迹，地处新疆维吾尔自治区巴音郭楞蒙古自治州若羌县北境，罗布泊的西北角、孔雀河道南岸的7千米处。本文着重对楼兰及其广大的周边地区经过考古发现的各类遗迹与遗物进行梳理和初步的整理，论述古楼兰及其周边地区在“丝绸之路”上的作用及中原王朝对西域的经略。

楼兰第一次出现在中国文献中，是在汉文帝四年（前176年）。当时，匈奴冒顿单于致信汉文帝，表示西域二十六国已经归属匈奴，其中就包括楼兰。据《史记》卷一百十《匈奴列传》记载：“其明年（即汉文帝四年），单于遗汉书曰：‘……定楼兰、乌孙、呼揭及其旁二十六国，皆以为匈奴。’”[①] 张骞出使西域后，在给汉武帝的报告中也提到楼兰，据《史记》卷一百二十三《大宛列传》记载：“楼兰、姑师邑有城郭，临盐泽。盐泽去长安可五千里。”[②]

《汉书》卷九十六上《西域传上》记载：“元凤四年（前77年），大将军霍光白遣平乐监傅介子往刺其王。介子轻将勇敢士，赍金币，扬言以赐外国为名。既至楼兰，诈其王欲赐之，王喜，与介子饮，醉，将其王屏语，壮士二人从后刺杀之，贵人左右皆散走。介子告谕以‘王负汉罪，天子遣我诛王，当更立王弟尉屠耆在汉者。汉兵方至，毋敢动，自令灭国矣！’介子遂斩王尝归首，驰传诣阙，悬首北阙下。封介子为义阳侯。乃立尉屠耆为王，更名其国为鄯善，为刻印章，赐以宫女为夫人，备车骑辎重，丞相将军率百官送至横门外，祖而遣之。王自请天子曰：‘身在汉久，今归，单弱，而前王有子在，恐为所杀。国中有伊循城，其地肥美，愿汉遣一将屯田积谷，令臣得依其威重。’于是汉遣司马一人、吏士四十人，田伊循以填抚之。其后更置都尉。伊循官置始此矣。鄯善当汉道冲，西通且末七百二十里。”[③]

---

① （汉）司马迁撰，（宋）裴骃集解，（唐）司马贞索隐，（唐）张守节正义：《史记》，中华书局，2013年，第2896页。

② （汉）司马迁撰，（宋）裴骃集解，（唐）司马贞索隐，（唐）张守节正义：《史记》，中华书局，2013年，第3808、3809页。

③ （汉）班固撰，（唐）颜师古注：《汉书》，中华书局，1962年，第3878、3879页。

大约在北魏明元帝拓跋嗣泰常七年（422年）以后，鄯善国（楼兰国）逐渐南移，在其最为强盛之时，先后吞并了婼羌、小宛、精绝、且末等国，成为西域七强之一，直至北魏太武帝拓跋焘太平真君九年（448年）被北魏所灭。前后经历了600余年的古楼兰国（鄯善国），至此灭亡。

从文献记载来看，楼兰（鄯善）曾经是“丝绸之路”上咽喉要地，现列举两条史料如下。

（1）《魏略·西戎传》记载：“从燉煌玉门关入西域，前有二道，今有三道。从玉门关西出，经婼羌转西，越葱领，经县度，入大月氏，为南道。从玉门关西出，发都护井，回三陇沙北头，经居卢仓，从沙西井转西北，过龙堆，到故楼兰，转西诣龟兹，至葱领，为中道。从玉门关西北出，经横坑，辟三陇沙及龙堆，出五船北，到车师界戊己校尉所治高昌，转西与中道合龟兹，为新道。”①

（2）《隋书·裴矩传》记载：“撰《西域图记》三卷，入朝奏之。其序曰：……发自敦煌，至于西海（地中海），凡为三道，各有襟带。北道从伊吾，经蒲类海铁勒部，突厥可汗庭，度北流河水，至拂菻国，达于西海。其中道从高昌，焉耆，龟兹，疏勒，度葱岭，又经钹汗，苏对沙那国，康国，曹国，何国，大、小安国，穆国，至波斯，达于西海。其南道从鄯善，于阗，朱俱波、喝磐陀，度葱岭，又经护密，吐火罗，挹怛，忛延，漕国，至北婆罗门，达于西海。其三道诸国，亦各自有路，南北交通。……故知伊吾、高昌、鄯善，并西域之门户也。总凑敦煌，是其咽喉之地。”②

一、楼兰及其周边与作为文明中介的贵霜帝国

罗马帝国曾经想直接与中国进行交往，但都由于横亘在罗马帝国和中国之间的安息、贵霜帝国所阻隔（图1-1），而不得直接交流。据《后汉书》卷八十八《西域传》记载：“其王（大秦国国王）常欲通使于汉，而安息欲以汉缯彩与之交市，故遮阂不得自达。至桓帝延熹九年，大秦王安顿遣使自日南徼外献象牙、犀角、玳瑁，始乃一通焉。”③ 在这样的情况之下，希腊罗马文化通过贵霜帝国影响塔里木盆地周边地区，显示了贵霜帝国在这一交往中的重要性。

从阿富汗贝格拉姆储藏室发现的来自罗马、印度、中国几大文明之地的各类器物来看，贵霜帝国在丝绸之路上起着重要的中介作用，同时也是一个奢侈品集散地。新疆出土的一些与贝格拉姆储藏室出土物相似或者一致的来自古罗马和印度的遗物，大

① （晋）陈寿撰，（宋）裴松之注：《三国志》，中华书局，1959年，第859页。

② （唐）魏征、令狐德棻撰：《隋书》，中华书局，1973年，第1579、1580页。

③ （宋）范晔撰，（唐）李贤等注：《后汉书》，中华书局，1965年，第2919、2920页。

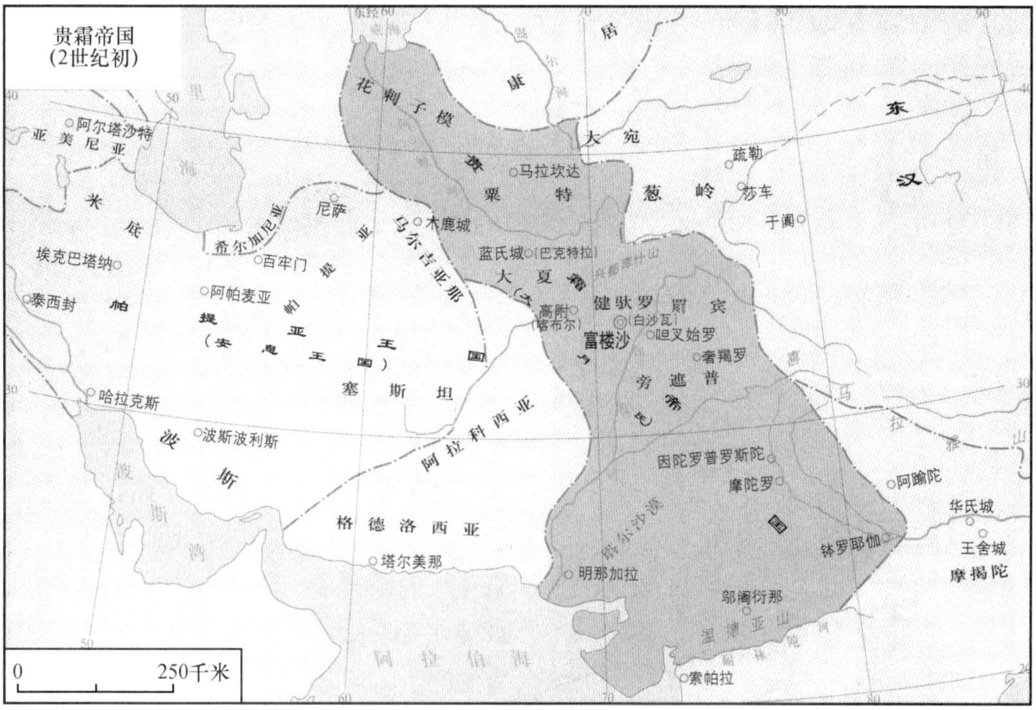

图1-1　2世纪初的贵霜帝国

［采自张芝联、刘学荣主编：《世界历史地图集》，中国地图出版社，2002 年，第 31 页，审图号：GS（2002）088 号］

体上应该是经过贵霜帝国的中转而抵达的，这也是贵霜帝国位于罗马与中国之间的地理位置决定的。直到 7 世纪之时，这里仍然起着这样的作用，玄奘在其《大唐西域记》卷一“迦毕试国”条云：“异方奇货，多聚此国。”[①]

（一）楼兰的遗迹与遗物中所见贵霜、希腊罗马的文化因素

在文字上，楼兰及鄯善使用佉卢文，明显受到了贵霜的影响，反映了贵霜帝国对于古楼兰和鄯善的影响。佉卢文的传来并得到使用，与佛教传来的意义是一致的，是文化交流和影响的结果，或者说是强有力的影响的结果。关于此，林梅村先生有撰文论述[②]，此不赘述。

1980 年，在楼兰古城遗址发现 1 枚贵霜铜币，直径 2.7、厚 0.3 厘米，重 16.3 克，

---

① （唐）玄奘、辩机原著，季羡林等校注：《大唐西域记校注》，中华书局，2000年，上册，第135、136页。

② 林梅村：《西域文明：考古、民族、语言和宗教新论》，东方出版社，1995年，第133—196页。

属于阎膏珍（Vima Kadphises）时期的铸币①（图 1-2-1），年代在 1—2 世纪。同类的阎膏珍铜币在乌兹别克斯坦也曾出土，直径 2.73—2.79 厘米②（图 1-2-2）。

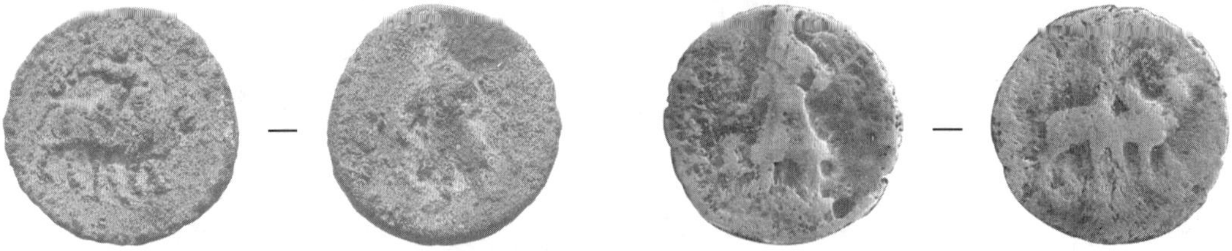

1 2

图1-2 贵霜帝国的货币

1. 楼兰古城遗址采集 2. 乌兹别克斯坦出土

图1-3 楼兰古城LC墓地发现缂毛残片上的双蛇杖和人头像

赫尔墨斯（Hermes），希腊神话人物，十二主神之一，宙斯与迈亚的儿子。在希腊神话的众神中，他是第二年轻的。他是众神使者，风雨、商业与偷盗之神。曾因为偷吃了太阳神阿波罗的牛而与阿波罗起争执。斯坦因在楼兰古城 LC 墓地发现了一块东汉时期的缂毛残片，其上有双蛇杖和人头像③（图 1-3），根据双蛇杖与头像的配置，学术界已经公认其为希腊神话中的赫尔墨斯，而且被作为希腊文化因素在新疆传播的重要证据之一。在罗马神话中，赫尔墨斯被称为墨丘利，是商业之神。既然是商业之神，那么在丝绸之路的咽喉要道上出现其形象，正好说明活跃于丝绸之路上的商人可能曾经以之作为自己的保护神。

① 新疆楼兰考古队：《楼兰城郊古墓群发掘简报》，《文物》1988年第7期；〔日〕朝日新聞社文化企画局東京企画第一部：《日中国交正常化20周年記念展——楼蘭王国と悠久の美女》，大塚巧芸社，1992年，第33頁。

② National Museum of Korea, *The Crossroads of Civilizations: Ancient Culeture of Uzbekiatan*, Badesin, 2009, p.72, fig.39.

③ 〔日〕田辺勝美、前田耕作：《世界美術大全集・東洋編》第15巻《中アジア》，小学館，1999年，第234頁，図版233。

楼兰古城东北的LE古城墓葬中发现的宴饮图中，有一人物坐像[①]（图1-4-1），其手持的高足杯应该是罗马玻璃杯，其形制与贝格拉姆储藏室中出土的罗马玻璃杯基本一致[②]（图1-4-2）。

楼兰古城遗址采集到一片玻璃碎片[③]（图1-5-1），虽然残缺不全，但其腹部的装饰与贝格拉姆储藏室出土的罗马玻璃杯腹部的装饰非常相似[④]（图1-5-2、3）。

1

2

图1-4　壁画中人物手持的玻璃杯与考古发现的玻璃器

1. 楼兰古城东北LE古城墓葬壁画中的人物　2. 阿富汗贝格拉姆储藏室发现的玻璃杯

① 国家文物局主编：《中国文物地图集·新疆维吾尔自治区分册》，文物出版社，2012年，上册，第304页。

② 〔日〕朝日新聞社文化企画局大阪企画部：《西遊記のシルクロード〈三蔵法師の道〉図録》，朝日新聞社，1999年，第76頁，図版32，解说参见第293頁。

③ 新疆楼兰考古队：《楼兰城郊古墓群发掘简报》，《文物》1988年第7期；〔日〕朝日新聞社文化企画局東京企画第一部：《日中国交正常化20周年記念展——楼蘭王国と悠久の美女》，大塚巧芸社，1992年，第33頁。

④ 成都博物馆：《阿富汗：古代文明的十字路口》，文化艺术出版社，2018年，第143、147页，图版164、168。

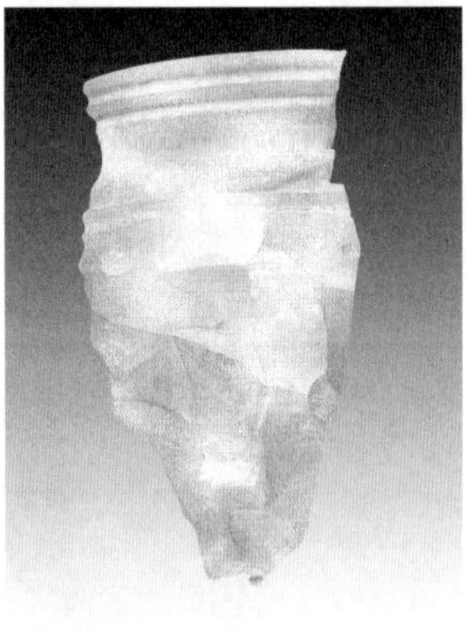

1

2

3

图1-5　玻璃器

1. 楼兰古城遗址采集　2、3. 阿富汗贝格拉姆储藏室出土

（二）楼兰周边等地区所见的贵霜的中介作用

1. 人面或者人头形器

希腊、罗马不仅创造了众多的神话和神祇，而且擅长将神话中的神祇以雕像形式表示出来，更喜欢以各类人物形象及故事装饰器物。在公元前 4 世纪的雅典，装香油或者香水的人头形壶或瓶较为流行，而且常常将其制作成雅典娜等的形象，如英国伦敦大英博物馆收藏的 1 件在雅典制作的雅典娜形人头陶瓶（图 1-6），年代在公元前 400—前 375 年[①]。还有一些陶壶或瓶则制作成波斯人或黑人头像，如英国伦敦大英博物馆收藏的面部呈惊愕样子的波斯人头形陶瓶（图 1-7）、双人面（一面为希腊女性，一面为黑人女性）形陶瓶[②]（图 1-8），这两件人头形瓶的制作地均在雅典，其年代分别为公元前 420—前 410 年、公元前 460—前 450 年。有些器物则直接制作成胸像的样式，如胸像或头像形状的壶或者砝码等，这类器物在阿富汗贝格拉姆储藏室曾经有发现，如贝格拉姆储藏室 F10 出土青铜女子头像形瓶，高 10.6 厘米（图 1-9-1）；F10 出土 2 件雅典娜胸像形青铜砝码，一件高 8.9 厘米（图 1-9-2），另一件高 9.8 厘米[③]（图 1-9-3）。另外，在贝格拉姆储藏室还出土 2 件青铜砝码，一件为人物形青铜砝码，高 8.4 厘

① 2019年1月笔者拍摄于英国伦敦大英博物馆，文字表述来自其展板上的说明文字。

② 2019年1月笔者拍摄于英国伦敦大英博物馆，文字表述来自其展板上的说明文字。

③ 成都博物馆：《阿富汗：古代文明的十字路口》，文化艺术出版社，2018年，第155—157页，图版183—185。

图1-6　英国伦敦大英博物馆藏雅典娜形人头陶瓶

图1-7　英国伦敦大英博物馆藏波斯人头形陶瓶

图1-8　英国伦敦大英博物馆藏双人面形陶瓶

米[①]（图 1-10）;另一件为雅典娜胸像形青铜砝码，高 11 厘米[②]（图 1-11）。在东地中海沿岸生产的玻璃器中，人面形或者人头形玻璃器皿有较多的发现。例如，日本出光美

①〔日〕田辺勝美、前田耕作：《世界美術大全集・東洋編》第15卷《中アジア》，小学館，1999年，第131頁，挿図77。

②〔日〕朝日新聞社文化企画局大阪企画部：《西遊記のシルクロード〈三蔵法師の道〉図録》，朝日新聞社，1999年，第77頁，図版33，解说文字参见第293頁。

1

2

3

图1-9　阿富汗贝格拉姆储藏室F10出土青铜瓶及砝码

1. 女子头像形瓶　2、3. 雅典娜胸像形砝码

图1-10　阿富汗贝格拉姆储藏室出土人物形青铜砝码

图1-11　阿富汗贝格拉姆储藏室出土雅典娜胸像形青铜砝码

术馆收藏的发现于叙利亚的 1 件人面形玻璃瓶，高 23.4 厘米[①]（图 1-12）。日本平山郁夫丝绸之路美术馆收藏了 3 件人面形玻璃瓶，年代都在 3—4 世纪，产地为东地中海沿岸，高分别为 16、9、8.5 厘米[②]（图 1-13）。这些流行于希腊、罗马的人面或人头形壶或者瓶，也曾经经过贵霜人之手传播到了新疆和田地区。

图1-12　日本出光美术馆藏叙利亚出土人面形玻璃瓶

图1-13　日本平山郁夫丝绸之路美术馆藏东地中海沿岸出土人面形玻璃瓶

在新疆和田约特干遗址曾经采集到 2 件双人面形带把陶壶，年代被认为在 3—4 世纪，一件高 7、口径 2.8、底径 2.5 厘米（图 1-14-1），另一件高 26、底径 12.5 厘米（图 1-14-2），现均藏于俄罗斯艾尔米塔什博物馆[③]。黄文弼早年在调查和田姚头岗遗址

① 〔日〕出光美術館：《中近东文化センタ—改修記念——オリエントの美術》，出光美術館，2013年，第63頁，図版70。

② 〔日〕平山郁夫シルクロード美術館：《シルクロードのガラス——時空を超えた魅惑を輝き》，山川出版社，2007年，第61頁。

③ 祁小山、王博编著：《丝绸之路·新疆古代文化（续）》，新疆人民出版社，2016年，第73页。

时，也发现 1 件双人面陶壶，残高 7.5、腹径 20 厘米[①]（图 1-14-3）。新疆和田地区发现的这种双人面形壶，也受了希腊、罗马的影响，但这种影响应该不是直接的，而应该是经贵霜人之手传入的，它们与贝格拉姆储藏室发现的雅典娜形砝码等器物在意蕴上是一致的。

如果再将其拓展开来看的话，一些佛教造像上双头或者相背的双面佛像，在艺术渊源上也受到了其影响，韩国学者闵丙熏先生已经注意到了这一点，并曾经进行了论述[②]。笔者在其论证的基础上，结合相关资料以贵霜的影响或者中介作用为中心做进一步讨论。玄奘在《大唐西域记》卷二“健驮逻（即犍陀罗）”条云：“大窣堵波石陛南面有画佛像，高一丈六尺。自胸已上，分现两身；从胸已下，合为一体。闻诸先志曰：初有贫士，佣力自济，得一金钱，愿造佛像。至窣堵波所，谓画工曰：‘我今欲图如来

1　　　　2

3

图1-14　新疆和田采集双人面陶壶

1、2. 约特干遗址　3. 姚头岗遗址

① 黄文弼：《塔里木盆地考古记》，科学出版社，1958年，第123页，图版壹壹肆。

② 〔韩〕闵丙熏：《丝绸之路与庆州》（韩语），洞天文化社，2015年，第234—237页。

妙相，有一金钱，酬功尚少，宿心忧负，迫于贫乏。’时彼画工鉴其至诚，无云价直，许为成功。复有一人事同前迹，持一金钱求画佛像。画工是时受二人钱，求妙丹青，共画一像。二人同日俱来礼敬，画工乃同指一像示彼二人，而谓之曰：‘此是汝所作之佛像也。’二人相视，若有所怀。画工心知其疑也，谓二人曰：‘何思虑之久乎？凡所受物，毫厘不亏。斯言不谬，像必神变。’言声未静，像现灵异，分身交影，光相照著。二人悦服，心信欢喜。”[①] 在现存的犍陀罗造像中，可以看到这种分身的佛陀、弥勒菩萨双头双身造像，高 40 厘米[②]（图 1-15）。这种双头双身造像的样式较早地影响到了北魏时期的佛教造像，如在日本大阪市立美术馆收藏着 1 尊北魏时期身躯相背的双头双身佛像，一面保存完好，另一面头部已残[③]（图 1-16）。它还影响到了龟兹、高昌、敦煌莫高窟、唐代长安地区乃至于四川巴中。例如，新疆拜城克孜尔石窟出土的奉献板上绘制的双头分身瑞像[④]（图 1-17-1），新疆吐鲁番高昌故城佛教遗址出土的麻布设色的双头分身瑞像[⑤]（图 1-17-2），甘肃敦煌莫高窟中唐时期的第 231 窟（图 1-18-1）、第 237 窟（图 1-18-2）和五代时期的第 72 窟（图 1-18-3）绘制的犍陀罗分身瑞像[⑥]，唐代长安城大明宫太液池遗址出土的小型双面菩萨像[⑦]（图 1-19），四川巴中南龛第 83 龛的双头分身瑞像[⑧]（图 1-20）等，都是类似的造像，甚至在西夏时期的黑水城遗址，也发现了类似的泥塑双头瑞像[⑨]（图 1-21）。在这一思想的影响下，在日本平安时代还出现了双头

① （唐）玄奘、辩机原著，季羡林等校注：《大唐西域记校注》，中华书局，2000年，上册，第242页。

② 〔日〕栗田功：《ガンダーラの美術（Ⅱ）》（改訂増補版），二玄社，2003年，第112頁，図版302、303。

③ 〔日〕齋藤龍一（大阪市立美術館）：《大阪市立美術館　山口コレクション中国彫刻》，図書印刷株式会社，2013年，第18—22頁，図版001。

④ 〔日〕東京国立博物館、京都国立博物館、朝日新聞社：《西域美術展——ドイツ・トルファン探検隊》，便利堂，1991年，第94頁，図42。

⑤ 星云大师总监修，罗世平、如常主编：《世界佛教美术图说大典・绘画②》，湖南美术出版社，2017年，第407页。

⑥ 敦煌研究院主编：《敦煌石窟艺术全集》12《佛传东传故事画卷》，同济大学出版社，2016年，第58、59页，图版39、40；星云大师总监修，罗世平、如常主编：《世界佛教美术图说大典・石窟④》，湖南美术出版社，2017年，第1723页。

⑦ 中国社会科学院考古研究所、日本独立行政法人文化财研究所奈良文化财研究所联合考古队：《西安唐长安城大明宫太液池遗址的新发现》，《考古》2005年第12期。

⑧ 中国石窟雕塑全集编辑委员会编：《中国石窟雕塑全集》8《四川、重庆》，重庆出版社，2000年，第82页，图版82。

⑨ I. B. TAURIS, *The History of Central Asia*, Volume three: The Age of Islam and the Mongols, Christoph Baumer, p.160, fig.106.

图1-15　犍陀罗造像中的佛陀、弥勒菩萨双头双身像

图1-16　日本大阪市立美术馆藏北魏时期双头双身佛像

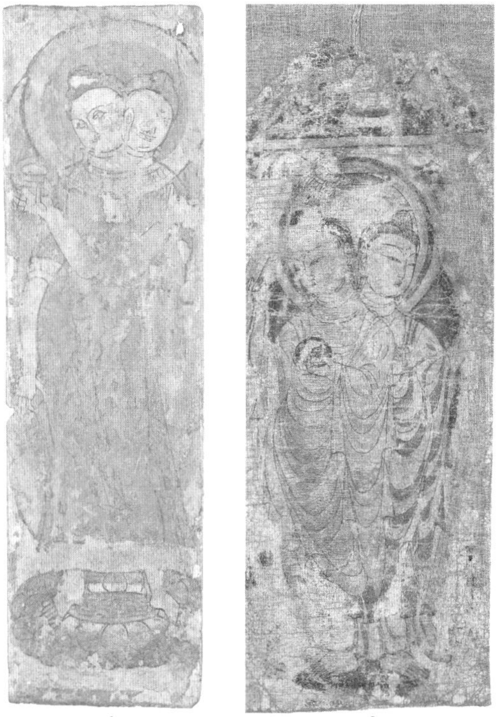

1　　2

图1-17　新疆出土双头分身瑞像板画及麻布设色画

1. 拜城克孜尔石窟奉献板上绘制的双头分身瑞像　2. 吐鲁番高昌故城佛教遗址出土麻布设色的双头分身瑞像

1　　2　　3

图1-18　甘肃敦煌莫高窟分身瑞像壁画

1. 第231窟　2. 第237窟　3. 第72窟

图1-19　长安城大明宫太液池遗址出土石双面菩萨像

双身的毗沙门天王像[①]（图 1-22）。更值得一提的是，在陕西西安临潼区唐庆山寺塔基地宫出土的铜人面胡瓶[②]（图 1-23），其腹部制作成六个人面，尽管对这件胡瓶的制作地和其人面的象征意义有不同的看法[③]，但其受地中海沿岸人面形或者人头形瓶或者壶的影响则似乎是不可忽略的。即使在唐代及以后各个时期，新疆一带仍然有在日用陶器上装饰凸起的人面的习惯，这是人面或者人头形器的流风余韵，如新疆吐鲁番出土的唐代人面灰陶执壶，其颈部装饰着浮雕感强烈的人面[④]（图 1-24）。

2. 贵霜丰穰女神阿尔多科修像的传来

1959 年，在新疆民丰尼雅遗址东汉晚期的 M1 中，发现一块白地蓝花蜡染棉布[⑤]（图 1-25），因其上有手持丰饶之角的丰穰女神形象而格外引人注目，曾一度被认为是菩萨像[⑥]，后来被确认为丰穰女神，但对于其是什么地区的丰穰女神这一点尚有争论，有学者认为是中亚地区受崇拜的丰收女神德纽凯[⑦]，也有人认为是贵霜的丰穰女神阿尔多科修[⑧]。但从棉布来看，其产地应该在西北印度，而这一时期的西北印度恰好在贵霜帝国的统治范围或者影响之下，而且两者年代也比较吻合。又从贵霜时期金币背面的阿尔多科修侧面多向左、一般将丰饶之角抱于身躯

---

① 〔日〕大和文華館：《東アジアの銅仏——中国・韓国・日本》，天理時報社，1999年，第111頁，図88。

② 赵康民编著：《武周皇刹庆山寺》，陕西旅游出版社，2014年，第94、95页。

③ 李雨生、李建西、牛江涛：《陕西临潼唐庆山寺上方舍利塔基出土铜壶研究》，《考古》2018年第11期。

④ 旅顺博物馆编：《旅顺博物馆》，文物出版社，2004年，第205页。

⑤ 新疆维吾尔自治区博物馆：《新疆民丰县北大沙漠中古遗址墓葬区东汉合葬墓清理简报》，《文物》1960年第6期；国家文物局主编：《中国文物地图集・新疆维吾尔自治区分册》，文物出版社，2012年，上册，第258页；新疆维吾尔自治区文物局编：《丝路瑰宝——新疆馆藏文物精品图录》，新疆人民出版社，2011年，第92页；〔日〕田辺勝美、前田耕作：《世界美術大全集・東洋編》第15巻《中アジア》，小学館，1999年，第238頁，図版240。

⑥ 俞伟超：《东汉佛教图像考》，《文物》1980年第5期。

⑦ 杨泓、孙机：《寻常的精致》，辽宁教育出版社，1996年，第262、263页。

⑧ 〔日〕田辺勝美、前田耕作：《世界美術大全集・東洋編》第15巻《中アジア》，小学館，1999年，第409頁。

图1-20　四川巴中南龛第83龛双头分身瑞像

图1-21　西夏黑水城遗址出土泥塑双头分身瑞像

图1-22　日本平安时代的双头双身毗沙门天王像

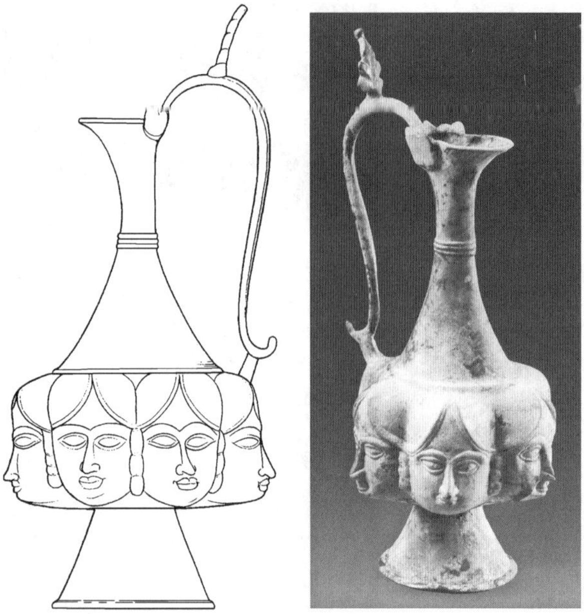

图1-23　陕西西安临潼区唐庆山寺塔基地宫出土
铜人面胡瓶

图1-24　新疆吐鲁番出土
唐代人面灰陶执壶

左侧、面向丰饶之角（图 1-26）这一点来看[①]，两者非常相似。贵霜时期的犍陀罗造像中的丰穰女神也大多如此，如辽宁旅顺博物馆收藏的 1 尊犍陀罗丰穰女神石雕像，将丰饶之角置于身躯左侧[②]（图 1-27）。所以，棉布上的丰穰女神可能是来自贵霜的阿尔多科修。

关于丰饶之角，据《古希腊罗马神话故事》记载："一则故事说，阿玛提亚是只山羊，幼儿时的宙斯曾受她的奶水哺育。另一则故事则说，阿玛提亚是一名女神，是这只山羊的主人。据说，阿玛提亚有一只角，角里经常装满任何人想要的各种食物及饮料，称为'丰饶之角'。但是罗马人则说这个'丰饶之角'是河神阿契勒斯的角。大力士赫拉克勒斯和这位河神相搏，河神变成一头公牛，当赫拉克勒斯胜利时，将这只角打断。这只角也经常神奇地装满水果和花朵。"[③] 无论哪种说法，丰饶之角"经常神奇地装满水果和花朵"这一点是共同的，贵霜时期的此类女神像就是在吸收希腊罗马故事的基础上进行加工创造的，并随着造像及其他载体或者传说传播到了民丰尼雅一带。

① 〔日〕龍谷大学龍谷ミュージアム：《平山郁夫 悠久のシルクロード》，龍谷大学龍谷ミュージアム、日本経済新聞社、京都新聞社，第124頁，図版118。

② 旅顺博物馆编：《旅顺博物馆》，文物出版社，2004年，第227页。

③ 马汉亭、李黄译：《古希腊罗马神话故事》，中国致公出版社，2003年，第55页。

1

2

图1-25　新疆民丰尼雅遗址东汉晚期M1出土棉布

1. 正面　2. 背面

图1-26　日本平山郁夫丝绸之路美术馆藏贵霜时期金币（2世纪）

图1-27　辽宁旅顺博物馆藏犍陀罗丰穰女神石雕像

3. 玻璃来通的传来

在与楼兰相距较遥远的尼雅遗址（汉晋时期的精绝国），也发现了来自罗马的玻璃来通。例如，2007年在尼雅遗址（N8）采集到1件玻璃来通，通长19.5、口径4.6—5厘米[①]（图1-28），似乎也应该是经过贵霜帝国之手传入的。在东北地区的北燕冯素弗墓中也曾发现1件玻璃来通[②]，它也应当是经贵霜传入，经过内地或者草原丝绸之路传播过去的。

甚至中原地区发现的一些玻璃器，如1987年在河南洛阳东汉墓葬中出土1件玻璃瓶，半透明，器表通体缠绕着白色条饰，表面看起来犹如绞胎器，口径4、腹径7.5、高13.6厘米（图1-29），被认为是典型的罗马绞胎吹制玻璃器[③]。类似的罗马绞胎吹制玻璃瓶，在阿富汗提利亚特佩M6出土1件[④]（图1-30），参考其中出土的西汉晚期流行的清白镜来看，其年代大约相当于西汉晚期；在日本平山郁夫丝绸之路美术馆[⑤]（图1-31-1）、沙特阿拉伯国王大学博物馆也各收藏1件[⑥]（图1-31-2），其中沙特阿拉伯国王大学博物馆收藏者出土于法马村（Qaryat al Fāw）。如果考虑到东汉洛阳汉墓出土罗马玻璃瓶的传播路径，它应该是通过贵霜经由西域传播到中原地区的。

到了北魏时期，月氏人仍然出现在汉语文献中，而且帮助当时的太武帝造出了五色玻璃。据《魏书》卷一百二《西域传》记载："（北魏）世祖（太武帝）时，其国人（大月氏）商贩至京师，自云能铸石为五色琉璃，于是采矿山中，于京师铸之。既成，

---

① 祁小山、王博编著：《丝绸之路·新疆古代文化（续）》，新疆人民出版社，2016年，第68页，图④。

② 黎瑶渤：《辽宁北票西官营子北燕冯素弗墓》，《文物》1973年第3期。

③ 安家瑶：《中国的早期玻璃器皿》，《考古学报》1984年第4期。文中插图系笔者参观洛阳博物馆时拍摄。

④ 〔苏〕V.I.サアニディ著，〔日〕加藤九祚訳：《シルクロードの遺宝——シバルガン王墓発掘記》，岩波書店，1988年，第201頁，図版82。

⑤ 〔日〕平山郁夫シルクロード美術館：《シルクロードのガラス——時空を超えた魅惑を輝き》，山川出版社，2007年，第53頁。

⑥ 〔日〕東京国立博物館等：《アラビアの道——サウジアラビア王国の至宝》，2018年，第136頁，図193。

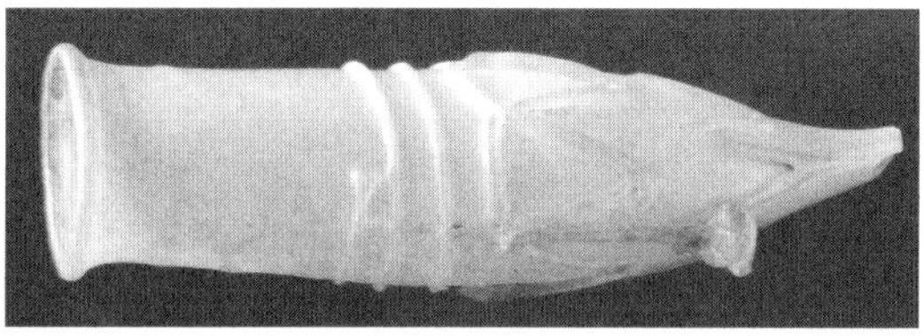

图1-28　新疆民丰尼雅遗址（N8）采集玻璃来通

图1-29　河南洛阳东汉墓出土罗马玻璃瓶

图1-30　阿富汗提利亚特佩M6出土罗马玻璃瓶

1

2

图1-31　罗马玻璃瓶

1. 日本平山郁夫丝绸之路美术馆藏　2. 沙特阿拉伯国王大学博物馆藏

光泽乃美于西方来者。乃诏为行殿，容百余人，光色映彻，观者见之，莫不惊骇，以为神明所作。自此中国琉璃遂贱，人不复珍之。”[①]说明北魏时期经大月氏人之手，罗马的玻璃烧制工艺也传到了平城一带。

4. 汉佉二体钱

贵霜的影响及作为文明中介的角色，还可以从新疆地区发现的汉佉二体钱（钱币上同时铸汉字及佉卢文）得到证明。例如，在新疆和田地区洛浦县阿克斯皮尔遗址发现的1枚汉佉二体钱，钱币的形制是贵霜式的，但其上的文字一面是汉字“六铢钱”，另一面则是一头骆驼形象，围绕骆驼一周是佉卢文，直径2、厚0.3厘米[②]（图1-32-1）。在民丰尼雅夏阳塔格古城遗址采集到1枚，直径1.6—1.7厘米[③]（图1-32-2）。在若羌罗布泊西岸也曾经采集到2枚，有大小之别，其中大者直径2.5厘米（图1-32-4），小者直径2厘米[④]（图1-32-5）。还曾经在新疆境内发现1枚，但具体出土地点不明[⑤]（图1-32-3）。这类钱币的发现，正是东西文明在新疆地区碰撞并融合的这一历史事实的反映，具有典型性。

5. 有柄铜镜

从世界范围来看，铜镜的出现以西亚和中国为早。中国最早的铜镜见于齐家文化，约为公元前2000年。据分析，从战国至隋唐的铜镜，一般平均含铜约70%、锡约24%、铅约5%、其他约1%。与其他青铜器相比，铜镜锡的含量较高，有利于使镜面光亮，便于映照。世界古代的铜镜，从其形制来看，大体上可以分为两大体系：一是西亚、埃及、希腊、罗马的有柄镜，形制多为圆形，附有长柄；二是中国铜镜，多为圆形（唐代开始打破了单一的圆形镜的局面），镜子背部中央有纽，以穿绦带，没有柄，到了唐宋特别是宋代才流行有柄镜。使用这两种铜镜的地区，在铜镜的使用上一直存在着交流和相互影响。

---

① （北齐）魏收：《魏书》，中华书局，1974年，第2275页。

② 国家文物局主编：《中国文物地图集·新疆维吾尔自治区分册》，文物出版社，2012年，上册，第260页；新疆维吾尔自治区文物事业管理局等编：《新疆文物古迹大观》，新疆美术摄影出版社，1999年，第78页，图版165；孙大卫主编：《西域美术全集》4《工艺美术卷》，天津人民美术出版社，2016年，第174页。

③ 新疆维吾尔自治区文物事业管理局等编：《新疆文物古迹大观》，新疆美术摄影出版社，1999年，第50页，图版87。

④ 巴音郭楞蒙古自治州博物馆编著，牛耕主编：《巴音郭楞蒙古自治州文物精品图集·金属器卷》，新疆人民出版社，2017年，第102、103页。

⑤ 孙大卫主编：《西域美术全集》4《工艺美术卷》，天津人民美术出版社，2016年，第175页。

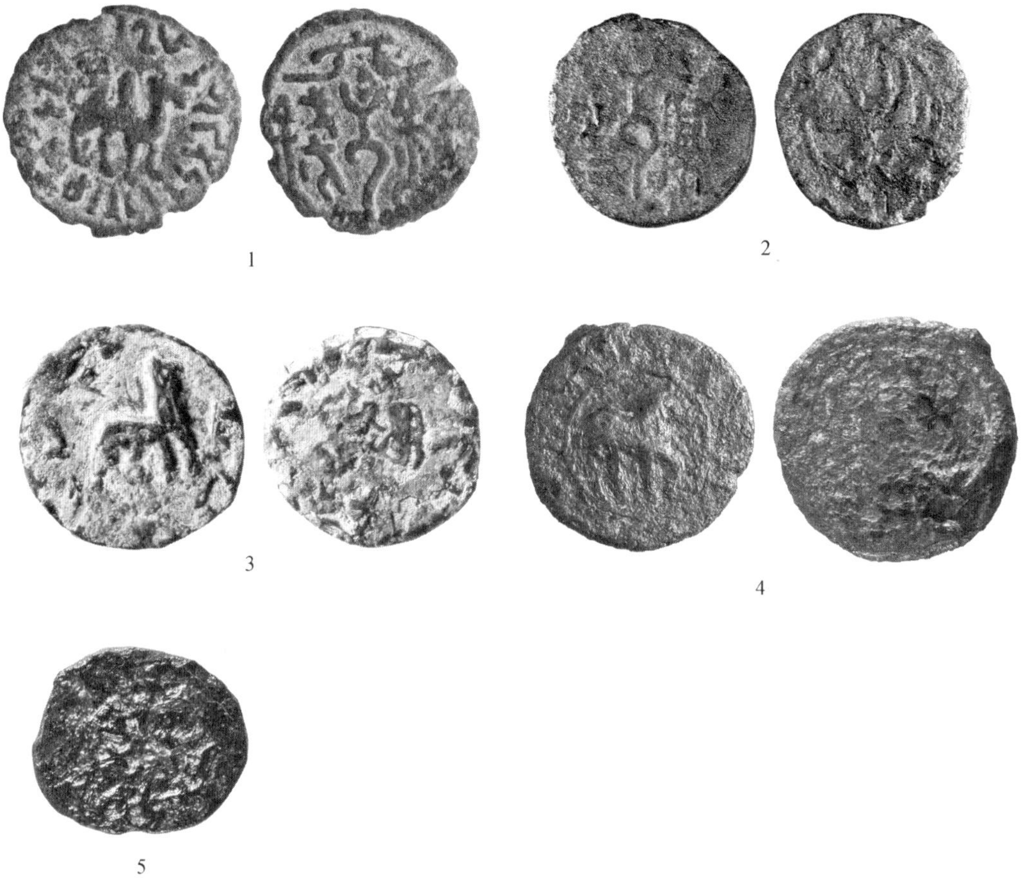

图1-32　新疆发现的汉佉二体钱

1. 和田地区洛浦县阿克斯皮尔遗址发现　2. 民丰尼雅夏阳塔格古城遗址采集　3. 新疆境内发现
4、5. 若羌罗布泊西岸采集

在楼兰古城遗址曾经采集到 1 件已残的有柄铜镜，但由于其太过于残破，被认为是 1 件带柄铜勺①（图 1-33-1），但从柄部及上端残留部分较平直这一点来看，应该是 1 面有柄铜镜。在新疆鄯善县罗布泊历史博物馆收藏着 1 面有柄铜镜②（图 1-33-2）。这种形制多为圆形、附有长柄的有柄镜，主要流行于西亚、埃及、希腊、罗马等地，如英国伦敦大英博物馆收藏的装饰各种花纹的 3 面伊特拉斯坎有柄铜镜③（图 1-34）。有柄铜镜在青铜时代已经传播至新疆东部地区的哈密一带，如曾经在新疆哈密伊吾苇子

① 〔日〕朝日新聞社文化企画局東京企画第一部：《日中国交正常化20周年記念展——楼蘭王国と悠久の美女》，大塚巧芸社，1992年，第33頁，図45。

② 文中插图系笔者参观鄯善县罗布泊历史博物馆时拍摄。

③ Judith Swaddling, *The British Museum Etruscan Mirrors*, The British Museum Press, 2001, pp.123,157,165.

峡采集到1面以大角羊形象作为镜柄的有柄铜镜[①]（图1-35），甚至在青藏高原也有发现，如西藏拉萨曲贡村石室墓发现1面铁柄铜镜[②]，可见其影响之巨，但其影响主要集中在敦煌以西地区。

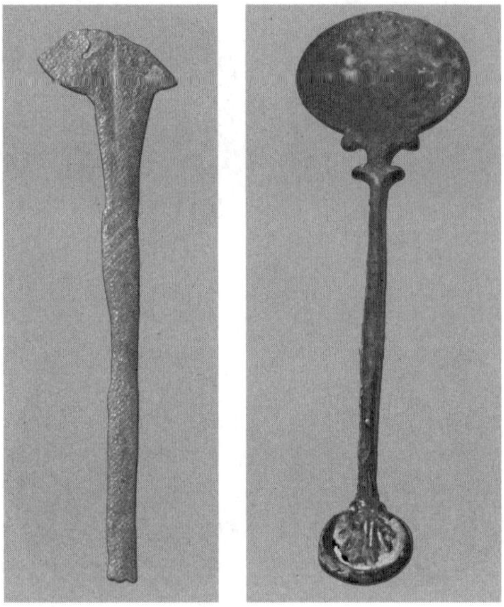

1 2

图1-33 新疆采集有柄铜镜

1. 楼兰古城遗址采集

2. 鄯善县罗布泊历史博物馆藏（罗布泊采集）

6. 木雕建筑构件

从楼兰墓葬出土和古城遗址采集的木器来看，木器是楼兰人的重要日常生活用品，但这些器物与其建筑上的木雕构件相比，显得比较简单。而雕刻精美的木构件大多与佛寺建筑有关，说明木雕建筑构件的雕刻工艺可能是与佛教一起传播而来的。具体到木雕技术而言，则有相当一部分采取了轮旋工艺。斯坦因1906年曾在楼兰

图1-34 英国伦敦大英博物馆藏伊特拉斯坎有柄铜镜

① 新疆维吾尔自治区文物局编：《丝路瑰宝——新疆馆藏文物精品图录》，新疆人民出版社，2011年，第120页；祁小山、王博编著：《丝绸之路·新疆古代文化》，新疆人民出版社，2008年，第98页。

② 赵慧民：《西藏曲贡出土的铁柄铜镜的有关问题》，《考古》1994年第7期；霍巍：《西藏曲贡村石室墓出土的带柄铜镜及其相关问题初探》，《考古》1994年第7期。

发掘到一些可能是窗棂的木构件[①]（图 1-36-1），后来又在楼兰古城遗址采集到一些以胡杨木轮旋而成的木构件[②]（图 1-36-2、3）。同时，鄯善县罗布泊历史博物馆也收藏了一些采集的胡杨木木柱、窗棂[③]（图 1-36-4—6）。从这些木雕建筑构件的样式来看，其应是在自身木雕技术的发展以及木构建筑技术进步的基础上，吸收外来文化因素的结果。将其与犍陀罗佛教造像的柱子等相比，似乎是受了希腊化影响较深的犍陀罗地区的影响。另外，这些木构件，还与阿富汗、塔吉克斯坦等地的石柱、方台等存在一定的相似性，反映了它们之间的密切关系。例如，在阿富汗北部公元前 3—前 2 世纪阿伊·哈奴姆遗址出土的希腊式石柱构件[④]（图 1-37）；塔吉克斯坦公元前 2 世纪的塔赫特·伊·桑金（Takht-i-Sangin）遗址出土的吹双笛童子像所站立的方台[⑤]（图 1-38），等等。

图1-35 新疆哈密伊吾苇子峡采集有柄铜镜

7. 红地对人兽树纹罽袍

1995 年，在新疆尉犁县营盘遗址清理发掘汉晋时代的大型墓地出土文物约 400 件[⑥]。营盘遗址在汉代属于墨山国（又称“山国”或“山王国”），位于楼兰西北的丝绸之路的交通要道上，其中的出土物既有来自中原的丝织品，又有产于中亚、西亚的装饰品，有的甚至来自地中海地区，充分反映了古代东西方文化的交融。其中 M15 的时代为东汉中晚期[⑦]。此墓木棺外盖着一条长方形彩色狮纹栽绒毛毯（氍毹），残长 312、

① 〔日〕朝日新聞社文化企画局東京企画第一部：《日中国交正常化20周年記念展——楼蘭王国と悠久の美女》，大塚巧芸社，1992年，第33頁，図73的附図。

② 〔日〕朝日新聞社文化企画局東京企画第一部：《日中国交正常化20周年記念展——楼蘭王国と悠久の美女》，大塚巧芸社，1992年，第27頁，図73。

③ 文中插图系笔者参观鄯善县罗布泊历史博物馆时拍摄。

④ 〔日〕田辺勝美、前田耕作：《世界美術大全集·東洋編》第15巻《中央アジア》，小学館，1999年，第11頁，挿図4。

⑤ 〔日〕田辺勝美、前田耕作：《世界美術大全集·東洋編》第15巻《中央アジア》，小学館，1999年，第73頁，図版76。

⑥ 新疆文物考古研究所：《新疆尉犁县营盘墓地15号墓发掘简报》，《文物》1999年第1期。

⑦ 童恩正：《古代中国南方与印度交通的考古学研究》，《考古》1999年第4期。

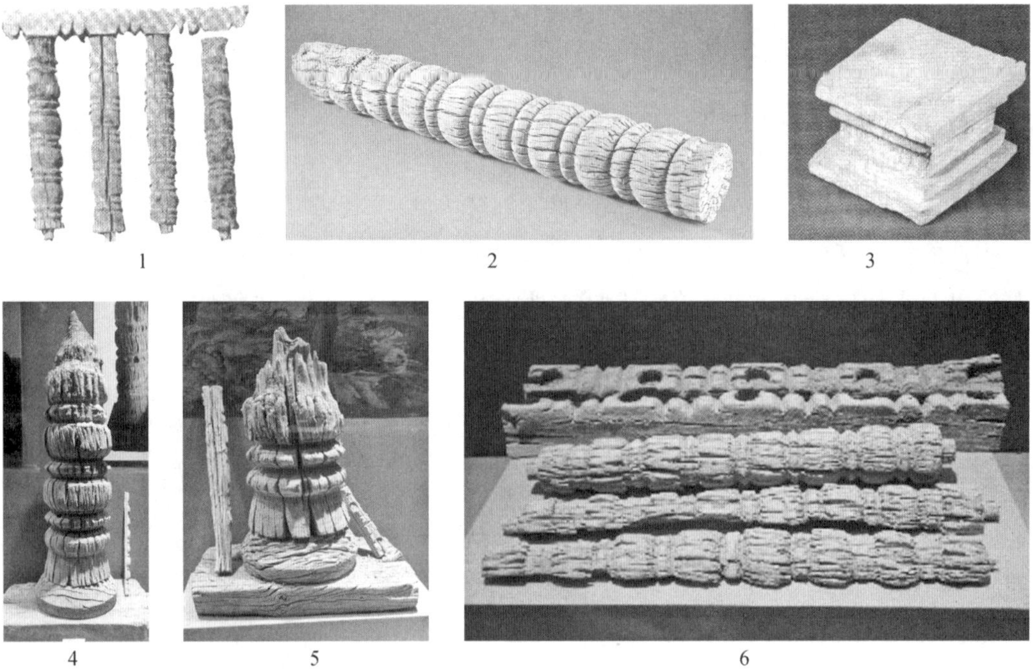

图1-36　新疆采集木构件

1. 1906年斯坦因在楼兰发掘出土　2、3. 楼兰古城遗址采集　4—6. 鄯善县罗布泊历史博物馆藏

图1-37　阿富汗阿伊·哈奴姆遗址出土希腊式石柱构件

图1-38　塔吉克斯坦塔赫特·伊·桑金遗址出土吹双笛童子像

宽178厘米。毛毯（氍毹）的主体是一头伏卧的雄狮，狮头侧视，神态和善，富于动感，充满西方艺术特色。棺内所葬男性身上穿着1件红地对人兽树纹罽袍（图1-39）。罽面上每一区由六组图案构成，每组图案之间则是长满果实的石榴树。第一、二、四、五组的人物都是裸体男子，高鼻大眼，头发卷曲，是典型的欧罗巴人。他们两人一对，或持盾挥矛（剑），或单手持矛刺击。第三组是牛，第六组为羊。这两组动物造型生动，姿态活泼。整个图案把希腊艺术与中亚、西亚艺术有机地融合在一起，当是西方所产。身穿此袍的墓主，有学者认为是墨山国贵族[①]。但墓地发掘者认为："M15不见墓地流行的木器、羊骨等为组合形式的随葬品。死者面罩面具、随葬冥衣、四肢缠帛等习俗也是独一无二的。墓主人服饰华丽，其外袍纹样有浓厚的希腊化艺术风格。棺外覆盖具有异域特色的狮纹毯。15号墓十分独特的资料，显示出墓主人生前特殊的身份。联系营盘在丝绸之路上的位置以及汉晋时期丝路沿线文化交流、贸易往来的历史背景，推测墓主人可能是一位来自西方从事贸易的富商。"[②]不论墓主人身份如何，这件红地对人兽树纹罽袍应该是经过贵霜人之手传入这一地区的。

图1-39 新疆尉犁县营盘M15出土红地对人兽树纹罽袍

（三）贵霜僧人在佛教传播过程中的作用

月氏人在佛教传播过程中起了很大作用，据张星烺先生统计，见于文献记载的僧侣、优婆塞有支娄迦谶、支曜、支亮、支谦、竺昙摩罗刹（竺法护）、支遁等[③]。另外，还有使节伊存及考古发现的鎏金铜坐佛像铭文中的弗斯陀迦·慧悦。现将其事迹列举

① 林梅村：《墨山国贵族宝藏的重大发现》，《古道西风：考古新发现所见中西文化交流》，生活·读书·新知三联书店，2000年，第194—205页。

② 新疆文物考古研究所：《新疆尉犁县营盘墓地15号墓发掘简报》，《文物》1999年第1期。

③ 张星烺编注，朱杰勤校订：《中西交通史料汇编》，中华书局，2003年，第3册，第1311—1315页。

于下。

（1）“昔汉哀帝元寿元年，博士弟子景卢受大月氏王使伊存口受《浮屠经》。”①

（2）“支娄迦谶，亦直云支谶，本月支人。操行纯深，性度开敏，禀持法戒，以精勤著称。讽诵群经，志存宣法。汉灵帝时游于洛阳，以光和、中平之间，传译梵文。出《般若道行》《般舟》《首楞严》等三经，又有《阿阇世王》《宝积》等十余部经，岁久无录。安公（道安）校定古今，精寻文体。云：‘似谶所出，凡此诸经，皆审得本旨，了不加饰，可谓善宣法要弘道之士也。’后不知所终。”②

（3）“沙门支曜……以汉灵、献之间，有慧学之誉，驰于京洛。曜译《成具定意经》《小本起》等。”③

（4）“优婆塞支谦，字恭明，一名越，本月支人，来游汉境。初汉桓、灵之世，有支谶译出众经。有支亮字纪明，资学于谶，谦又受业于亮。博览经籍，莫不精究，世间伎艺，多所综习，遍学异书，通六国语。其为人细长黑瘦，眼多白而睛黄，时人为之语曰：‘支郎眼中黄，形躯虽细是智囊。’汉献末乱，避地于吴。孙权闻其才慧，召见悦之，拜为博士，使辅导东宫，与韦曜诸人共尽匡益。但生自外域，故《吴志》不载。谦以大教虽行，而经多梵文，未尽翻译，已妙善方言，乃收集众本，译为汉语。从吴黄武元年至建兴中，所出《维摩》《大般泥洹》《法句》《瑞应本起》等四十九经，曲得圣义，辞旨文雅。又依《无量寿》《中本起》，制菩提连句梵呗三契，并注《了本生死经》等，皆行于世。”④

（5）“竺昙摩罗刹，此云法护，其先月支人，本姓支氏，世居燉煌郡。年八岁出家，事外国沙门竺高座为师，诵经日万言，过目则能。天性纯懿，操行精苦，笃志好学，万里寻师。是以博览六经，游心七籍。虽世务毁誉，未尝介抱。是时晋武之世，寺庙图像，虽崇京邑。而《方等》深经，蕴在葱外。护乃慨然发愤，志弘大道，遂随师至西域，游历诸国，外国异言三十六种，书亦如之，护皆遍学，贯综诂训，音义字体，无不备识。遂大赍梵经，还归中夏。自燉煌至长安，沿路传译，写为晋文。所获《贤劫》《正法华》《光赞》等一百六十五部。孜孜所务，唯以弘通为业。终身写译，劳不告倦。经法所以广流中华者，护之力也。护以晋武之末，隐居深山，山有清涧，恒取澡漱。后有采薪者，秽其水侧，俄顷而燥。护乃徘徊叹曰：‘人之无德，遂使清泉辍流，水若永竭，真无以自给，正当移去耳。’言讫而泉涌满涧，其幽诚所感如此。故支遁为之像赞云：‘护公澄寂，道德渊美，微吟穹谷，枯泉漱水。邈矣护公，天挺弘懿，濯

① （晋）陈寿著，（宋）裴松之注：《三国志》，中华书局，1959年，第859页。

② （梁）释慧皎撰，汤用彤校注，汤一玄整理：《高僧传》，中华书局，1992年，第10页。

③ （梁）释慧皎撰，汤用彤校注，汤一玄整理：《高僧传》，中华书局，1992年，第11页。

④ （梁）释慧皎撰，汤用彤校注，汤一玄整理：《高僧传》，中华书局，1992年，第15页。

足流沙，领拔玄致。’后立寺于长安青门外，精勤行道。于是德化遐布，声盖四远，僧徒数千，咸所宗事。及晋惠西奔，关中扰乱，百姓流移，护与门徒避地东下，至渑池，遘疾而卒，春秋七十有八。”①

此外，1979年，在陕西西安长安区黄良乡出土1尊十六国时期的鎏金铜坐佛像（图1-40），高13.2厘米，重855克。在佛座的背后下部边缘，錾刻着一行佉卢文，其意为："此佛为智猛所赠，谨向摩列迦之后裔，弗斯陀迦·慧悦致意。"②弗斯陀迦·慧悦是大月氏望族摩列迦的后裔。

图1-40　陕西西安长安区黄良乡出土鎏金铜坐佛像

二、珊瑚与海贝

在楼兰古城采集到一些海贝和珊瑚③（图1-41-1、2），在新疆鄯善县罗布泊历史博物馆也收藏了数量不少的海贝等④（图1-41-3）。其中的海贝属于货贝，是一种精美的装饰品，或者具有货币的功能。从贵霜帝国的地理位置来看，其西部即是波斯湾，这一带盛产货贝和珊瑚。似乎可以说这些产品似乎主要来自波斯湾一带，然后经过贵霜传播到了楼兰和尼雅等地。

货贝所属宝贝科，从现在的地理位置来看，国内主要分布于我国的台湾、海南岛南端、西沙群岛，国外主要分布在阿拉伯海的阿曼湾等地。阿拉伯海的阿曼湾位于贵霜帝国统治区域之南，并与之毗邻，那么，新疆境内的货贝可能主要来自这一地区。

珊瑚的主要产地有地中海、中途岛海域、东南亚海域，新疆发现的这些珊瑚应该与

① （梁）释慧皎撰，汤用彤校注，汤一玄整理：《高僧传》，中华书局，1992年，第23、24页。

② 西安市文物保护考古所：《西安文物精华·佛教造像》，世界图书出版公司，2010年，第2页，图版1；西安市文物保护考古所：《西安文物精华·金银器》，世界图书出版公司，2012年，第29页，图版29；林梅村：《西域文明：考古、民族、语言和宗教新论》，东方出版社，1995年，第197—218页。

③ 〔日〕朝日新聞社文化企画局東京企画第一部：《日中国交正常化20周年記念展——楼蘭王国と悠久の美女》，大塚巧芸社，1992年，第47頁，図版111、112。

④ 文中插图系笔者参观新疆鄯善县罗布泊历史博物馆时拍摄。

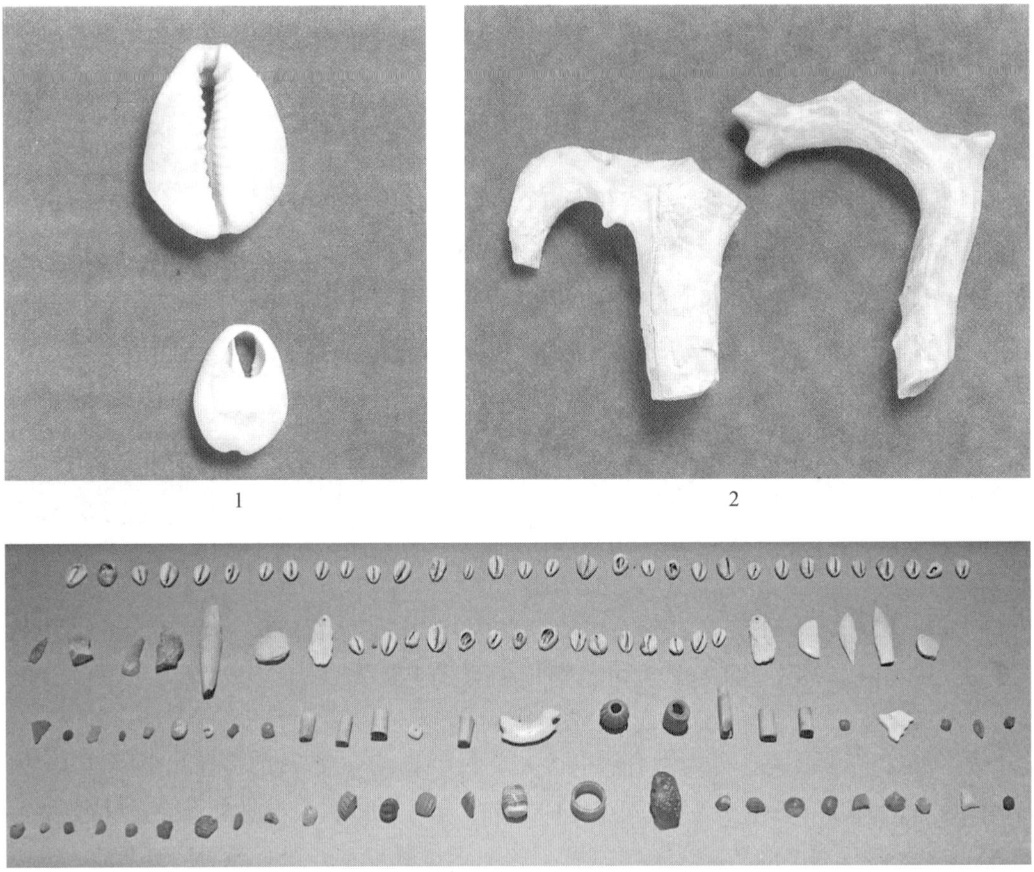

1　2

3

图1-41　新疆楼兰古城及罗布泊周围采集的珊瑚、货贝

1. 楼兰古城采集货贝　2. 楼兰古城采集珊瑚　3. 鄯善县罗布泊历史博物馆藏货贝等

地中海一带有密切关系。据《三国志·魏书·乌丸鲜卑东夷传》卷三十裴松之注引《魏略·西戎传》云，大秦国多大贝、车渠（砗磲）、珊瑚等①。其他文献也有类似的记载。

在上述区域中，阿拉伯海的阿曼湾、地中海地区与中亚等地通商贸易往来密切，是丝绸之路上的主干道，而且屡见于文献记载。所以，楼兰古城遗址中发现的这些货贝及珊瑚，似乎应该来源于波斯湾、地中海地区。

白里内在《博物志》中慨叹罗马的奢靡之风时，将中国的丝绸也列为奢侈品之一；还涉及红海、阿拉伯海的珍珠，可见这两个地区也是当时重要的贸易通道。“有识者已深慨奢侈之风，由来渐矣。至于今代，乃见凿山以求碧玉，远赴赛里斯国以取衣料，投红海不测之深，以捞珍珠。掘地千丈，以求宝玉。心犹未安，以珍珠宝石悬挂颈带冠冕为不足，乃更穿耳悬珠。除非将来凿孔全身，满盛珠宝而后快心。”“阿拉伯海财

① （晋）陈寿撰，（宋）裴松之注：《三国志》，中华书局，1959年，第861页。

运更为亨通，盖其地供给吾人以珍珠也。据最低之计算，吾国之金钱，每年流入印度、赛里斯及阿拉伯半岛三地者，不下一万万赛斯透司（罗马货币名称）。此即吾国男子及妇女奢侈之酬价也。”[①]

值得注意的是，在新疆民丰尼雅遗址也曾经发现了大量的珊瑚、玛瑙、货贝等[②]（图1-42），而且出土于南部的作坊遗址，说明这些通过陆上或海上来自西亚和中亚的贵重物品，不是以成品的形式传播到楼兰的，最初传入的似乎是原材料，在当地加工后再出售的，具有浓郁的贵重商品的气息，与丝绸之路上的贸易品以奢侈品为主的特点相吻合，它们的高附加值使得以逐利为目的的商人们奔走于丝绸之路上。这些商品的发现，说明楼兰西南区域是重要的商品贸易通道。这些奢侈品大量出现在绿洲文明的楼兰，也验证了西方史学家对于奢侈品的批判的真实性，对奢侈品的追求可能体现的是人类的本性，因为这些奢侈品本身附加有更多的其他因素，如金钱、地位、身份、

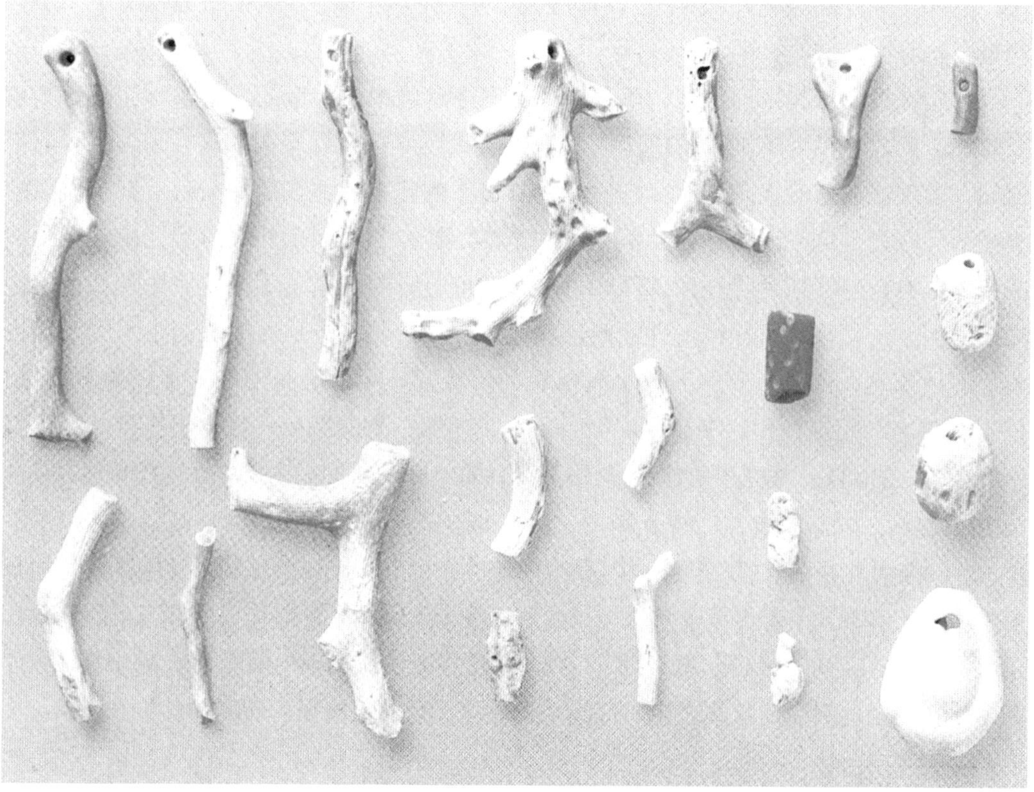

图1-42　新疆民丰尼雅遗址出土珊瑚、货贝等

① 张星烺编注，朱杰勤校订：《中西交通史料汇编》，中华书局，2003年，第1册，第123、124页。

② 中日、日中共同尼雅遗迹学术考察队：《中日、日中共同尼雅遗迹学术调查报告书》（第二卷），中村印刷株式会社，1999年，图版六十八，2。

对美的追求等，自然也成为人们追求的对象，即使是生存环境相对恶劣的绿洲文明也不例外。

三、米兰佛寺遗址壁画中的犍陀罗因素分析

新疆若羌米兰佛寺遗址发现的佛教题材的壁画，因其特征显著，历来为学界所重视，但它们与龟兹和焉耆地区的壁画在人物的表现上有一定差异，表明其具有明显的自身特征，而其自身特征又具有明显的犍陀罗因素。现对其中部分壁画予以综合分析。

（一）米兰佛寺壁画中的佛像与比丘像

在新疆若羌米兰佛寺遗址曾经发现一幅佛像与比丘的壁画（图 1-43），壁画虽残缺，但残存部分保存完好，反映了当时高超的壁画绘制水准，这幅壁画现藏于印度新德里国立博物馆①。

首先来看佛像的发饰特征。龟兹地区石窟寺壁画中，佛像的肉髻以小而圆为其主要特征，而米兰佛寺壁画中的佛像头发为波浪状缕发，肉髻硕大，双目圆睁，唇上带髭须，表现出典型的犍陀罗斯瓦特地区佛教造像的艺术特征。佛像头后带有圆盘状的头光而无背光，这一点也是犍陀罗造像的基本特征。多种因素表明，米兰佛寺壁画中的佛像具有犍陀罗斯瓦特地区佛像的特征，应该是吸收和借鉴了犍陀罗斯瓦特地区佛教造像因素的结果。这种带有髭须的佛教造像，在中原北方地区的五胡十六国时期也曾经有所发现，如日本藤井齐成会有邻馆的 1 尊五胡十六国时期的鎏金铜菩萨立像，高 33.3 厘米，束高发髻，上唇有髭须，左手提净瓶，脚着凉鞋，就属于典型的犍陀罗菩萨像②（图 1-44）。故宫博物院收藏的 1 尊五胡十六国时期的金铜菩萨立像（图 1-45），高 17.8 厘米，束高发髻，上唇有髭须，左手提净瓶，脚着凉鞋，也是典型的犍陀罗菩萨像③。类似的具有浓郁的犍陀罗因素的佛教造像，也曾经在新疆和田地区发现，如日本平山郁夫丝绸之路美术馆收藏的 1 尊金铜佛像的头部④（图 1-46），日本东京国立博物馆收藏的 1 尊金铜佛像的头部⑤（图 1-47），后两者更多地表现出犍陀罗斯瓦特地区佛像的特征。这些金铜佛像及菩萨像的特征，都显示了它们与贵霜有着密切的关系。

---

① 文中插图系笔者2019年8月拍摄于印度新德里国立博物馆。

② 〔日〕長広敏雄：《世界美術全集》第14卷《中国（3）六朝》，角川書店，1963年，第212頁，彩版8。

③ 金维诺总主编：《中国美术全集·宗教雕塑（一）》，黄山书社，2010年，第36页。

④ 〔日〕東京芸術大学大学美術館：《平山郁夫コレクション　ガンダーラとシルクロードの美術》，朝日新聞社，2000年，第112頁，図版200。

⑤ 〔日〕東京国立博物館：《東京国立博物館東洋美術100選》，2008年，第29頁，図版17。

图1-43　新疆若羌米兰佛寺遗址壁画

图1-44　日本藤井齐成会有邻馆藏五胡十六国时期鎏金铜菩萨立像

图1-45　故宫博物院藏五胡十六国时期金铜菩萨立像

图1-46　日本平山郁夫丝绸之路美术馆藏金铜佛像头部

图1-47　日本东京国立博物馆藏金铜佛像头部

其次，六比丘头发剃光，没有表现出残留的头发及圆弧形的发际线。龟兹地区石窟寺壁画中的僧侣像虽然也剃发，但其额头部分有明显的圆弧形发际线，而且头部染色，说明其即使剃发也保留极短的寸发，两种不同的头发的表现方式，应该是不同地域的僧侣在宗教实践中的生活方式有所差异。例如，新疆拜城克孜尔石窟第205窟壁画龟兹王托提卡和王后供养图中的僧侣头部即留有“寸发”[①]（图1-48-1）。考古发现的焉耆七个星佛寺遗址出土的僧侣头像也以“寸发”为其典型特征[②]（图1-48-2）。通过僧侣头发的比较，可以看出楼兰地区与龟兹和焉耆的佛教可能在某些细节上有很大差异，而这种差异显然是现实生活不同的物化表现。

佛与六比丘图中的比丘一侧绘制一棵枝叶茂盛、开满红色花朵的花树，露出一只上举的胳膊，手中持满花朵，作向下或者向前的抛撒状。这种抛撒鲜花状的天人形象，在阿富汗哈达出土的犍陀罗造像中有所发现，如日本平山郁夫丝绸之路美术馆收藏的1件3—4世纪的手握花朵、呈抛撒鲜花状的天人（“花精”“花神”）塑像[③]（图1-49-1）。法国巴黎吉美美术馆也收藏了1件哈达出土的“花精”塑像，其怀中兜有鲜花，右手

1

2

图1-48　新疆的石窟壁画与佛寺遗址中的僧侣头像

1. 拜城克孜尔石窟第205窟壁画（局部）　2. 焉耆七个星佛寺遗址出土僧侣头像

① 新疆龟兹石窟研究所编：《中国新疆壁画·龟兹》，新疆美术摄影出版社，2008年，第83页，图版七二。

② 新疆焉耆七个星佛寺遗址出土僧侣头像系刘玉生先生提供图片，在此深表感谢！

③ 〔日〕龍谷大学龍谷ミュージアム：《平山郁夫　悠久のシルクロード》，龍谷大学龍谷ミュージアム、日本経済新聞社、京都新聞社，第78頁，2013年，図版49。

已残[1]（图 1-49-2）。在巴基斯坦北部斯瓦特地区发现的犍陀罗造像中，也有为数不少的怀中兜花、抛撒鲜花的天人造像[2]（图 1-49-3—5）。参照这些发现，可以推测六比丘左侧绘制的应该是一位抛撒鲜花的天人（“花精”“花神”）形象，其所受的影响更多地来自今阿富汗哈达地区及巴基斯坦北部的斯瓦特地区。根据文献记载，在龟兹等地以鲜花供养佛也较为常见，如玄奘在龟兹接受龟兹国王招待时，就曾行散花礼，“使一僧擎鲜华一盘来授法师。法师受已，至佛前散华，礼拜讫，就木叉毱多下坐。坐已，复行华。行华已，行蒲桃浆”[3]。在犍陀罗造像中也有天人散花的场景，如巴基斯坦塔克西拉

1　　3

2　　4　　5

图1-49　犍陀罗造像中持花和抛撒花朵的天人（“花精”“花神”）

1、2. 阿富汗哈达出土塑像　3—5. 犍陀罗石造像

① 〔日〕出光美術館：《パリ・ギメ美術館展》，東京印书館，1996年，図版19。

② 〔日〕栗田功：《ガンダーラの美術（Ⅱ）》（改訂増補版），二玄社，2003年，第71頁，図版183；Francesca Bonardi, Maurizio Taddei, Sculptures from the Sacred Area of Butkara Ⅰ (Swat, W. Pakistan), Roma,1962,PL. XLXⅥ, LXXXⅣ.

③ （唐）慧立、彦悰著，孙毓棠、谢方点校：《大慈恩寺三藏法师传》，中华书局，1983年，第25页。

出土的帝释窟禅定造像的上方浮雕四个天人向禅定的释迦牟尼抛撒鲜花[①]。

六比丘中有一位手中高举一个上扬的硕大拂子[②]。这种硕大的拂子在古印度及犍陀罗的雕像中常见，常常将拂子雕刻得非常硕大，尤其是古印度的夜叉像手中所持的拂子形象更为突出，而且成为象征身份的标志性辅助装饰题材，在印度新德里国立博物馆收藏的南印度纳格尔久纳康达出土的蓝毗尼无忧树下诞生像中，还在菩提树上专门雕刻出华盖、硕大的拂子，作为身份的标志性装饰[③]（图 1-50）。例如，犍陀罗地区出土的佛陀与执金刚神造像中，执金刚神右手中持有硕大的拂子[④]（图 1-51）。印度夜叉女的雕像中也常见夜叉女手持拂子，如印度巴特那博物馆收藏的出土于比哈尔邦廸达甘吉孔雀王朝（公元前 2 世纪以后）时期的夜叉女像手持的拂子[⑤]（图 1-52）。与印度本土和

图1-50　南印度纳格尔久纳康达出土蓝毗尼无忧树下诞生造像

图1-51　犍陀罗造像中的佛陀与执金刚神像

① 〔日〕東武美術館、奈良国立博物館、名古屋市博物館、NHKプロモーション：《ブッダ展——大いなる旅路》，美術出版デザインセンター，1998年，第124頁，図版95。

② 也有一种说法认为是棕榈树叶。根据古印度的佛教及其他造像来看，手中所持者应该是拂子，《过去现在因果经》记载，佛在诞生时，帝释桓因（帝释天）手执宝盖，大梵天王（梵天）又持白拂，侍立左右。（宋）天竺三藏求那跋陀罗译：《过去现在因果经》，《大正藏》，第3册，No.189，第625页。在犍陀罗造像中，也可以见到与之相似的直立的拂子。

③ 图中照片系笔者参观时拍摄。

④ 〔日〕朝日新聞社文化企画局大阪企画部：《西遊記のシルクロード〈三蔵法師の道〉図録》，朝日新聞社，1999年，第111頁，図版64。

⑤ 〔日〕肥塚隆、宮治昭：《世界美術大全集・東洋編》第13巻《インド（1）》，小学館，2002年，第22頁，図版9、10。

犍陀罗地区佛教造像的拂子相比较，米兰佛寺遗址发现的比丘手中所持拂子更接近于犍陀罗造像中的拂子形象。

图1-52 印度巴特那博物馆藏夜叉女像

（二）赫拉克勒斯与狮子壁画

赫拉克勒斯与狮子的形象见于新疆若羌米兰佛寺遗址壁画①（图 1-53）。赫拉克勒斯（Herakles），一译海格拉斯。是希腊神话中最伟大的英雄，罗马神话中称为赫丘利。神勇无敌，完成十二项英雄事迹。虽不断受到天后赫拉迫害，但最终战胜强敌，转危为安。婴孩时代就扼杀天后派来的两条毒蛇。后来擒狮斩龙，驱妖牛，除海怪，到世界尽头夺取金苹果，解救普罗米修斯，还下地府战胜死神。最后因误穿染有毒血的衣服，自焚而亡。死后成为大力神，与青春女神赫柏结为夫妇②。作为重要的希腊神话，赫拉克勒斯的形象在各种载体上都有所表现，铜镜就是其中的一类，如英国伦敦大英博物馆收藏的伊特拉斯坎有柄铜镜上就装饰着赫拉克勒斯形象，纹饰中的赫拉克勒斯身披狮皮，手持棒头装饰狮子头的大棒，在一侧还装饰着毒蛇，比较忠实地表现了神话传说的故事情节③（图 1-54）。

新疆若羌米兰佛寺壁画中的人物手持大棒，其身侧是一头带羽翼的狮子，画面表现的就是赫拉克勒斯擒狮子的画面，这种图像也见于犍陀罗造像④（图 1-55-1）。而赫拉克勒斯青铜像，在公元前 150 年的阿伊·哈奴姆遗址⑤（图 1-55-2）、贝格拉姆储藏室

① 林梅村：《汉代西域艺术中的希腊文化因素》，《西域——中外文明交流的中转站》，黄山书社，2017年，第142—166页。

② 辞海编辑委员会编：《辞海》（1979年版，缩印本），上海辞书出版社，1980年，第1955页。

③ Judith Swadding, *The British Museum Etruscan Mirrors*, The British Musem Press, 2001, p.179, fig.34.

④ 孙英刚、何平：《犍陀罗文明史》，生活·读书·新知三联书店，2018年，第81页，图2-30。

⑤ 成都博物馆：《阿富汗：古代文明的十字路口》，文化艺术出版社，2018年，第20页，图版21。

图1-53　新疆若羌米兰佛寺遗址壁画

图1-54　英国伦敦大英博物馆藏伊特拉斯坎有柄铜镜

1

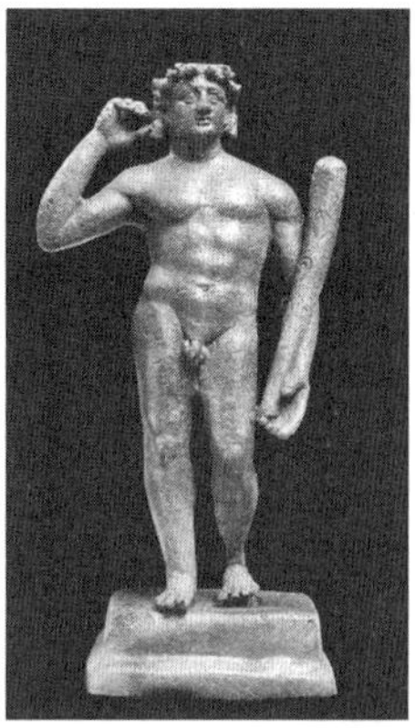
2

3

图1-55　赫拉克勒斯像

1. 犍陀罗造像中的赫拉克勒斯擒狮子像　2. 阿伊・哈奴姆遗址出土赫拉克勒斯青铜像　3. 阿富汗贝格拉姆储藏室F13 出土赫拉克勒斯青铜像

F13[①]（图 1-55-3）等也有发现。同时，作为单独的造像，还传播到了和田一带，如在新疆和田约特干遗址也曾发现用红色黏土制作的赫拉克勒斯像[②]（图 1-56）。对于这幅壁画中的持棒人物和画面所表达的题材，学界大都认为是持大棒的赫拉克勒斯与狮子，但林梅村先生认为是阿里玛斯帕大战格里芬[③]。笔者认为画面所表现的是赫拉克勒斯擒狮子的画面。特别应该注意的是，在前文所引用的花精就是青春女神的象征，它们出现在同一地点绝对不是偶然的。

图1-56　新疆和田约特干遗址出土赫拉克勒斯像

（三）肩扛花绳的童子像

在新疆若羌米兰第 5 佛寺遗址的壁画中，有一幅壁画的题材是肩扛花绳的童子像，现藏于印度新德里国立博物馆[④]（图 1-57）。这类形象在犍陀罗造像中常见，如巴基斯坦白沙瓦大

① 成都博物馆：《阿富汗：古代文明的十字路口》，文化艺术出版社，2018年，第187页，图版225。

② 〔日〕藤木信一郎：《シルクロードの美術——大谷探検隊将来品》，東京国立博物館，2017年，第54頁，図版59。

③ 林梅村：《汉代西域艺术中的希腊文化因素》，《西域——中外文明交流的中转站》，黄山书社，2017年，第142—166页。

④ 〔日〕田辺勝美、前田耕作：《世界美術大全集・東洋編》第15巻《中央アジア》，小学館，1999年，第275頁，挿図184。

学博物馆收藏的犍陀罗覆钵塔基座侧面装饰的肩扛花绳的童子像[①]（图 1-58）。但究其源头，则应该追溯至罗马，是罗马文化因素东传的结果，在罗马的石棺上常见这类肩扛花绳的童子像。例如，意大利那不勒斯考古博物馆收藏的年代在 250 年的石棺，其上浮雕着肩扛花绳的童子像和夫妻胸像[②]（图 1-59）。

图1-57　新疆若羌米兰第5佛寺遗址壁画中肩扛花绳的童子像

图1-58　巴基斯坦白沙瓦大学博物馆藏犍陀罗佛塔

① 笔者于2019年2月拍摄于巴基斯坦白沙瓦大学博物馆。

② 中国国家文物局、意大利文化遗产与艺术活动部编：《秦汉—罗马文明展》，文物出版社，2009年，第347页。

图1-59　意大利那不勒斯考古博物馆藏石棺

（四）带羽翼的童子像

楼兰及其周边地区的有翼童子像，也是通过贵霜帝国传入塔里木盆地的边缘地带的。斯坦因曾在新疆若羌米兰佛寺覆钵塔的回廊壁面上发现了大量壁画，其中带羽翼的童子像最引人注目[①]（图1-60）。1991年，王炳华先生在同一地点也曾进行了发掘，并发现了类似的带羽翼的童子像，之后将其掩埋[②]。这类带羽翼的童子像，在犍陀罗造像中也有发现，如日本平山郁夫丝绸之路美术馆收藏的犍陀罗初转法轮造像上方法轮的两侧浮雕着两个相对飞翔的带羽翼的童子像[③]（图1-61）。在阿富汗贝格拉姆储藏室曾发现1件希腊神话中的带羽翼的青铜厄洛斯像[④]（图1-62）。这些发现

---

① 〔日〕朝日新聞社文化企画局東京企画第一部：《日中国交正常化20周年記念展——楼蘭王国と悠久の美女》，大塚巧芸社，1992年，第110頁；祁小山、王博编著：《丝绸之路・新疆古代文化》，新疆人民出版社，2008年，第40页；〔日〕田辺勝美、前田耕作：《世界美術大全集・東洋編》第15巻《中央アジア》，小学館，1999年，第236頁，図版236。

② 〔日〕朝日新聞社文化企画局東京企画第一部：《日中国交正常化20周年記念展——楼蘭王国と悠久の美女》，大塚巧芸社，1992年，第110頁。

③ 〔日〕東京国立博物館、NHK、NHKプロモーション、朝日新聞社：《文化財保护法制定60周年記念特別展——仏教伝来の道 平山郁夫と文化財保護》，大塚巧芸新社，2011年，第34頁，図版8。

④ 成都博物馆：《阿富汗：古代文明的十字路口》，文化艺术出版社，2018年，第188页，图版226。

图1-60　新疆若羌米兰佛寺遗址壁画中带羽翼的童子像

图1-61　日本平山郁夫丝绸之路美术馆藏犍陀罗造像

图1-62　阿富汗贝格拉姆储藏室出土带羽翼的青铜厄洛斯像

反映了两地带羽翼童子像的密切关系，它们的具体传播路线，笔者曾经专门做过论述[①]，此不赘述。

① 冉万里：《丝路豹斑——不起眼的交流，不经意的发现》，科学出版社，2016年，第209—223页。

四、楼兰古城及米兰佛寺遗址的犍陀罗式佛塔

现存的楼兰佛塔多亦残损，仅存残部。在国外探险家早年的摄影作品及测绘图纸中，尚可看出其佛塔的大致特征。塔身均呈圆筒状覆钵，如楼兰古城遗址东北佛塔，残高 10.4 米，方形基座，中部八角形，上部为圆筒状覆钵[①]（图 1-63）；东北郊小佛塔带回廊，残高 6.28 米，装饰着与新疆若羌米兰佛寺遗址相同的带羽翼的童子像[②]。这两座佛塔与喀什莫尔佛寺的覆钵式塔、苏巴什西寺小塔及东寺佛塔、尉犁营盘佛塔及南

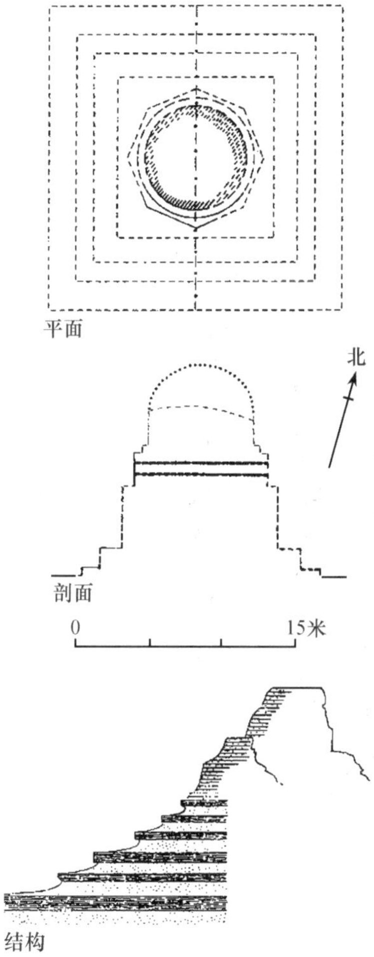

图1-63　新疆楼兰古城遗址东北佛塔（斯文·赫定绘）

① 新疆楼兰考古队：《楼兰城郊古墓群发掘简报》，《文物》1988年第7期；国家文物局主编：《中国文物地图集·新疆维吾尔自治区分册》，文物出版社，2012年，上册，第249页。

② 新疆楼兰考古队：《楼兰城郊古墓群发掘简报》，《文物》1988年第7期。

道的安迪尔佛塔、尼雅遗址佛塔等在形制上基本一致[①]。这些佛塔的样式均与犍陀罗覆钵塔相似，而与印度本土的覆钵塔在形制上有一定差异。不论其塔基形制是圆是方，均可以在犍陀罗地区找到源头。

此外，在楼兰古城还发现了一些木质的“塔刹”[②]（图 1-64），从其形状来看，与犍陀罗地区发现的奉献小石塔相类似，其性质应该是奉献木佛塔，而不是塔刹。类似的木质奉献塔在新疆库车玉其吐尔遗址也有发现[③]（图 1-65）。特别珍贵的是，在新疆罗布泊西岸曾经采集到 1 件铜覆钵塔，残高 9.5 厘米（图 1-66），与上述犍陀罗式覆钵塔在形制上非常接近[④]。

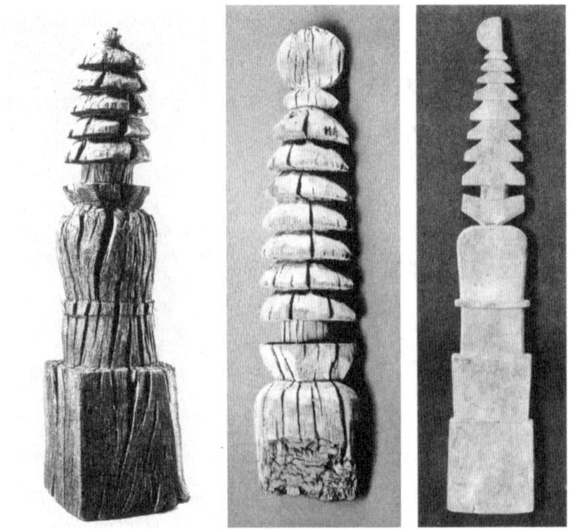

图1-64　新疆楼兰古城遗址采集木佛塔

图1-65　新疆库车玉其吐尔遗址出土木佛塔

图1-66　新疆罗布泊西岸采集铜覆钵塔

五、楼兰古城的木雕佛龛像

瑞典斯德哥尔摩国立民族博物馆收藏有出自楼兰古城遗址的木雕佛龛像[⑤]（图 1-67），这类龛像中的佛龛具有浓郁的中亚风格。例如，在乌兹别克斯坦法雅兹·特佩

① 冉万里：《新疆库车苏巴什佛寺遗址调查与发掘的初步收获》，《西部考古》（第18辑），科学出版社，2019年，第249、307页。

② 霍旭初、祁小山编著：《丝绸之路·新疆佛教艺术》，新疆大学出版社，2006年，第165页。

③ 祁小山、王博编著：《丝绸之路·新疆古代文化（续）》，新疆人民出版社，2016年，第198、199页。

④ 巴音郭楞蒙古自治州博物馆编著，牛耕主编：《巴音郭楞蒙古自治州文物精品图集·金属器卷》，新疆人民出版社，2017年，第133页。

⑤ 〔日〕田辺勝美、前田耕作：《世界美術大全集·東洋編》第15卷《中央アジア》，小学館，1999年，第233頁，図版231。

图1-67　新疆楼兰古城遗址出土木雕佛龛像

佛寺遗址曾经发现一个龛像[①]（图 1-68），在阿富汗贾拉拉巴德毗摩兰发现的黄金舍利盒腹部装饰的佛龛[②]（图 1-69）。又从这些木雕龛像中的佛像来看，均为结跏趺坐，身着通肩袈裟，双手施禅定印，类似于大乘佛教中的千佛像。佛像身后的头光和背光，都呈圆盘状，而圆盘状的头光则是犍陀罗造像的一个重要特征，圆盘状的背光也应该受了其影响。由此可见，楼兰古城遗址发现的木雕佛龛像的文化因素是多元的，既有中亚（阿富汗、乌兹别克斯坦）因素，又有犍陀罗造像的因素，更有千佛题材的大乘佛教因素，而大乘佛教的兴起在贵霜时期，在这一思想影响下而出现的代表性佛教造像是犍陀罗佛像，说明楼兰的木雕龛像接受上述地区各种造型艺术因素影响的同时，也将贵霜时期兴起的大乘佛教思想吸收了进来，其具体的表现就是这些象征千佛像的佛龛像。

图1-68　乌兹别克斯坦法雅兹・特佩佛寺遗址出土佛龛像

① 〔日〕田边勝美、前田耕作：《世界美術大全集・東洋編》第15巻《中央アジア》，小学館，1999年，第118頁，図版154。

② 〔日〕田边勝美、前田耕作：《世界美術大全集・東洋編》第15巻《中央アジア》，小学館，1999年，第114頁，図版145—149。

图1-69　阿富汗贾拉拉巴德毗摩兰出土黄金舍利盒

六、以汉晋文物为代表的中原地区文化

在对古楼兰地区的考古发掘中，发现并出土了大量来自中原地区的丝绸、漆器、铜镜、钱币、弩机、简牍、汉文文书等，这些汉晋文物的发现，是中原王朝对于这一地区经营和影响的直观反映，值得深入研究。单从文物的数量而言，来自汉晋时期的中原地区的文物占了相当大的比例，而且种类丰富，是了解汉晋时期中原王朝经略西域的绝佳资料。

（一）丝绸

在楼兰古城遗址附近的墓葬之中，出土了大量珍贵的汉锦，这些织锦上的吉语有“永昌”、“位至高官”、“长宜子孙”、“长寿明光”及“延年益寿大宜子孙”（图1-70）、

图1-70　新疆楼兰古城遗址附近墓葬出土“延年益寿大宜子孙”锦

“望四海富贵寿为国庆”（图1-71）等[①]，这些有吉祥文字的丝绸，应该被楼兰人所接受，并为其所喜爱。特别是他们选择这些带有吉祥文字的丝绸作为自己的殓衣，反映了他们想将美好的祝福带到死后世界里的美好愿望。当然了，其生前对这些丝绸应该也是爱不释手，这些带有祝福性质的吉祥文字，应该也是人们心领神会、耳熟能详的。说明中原地区的文化已经影响到了楼兰人的审美观。

（二）漆木器

众所周知，漆器也是汉文化的代表性器物之一，它也广泛传播于世界各地，例如，蒙古诺彦乌拉匈奴墓葬中曾经出土大量汉代漆器，朝鲜半岛的汉代墓葬中也出土汉代漆器。中国产的漆器也和丝绸一样，是东西方之间交流的一类重要商品。值得注意的是，在阿富汗贝格拉姆储藏室中就曾经出土汉代漆器[②]（图1-72），可惜的是它们已经腐朽了，这些漆器应该是通过丝绸之路传播过去的。从楼兰古城孤台墓葬中发现的汉代漆卮（杯）来看[③]，楼兰人似乎也曾经是来自中原地区的漆器的经手人之一。在汉代漆器的影响下，汉晋时期的楼兰及其附近的人们还仿制了一些有地域特色的漆器，如东

---

① 〔日〕朝日新聞社文化企画局東京企画第一部：《日中国交正常化20周年記念展——楼蘭王国と悠久の美女》，大塚巧芸社，1992年，第49、50頁，図版122—124。

② 〔日〕九州国立博物館、東京国立博物館、産経新聞社：《黄金のアフガニスタン——守りぬかれたシルクロードの秘宝》，産経新聞社，2016年，第125頁。

③ 新疆楼兰考古队：《楼兰城郊古墓群发掘简报》，《文物》1988年第7期。

图1-71　新疆楼兰古城遗址附近墓葬出土“望四海富贵寿为国庆”锦

图1-72　阿富汗贝格拉姆储藏室出土汉代漆器

距楼兰古城遗址 200 千米的尉犁营盘遗址，1999 年发掘的 M6 出土的髹漆带纽圆形盒 ①（图 1-73），木胎，轮旋而成，表面髹红褐色及黑色漆；M66 出土的漆奁 ②（图 1-74），木胎，轮旋而成，表面髹黑漆，并以黄、朱、绿三色绘制花纹，除了盖部尖凸之外，奁的形制基本是中原式的，但花纹样式却有着浓郁的地域因素。类似的漆奁，还见于营盘遗址 1999 年发掘的 M6（图 1-75-1）、M13、M42（图 1-75-2）、M59③。同时，在营盘遗址 1999 年发掘的 M7 中还出土了漆耳杯（图 1-75-3），以木块掏凿而成，器表通体髹黑漆，口沿内髹一道黑漆 ④。漆卮和漆耳杯系汉代较为典型的漆器，这类器物出现在楼兰古城孤台墓葬和营盘遗址 1999 年发掘的 M7 中，说明这些器物也传播到了楼兰及其周围一带，并为当地人所喜爱，但其制作方法和髹漆工艺却具有自身特色。此外，还有为数不少的汉式梳篦的出土，此不一一列举。从地理位置上看，楼兰古城遗址和营盘遗址均位于“楼兰道”的要冲，所以，上述这些发现不仅对于丝绸之路的研究有重要意义，而且也证明了“楼兰道”是中原王朝与这一地区联系的重要纽带。

在新疆鄯善县罗布泊历史博物馆收藏 1 件硕大的方形木斗 ⑤（图 1-76），这种木斗的形制，与中原地区木构建筑中的斗拱极为相似，这种相似性不是偶然的，应该是受

图1-73　新疆尉犁县营盘M6出土髹漆带纽圆形盒

图1-74　新疆尉犁县营盘M66出土漆奁

① 〔日〕NHK、NHKプロモーション、産経新聞社：《新シルクロード展：幻の都 楼蘭から永遠の都 西安へ》，NHK、NHKプロモーション、産経新聞社，2005年，第94頁，図版47。

② 〔日〕NHK、NHKプロモーション、産経新聞社、《新シルクロード展：幻の都 楼蘭から永遠の都 西安へ》，NHK、NHKプロモーション、産経新聞社，2005年，第95頁，図版48。

③ 新疆文物考古研究所：《新疆尉犁县营盘墓地1999年发掘简报》，《考古》2002年第6期。

④ 新疆文物考古研究所：《新疆尉犁县营盘墓地1999年发掘简报》，《考古》2002年第6期。

⑤ 文中插图系笔者参观新疆鄯善县罗布泊历史博物馆时拍摄。

图1-75　新疆尉犁营盘遗址墓葬出土漆器
1、2. 漆奁（M6 ： 1、M42 ： 3） 3. 漆耳杯（M7 ： 3）

了中原地区文化的影响。1973 年在吐鲁番阿斯塔那唐代墓葬中曾出土 1 件八柱斗拱结构的木质亭子模型，底座四周有木构阑槛，通高 27 厘米，为中原地区木构建筑样式[①]（图 1-77）。虽然时代较晚，但也是中原地区木构建筑样式西传新疆的一个重要参考。

图1-76　新疆鄯善县罗布泊历史博物馆藏方形木斗

图1-77　新疆吐鲁番阿斯塔那唐墓出土木质亭子模型

① 〔日〕財団法人古代オリエント博物館、（株）旭通信社企画開発局：《中国新疆出土文物〈中国・西域シルクロード展〉》，株式会社旭通信社，1986年，図版95。

（三）铜镜

值得注意的是，在楼兰发现的汉代铜镜以有铭文者较为常见。这些数量巨大的汉代铜镜的发现，一方面反映了楼兰人对于来自中原地区铜镜的喜爱，另一方面也说明中原地区的铜镜也是丝绸之路上的重要贸易品，同时也是中原地区与西域之间的一个文化纽带。1980 年在楼兰孤台墓地出土 1 面“长宜子孙”铜镜的残片[①]（图 1-78）。楼兰 LE 古城遗址北墓地也曾采集到 1 面“君宜高官”铜镜[②]（图 1-79）。新疆鄯善县罗布泊历史博物馆也采集并收藏了大量铜镜残片（图 1-80）[③]。特别值得注意的是，新疆尉犁营盘遗址 1999 年发掘的 M7 中出土的铜镜[④]（图 1-81），原本破成两块，后用铜片焊接修补在一起，可见墓主人对这面铜镜的珍视。同时，从简报所公布的照片，知其为东汉中晚期流行的八连弧变形四叶纹镜，这类铜镜往往铸“位至三公”“长宜子孙”“君长宜官”等吉祥铭文。根据简报所言，镜背铭文可见一“三”字[⑤]，据此可以推知其铭文原应为“位至三公”。从其被修补并加以使用及铭文的情况来看，这类带吉祥铭文的铜镜为西域的人们所喜爱，它们不仅具有考古学上的断代意义，同时从一个侧面反映了楼兰及其周围的人们是能够深刻领会来自中原地区的汉文化的，或者说与汉文化是息息相通的，与带吉祥文字的丝绸有异曲同工之妙。吉祥铭文镜以外的铜镜也有发现，如在新疆尉犁营盘遗址 1995 年发掘的 M7 中出土的年代在东汉初年的四乳四虺纹铜镜[⑥]（图 1-82）。这些东汉铜镜之所以大量出现在“楼兰道”上，与班超、班勇父子破匈奴、稳定西域的历史背景是分不开的，它们同时又是中原王朝经略西域的实物见证。

汉代铜镜在更西的地区也有不少发现，不仅年代早于前述铜镜，而且出土于等级较高的墓葬之中，看来当时人已将汉代铜镜作为珍贵品来看待，并且确实是丝绸之路上的珍贵物品。例如，在阿富汗提利亚特佩王、王妃及王子、公主级别的 6 座墓葬中

---

① 新疆楼兰考古队：《楼兰城郊古墓群发掘简报》，《文物》1988年第7期。

② 国家文物局主编：《中国文物地图集·新疆维吾尔自治区分册》，文物出版社，2012年，上册，第251页；巴音郭楞蒙古自治州博物馆编著，牛耕主编：《巴音郭楞蒙古自治州文物精品图集·金属器卷》，新疆人民出版社，2017年，第84页。

③ 文中插图系笔者参观鄯善县罗布泊历史博物馆时拍摄。

④ 新疆文物考古研究所：《新疆尉犁县营盘墓地1999年发掘简报》，《考古》2002年第6期。

⑤ 新疆文物考古研究所：《新疆尉犁县营盘墓地1999年发掘简报》，《考古》2002年第6期。

⑥ 新疆文物考古研究所：《新疆尉犁县营盘墓地1995年发掘简报》，《文物》2002年第6期；孔祥星、刘一曼：《中国铜镜图典》，文物出版社，1992年，第247页。

图1-78 新疆楼兰孤台墓地出土“长宜子孙”铜镜残片

图1-79 新疆楼兰LE古城遗址采集“君宜高官”铜镜

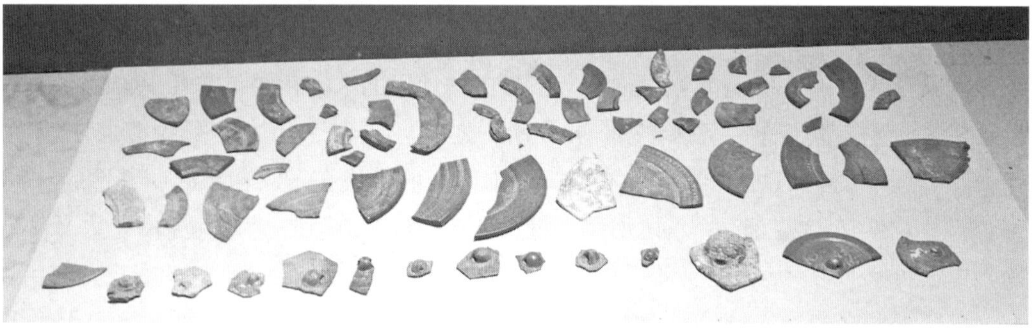

图1-80 新疆鄯善县罗布泊历史博物馆藏汉代铜镜残片

图1-81 新疆尉犁营盘遗址1999年发掘M7出土八连弧变形四叶纹镜

的 M2（图 1-83）、M3（图 1-84）、M6 分别出土 1 面清白镜[①]，与陕西西安西汉晚期墓中出土的清白镜相类似[②]（图 1-85），这类铜镜出现于西汉中期偏晚，主要流行于西汉晚期。

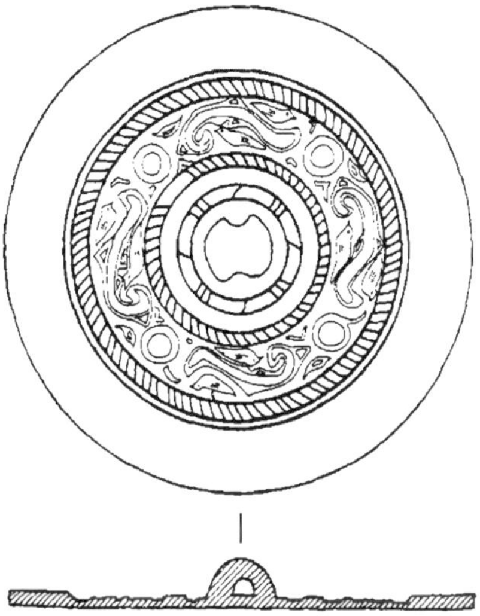

图1-82　新疆尉犁营盘遗址1995年发掘M7出土四乳四虺纹铜镜

图1-83　阿富汗提利亚特佩M2出土西汉铜镜

图1-84　阿富汗提利亚特佩M3出土西汉铜镜

图1-85　陕西西安西汉晚期墓出土铜镜

① 〔苏〕V.I.サアニディ著，〔日〕加藤九祚訳：《シルクロードの遺宝——シバルガン王墓発掘記》，岩波書店，1988年，第271、272頁；〔日〕九州国立博物館、東京国立博物館、産経新聞社：《黄金のアフガニスタン——守りぬかれたシルクロードの秘宝》，産経新聞社，2016年，第82頁。

② 程林泉、韩国河：《长安汉镜》，陕西人民出版社，2002年，图版四十六，1。

（四）弩机

作为汉代的射箭工具，弩机也出现在楼兰古城遗址①，它们应该是戍边将士配备的武器，一方面反映了汉晋之时中原王朝派驻军队对西域的经略，另一方面也反映了中原地区对这一地区的影响。根据简牍来看，当时的屯田兵士所配备的武器还有皮兜鍪、大戟等②。

（五）钱币

大量来自中原地区的钱币的发现，也是中原王朝对西域经略的反映，说明它已经成为这一地区的流通货币，数量巨大，说明楼兰人已视其为财富。就目前所知的货币种类而言，有五铢、货泉、小泉直一、榆荚半两等③（图1-86）。另外，在新疆鄯善县罗布泊历史博物馆也收藏了大量类似的货币④（图1-87）。由于这些货币在中原地区常见，所以学界以往对其关注度不够高。在多数情况下，学者往往以猎奇的心理更多地关注外来货币，而忽略了对来自中原地区钱币的深入分析和研究，仅仅将其意义停留在断代等这些基础研究，这一现象应该引起注意。同为中原地区王朝铸造的货币流传到这

图1-86 新疆楼兰古城遗址采集货币

① 新疆楼兰考古队：《楼兰城郊古墓群发掘简报》，《文物》1988年第7期；巴音郭楞蒙古自治州博物馆编著，牛耕主编：《巴音郭楞蒙古自治州文物精品图集·金属器卷》，新疆人民出版社，2017年，第75—77页。

② 侯灿：《楼兰新发现木简纸文书考释》，《文物》1988年第7期。

③ 〔日〕朝日新聞社文化企画局東京企画第一部：《日中国交正常化20周年記念展——楼蘭王国と悠久の美女》，大塚巧芸社，1992年，第53頁，図版47—53。

④ 文中插图系笔者参观新疆鄯善县罗布泊历史博物馆时拍摄。

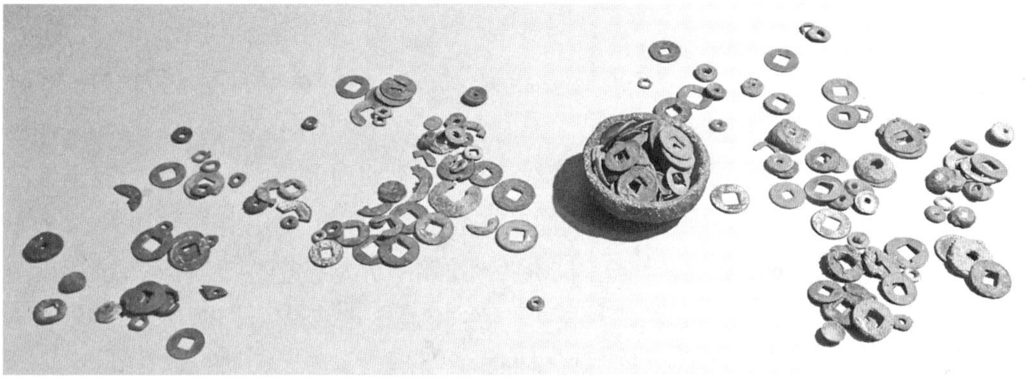

图1-87　新疆鄯善县罗布泊历史博物馆藏汉代货币

里，就与在中原地区发现的意义完全不同，一方面说明中原地区的货币可能曾是丝绸之路上流通货币的一种，或者是财富的象征；另一方面则是中原王朝经略西域以及文化交流的重要实物证据，也是中原王朝影响力的反映。

（六）简牍与文书

汉文简牍与文书有大量的发现[①]，其中以早年被日本大谷光瑞探险队盗走的西凉长史李柏文书最为著名，被称为“李柏文书”，这一名称已经成为一个专有名词。这篇文书的价值在于证明了十六国时期西凉对这一地区的管辖和影响。而且在考古发掘中，汉文简牍还不断地被发现，如 1980 年 4 月在新疆若羌县楼兰古城遗址发现魏晋时期汉文木简 63 枚[②]。

更为有趣的是，在斯文·赫定带走的楼兰发现的纸质文书中，有墨书汉字的纸质“九九乘法表”（图 1-88）[③]，这是古楼兰人熟知中原地区汉晋文化的又一个典型例证。

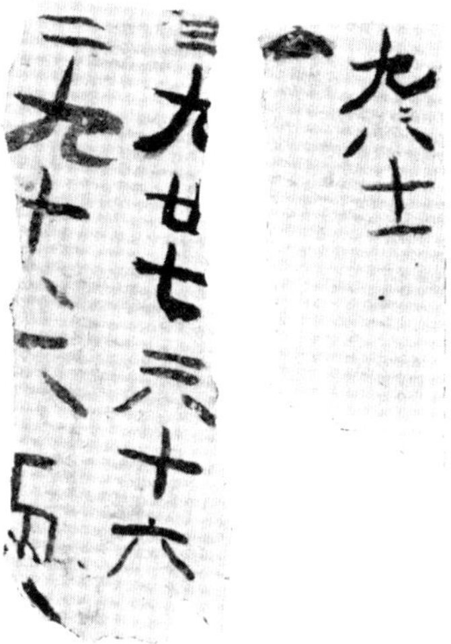

图1-88　新疆楼兰出土纸质“九九乘法表”

① 国家文物局主编：《中国文物地图集·新疆维吾尔自治区分册》，文物出版社，2012年，上册，第250页。

② 侯灿：《楼兰新发现木简纸文书考释》，《文物》1988年第7期。

③ 〔日〕井上靖、岡崎敬、NHK取材班：《シルクロード》第三卷《幻の楼蘭・黒水城》，日本放送出版協会，1980年，第92頁。

（七）木棺上的汉风装饰

楼兰古城北汉晋时期墓葬出土的木棺，其样式为长方形箱式带四足，装饰充满汉文化的色彩（图 1-89）[1]。黑色的乌鸦（象征三足乌），其外是一个圆圈，两者合起来代表中原地区汉代墓葬壁画、画像石及画像砖等载体上表现的太阳形象；蟾蜍与其外围的圆圈代表月亮形象；汉风的云气纹；棺木两侧绘制的折线穿璧纹，也是东汉画像石上常见的纹饰。凡此种种，无不表现出中原地区的文化因素，是中原王朝与古楼兰密切关系的见证，同时也反映了中原地区文化对古楼兰影响之深[2]。

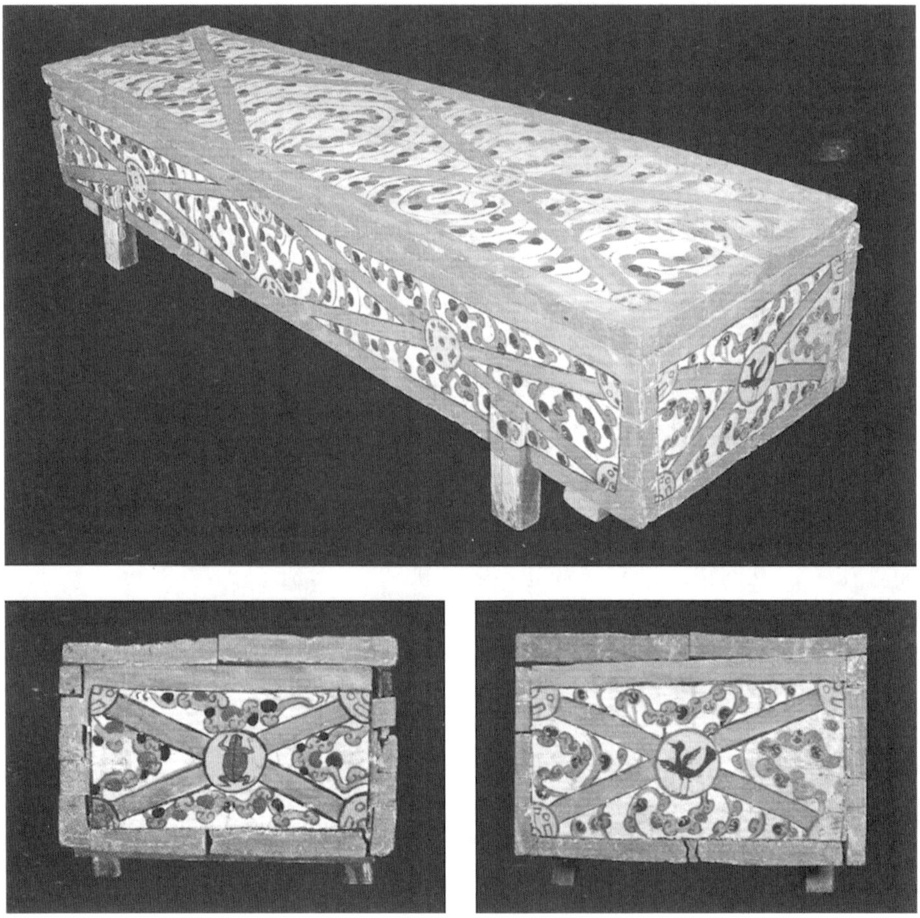

图1-89　新疆楼兰古城北汉晋墓葬出土木棺

① 〔日〕東京国立博物館、NHK、NHKプロモーション：《日中国交正常化30周年記念特別展——シルクロード絹と黄金の道》，美術出版デザインセンター，2002年，第128頁，図版119。

② 冉万里：《汉代以来的月宫图像》，《秦汉研究》（第八辑），陕西人民出版社，2014年，第54—72页；冉万里：《丝路豹斑——不起眼的交流，不经意的发现》，科学出版社，2016年，第306—320页。

（八）木雕马

在罗布泊还采集到一些木雕工艺品，如收藏于新疆鄯善县罗布泊历史博物馆的1件圆雕木马（图1-90-1）①，其工艺采用分雕组合的方式，与河西走廊一带的同类作品相一致，如甘肃武威磨嘴子东汉墓出土的木马（图1-90-2）②。罗布泊发现的圆雕木马与磨嘴子木马无论是雕刻工艺及组合方式，还是形制特征及其外观所表现出的神韵，都具有强烈的一致性。这说明楼兰的木雕工艺一方面受到来自贵霜的影响，另一方面河西一带的中原文化也对其产生了重要影响。比较两者的工艺，笔者甚至怀疑新疆鄯善县罗布泊历史博物馆收藏的圆雕木马直接来源于河西一带，系输入品。

1

2

图1-90　木雕马

1. 新疆鄯善县罗布泊历史博物馆藏　2. 甘肃武威汉墓出土

（九）象牙梳篦

印度的象牙雕刻闻名于世，在阿富汗贝格拉姆储藏室曾经发现大量来自印度的象牙雕刻。2003年，在楼兰古城北M1（汉晋时期）中曾出土1件象牙梳篦，长5.5、宽4.5厘米③（图1-91）。如果确实是象牙的话，那么，这件象牙梳篦应该来自古印度，并

① 文中插图系笔者参观新疆鄯善县罗布泊历史博物馆时拍摄。

② 甘肃省博物馆编，俄军主编：《甘肃省博物馆文物精品图集》，三秦出版社，2006年，第129—131页。

③ 祁小山、王博编著：《丝绸之路·新疆古代文化》，新疆人民出版社，2008年，第33页；〔日〕朝日新聞社文化企画局東京企画第一部：《日中国交正常化20周年記念展——楼蘭王国と悠久の美女》，大塚巧芸社，1992年，第53頁，在该图录中仅说是以兽骨制成，未明确说是象牙制品。本文暂从象牙这一说。即使不是象牙，这种中原式的梳篦也同样具有重要意义。

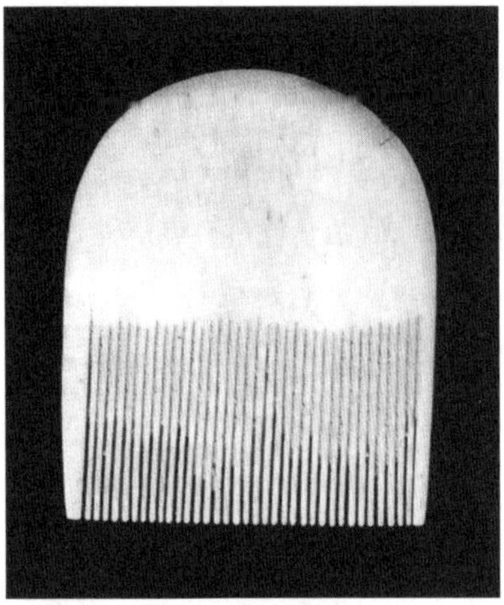
图1-91　新疆楼兰古城北M1出土象牙梳篦

经过楼兰人加工成具有汉代梳篦特征的样式。与之形制类似的象牙梳篦在湖南长沙马王堆一号西汉墓曾出土1件，长8.8、宽5.9厘米[①]。正是一件象牙梳，将印度文明、贵霜文明、楼兰和中原文明融合在了一起，体现了“一把洁白象牙梳，四个文明来组成”的文明交汇点的特征。

七、结　　语

从文献记载来看，汉晋时期中原王朝对楼兰的经略过程中曾经发生过许多事情，如楼兰尝杀汉使节、楼兰对于汉王朝的态度也出现过反复、傅介子刺杀楼兰王等，但从考古的发现来看，以丝绸、漆器、铜镜、钱币等为代表的汉晋物质文化，以及各类带吉祥语的器物，从物质文化和精神文化两个层面，反映了中原王朝对楼兰及其周边地区产生了巨大影响，说明自汉代以来这一地区与中原王朝就保持着密切的联系，而且也从物质和精神两个层面证明中原王朝对这一地区的经略是成功的。其具体的经略方式可以概括为：以西域都护府（西域长史府等）作为管理机关，以驻军作为边疆的维护者，以丰富多彩的物质文化作为媒介，以使节作为汉文化的传播者，构成了全方位的管理和交流体系。

另外，在贵霜帝国建立后，曾经居住在敦煌、祁连间的大月氏人在东西方文化交流中起了重要的中介作用，佛教传入中国就有大月氏人的功劳。现在学界一般将汉哀帝元寿元年（前2年）作为佛教传入中国的上限年代[②]，就是以《魏略·西戎传》中所记载的“汉哀帝元寿元年”，“大月氏王使伊存口受《浮屠经》”作为标志的。同时，不少大月氏僧人也来到中国内地传播佛教，前文列举的见于文献记载的大月氏僧人就是例证。

① 湖南省博物馆、中国科学院考古研究所编：《长沙马王堆一号汉墓》，文物出版社，1973年，第128、129页，图版一八一。

② 一说为东汉明帝永平十年（67年）。

第二章 洛阳北魏石刻艺术中银杏树样式的确立及其影响

——兼论北朝以后佛教石刻及绘画艺术中的树木形象

在洛阳地区的北魏石刻艺术品中，作为图像背景衬托的树木纹样种类丰富，不论是在著名的龙门石窟、巩县（今巩义）石窟寺（为了与诸论著保持统一，拙著中仍沿用习惯上的“巩县石窟寺”）等的造像中，还是考古发现及传世的石棺、石棺床、造像碑等上，都可以看到作为画面重要组成部分的树木形象。艺术家将这些作为背景的树木刻画得非常形象，这应该是其对现实生活中的树木仔细观察的结果。在各类艺术品上雕刻的树木中，出现频率最高、特征最为明显、也最容易辨认的莫过于其中的银杏树。但客观而言，古代洛阳地区生长的树木绝对不会只有银杏树一种，银杏树的形象之所以能够成为各类艺术品中重要的背景衬托，除了银杏树较为常见这一因素之外，应该还有其他原因如艺术渊源，甚至与一些重大历史问题（孝文帝改革）有着密切的关系。笔者沿着这一思路，依据考古发现和传世的各类艺术品中的图像资料对这一问题进行探讨，以解决笔者的一些疑惑。但要解决洛阳地区北魏石刻艺术中的银杏树样式的确立，这里不得不从云冈石窟、东晋南朝的图像谈起。

一、云冈石窟雕刻中的树木形象

就目前公开发表的云冈石窟中雕刻的树木图像来看，树木主要是作为画面的背景来衬托某一特定佛教题材，如释迦多宝二佛并坐像、半跏思惟像、树下坐禅像、无忧树下诞生图像等。由于从树木的树冠和树干特征无法确认树木本身属于什么品种，所以，这里主要从其树叶的特征来判断树木的品种及其特征。从树木的叶片样子来看，雕刻的叶片硕大而稀疏，或呈椭圆形或呈桃形，在众多的叶片中，大多数叶片与菩提树的叶片（图 2-1）或无忧树的叶片[①]（图 2-2）有一定差异，仅个别叶片比较接近菩提树的叶片。这说明它们作为特定佛教题材的富于装饰性的背景衬托，所要表现的是菩提树或者无忧树、娑罗树等，但也许由于工匠对菩提树或者无忧树等还不是很熟悉，

---

① 文中的菩提树树叶及无忧树树叶，系笔者于印度阿玛拉瓦蒂拍摄。

图2-1　菩提树叶

图2-2　无忧树叶

未能将菩提树细长的叶针或者细长如柳叶、边缘呈波浪状的无忧树树叶等表现出来，往往以圆形、椭圆形或桃形树叶来表现菩提树或无忧树等的树叶，而且树叶的样子多样化，显得有点杂乱无章。从这些与实际情况不吻合的树叶表现形式来看，说明这些树木只能是意象中的菩提树或者无忧树等，而不是如实地刻画树木本身及叶片的样子。也就是说，艺术家在对它们进行艺术加工时，在某种程度上是按照其想象的菩提树或者无忧树等进行刻画的。例如，云冈石窟第 5 窟门口东侧（图 2-3）和西侧（图 2-4）释迦、多宝二佛并坐图像中的树木①；从第 5 窟门口西侧释迦、多宝二佛并坐像中雕刻的树木，树干被涂成红色，其叶子为绿色，在因壁面崩塌而无法雕刻的右侧残缺部分，则以颜料绘制出树木的枝干和叶片②（图 2-5）；第 6 窟中心塔柱西面下层

① 〔日〕水野清一、長広敏雄：《京都大学人文科学研究所研究報告：云冈石窟西暦五世紀における中国北部佛教窟院の考古学的調査報告》第二卷《第五洞》，京都大学人文科学研究所，1955 年，拓本 I，A、B。

② 中国石窟雕塑全集编辑委员会编：《中国石窟雕塑全集》3《云冈》，重庆出版社，2001 年，第8页，图版二二。

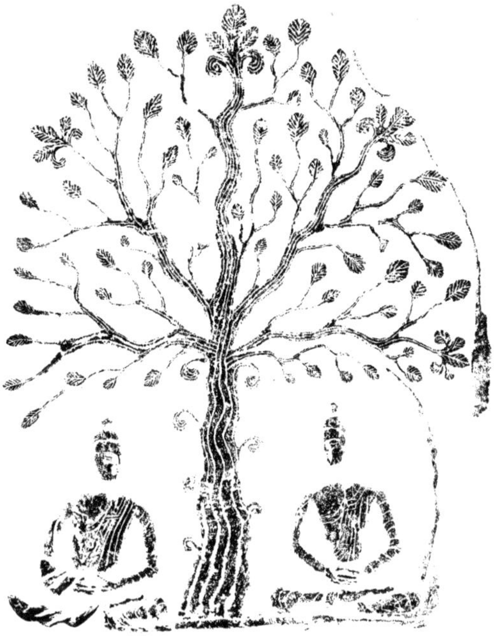

图2-3 山西大同云冈石窟第5窟门口东侧雕刻的释迦、多宝二佛并坐图像中的树木

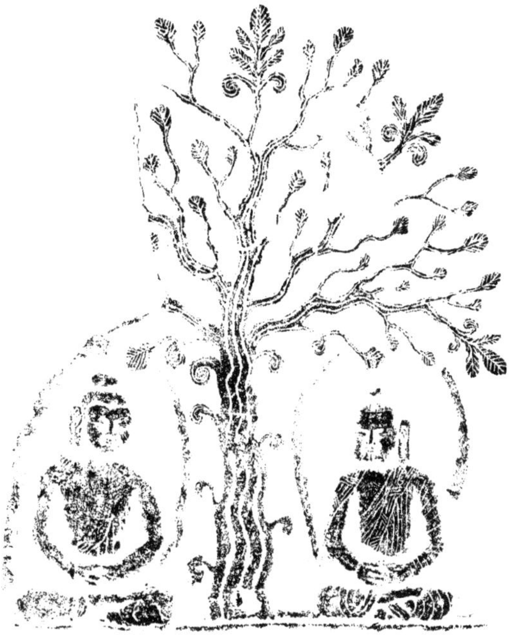

图2-4 山西大同云冈石窟第5窟门口西侧雕刻的释迦、多宝二佛并坐图像中的树木

佛龛左侧无忧树下诞生图像中的树木[①]（图 2-6）；第 6 窟中心塔柱南面上层佛龛左侧树下半跏思惟菩萨像身后的树木[②]（图 2-7）；第 7 窟明窗西侧与东侧的树下坐禅比丘图像中的树木[③]（图 2-8）；第 9 窟前室东壁南端上方雕刻的树下半跏思惟菩萨像中的树木[④]（图 2-9）；第 10 窟前室西壁上层龛右侧与左侧树下半跏思惟像中的树木[⑤]（图

① 云冈石窟文物保管所：《中国石窟・云冈石窟（一）》，文物出版社、株式会社平凡社，1991年，图版73。根据佛经记载，佛陀是在无忧树下诞生的，但该窟中的树下诞生图像中的树木样子却与其他石窟中的菩提树样子相一致，反映了工匠们在雕刻树木的过程中采取了统一的树木样式，主要表达其象征意义。

② 云冈石窟文物保管所：《中国石窟・云冈石窟（一）》，文物出版社、株式会社平凡社，1991年，图版56。

③ 〔日〕水野清一、長広敏雄：《京都大学人文科学研究所研究報告：云岡石窟西暦五世紀における中国北部佛教窟院の考古学的調査報告》第四卷《第七洞》，京都大学人文科学研究所，1952年，拓本Ⅳ，A、B。

④ 中国石窟雕塑全集编辑委员会编：《中国石窟雕塑全集》3《云冈》，重庆出版社，2001年，第32页，图版九三。

⑤ 〔日〕水野清一、長広敏雄：《京都大学人文科学研究所研究報告：云岡石窟西暦五世紀における中国北部佛教窟院の考古学的調査報告》第七卷《第十洞》，京都大学人文科学研究所，1952年，拓本Ⅱ，C、D。

图2-5　山西大同云冈石窟第5窟门口西侧雕刻的释迦、多宝二佛并坐图像中的树木

图2-6　山西大同云冈石窟第6窟中心塔柱西面下层佛龛左侧雕刻的无忧树下诞生图像

图2-7　山西大同云冈石窟第6窟中心塔柱南面上层佛龛左侧雕刻的树下半跏思惟菩萨像

图2-8　山西大同云冈石窟第7窟明窗西侧与东侧雕刻的树下坐禅比丘图像

2-10）；第12窟明窗东侧与西侧树下坐禅比丘图像中的菩提树[①]（图2-11、2-12）。前面所述主要是与菩提树、无忧树相关的树木。在云冈石窟第11窟西壁第3层南侧佛龛下方雕刻的涅槃图像中，在涅槃台后侧两端分别雕刻一棵树木，以象征释迦牟尼涅槃时的娑罗树，但其树叶与前面所述树木的叶片非常相似，也呈椭圆形[②]（图2-13），与实际的娑罗树叶片有较大差异，可见其象征意义大于实际意义。

受云冈石窟中雕刻的树木样式的影响，一些单体佛教造像上也雕刻出类似的树木作为背景衬托。例如，日本大阪市立美术馆收藏的交脚弥勒菩萨像背面雕刻的树下双半跏思惟菩萨像（图2-14），其年代被认为在

图2-9　山西大同云冈石窟第9窟前室东壁南端雕刻的菩提树及半跏思惟菩萨像（局部）

图2-10　山西大同云冈石窟第10窟前室西壁上层龛右侧与左侧雕刻的树下半跏思惟像

图2-11　山西大同云冈石窟第12窟明窗东侧与西侧雕刻的树下坐禅比丘图像

① 〔日〕水野清一、長広敏雄：《京都大学人文科学研究所研究報告：云冈石窟西暦五世紀における中国北部佛教窟院の考古学的調査報告》第八卷、第九卷《第十一洞および第十二洞》，京都大学人文科学研究所，1953年，拓本Ⅳ，E、F；中国石窟雕塑全集编辑委员会编：《中国石窟雕塑全集》3《云冈》，重庆出版社，2001年，第55页，图版一五九。

② 云冈石窟文物保管所：《中国石窟·云冈石窟（二）》，文物出版社、株式会社平凡社，1994年，图版83。

图2-12　山西大同云冈石窟第12窟明窗东侧雕刻的树下坐禅比丘图像

5世纪后半叶[①]，其上雕刻的树木高大，树冠稀疏，叶片略近圆形，与前述云冈石窟第6窟中心塔柱西面下层佛龛左侧无忧树下诞生图像中的树木的叶片非常相似，说明两者的年代较为接近。

以上所列举的云冈石窟中树木及树叶的表现方式，不仅与真实的菩提树叶或无忧树叶、娑罗树叶等有一定差异，而且此类样式的树木形象目前仅见于云冈石窟。但值得注意的是，自北魏孝文帝自平城迁都洛阳后，洛阳地区石窟寺造像等石刻中的树木及树叶的表现形式发生了巨大变化，将云冈石窟中雕刻的树木样式完全抛弃了，代之而起的是下文要谈及的银杏树及其树叶，开启了树木表现形式的新时代。在某种程度上，这是历史上发生的北魏孝文帝改革这样的重大事件在石刻艺术细节上的反映。由此可见，对于历史的认识是多角度的，可宏观亦可微观，在时代潮流的影响下，不仅在制度层面，而且在艺术和审美等层面都会多多少少地打上历史的烙印。

图2-13　山西大同云冈石窟第11窟西壁第3层南侧佛龛下方雕刻的涅槃图像

二、洛阳地区石刻艺术中银杏树的表现方式

对于洛阳地区的龙门石窟、巩县石窟寺等石窟中雕刻的与佛教题材相关的树木，在以往的描述中，一般不论其形状如何，叶片的样子怎样，研究者主要根据所表现的

① 〔日〕齋藤龍一（大阪市立美術館）：《大阪市立美術館 山口コレクション中国彫刻》，図書印刷株式会社，2013年，第22、23頁，図版2。

题材，多将其直接称为“菩提树”或者“无忧树”等。在众多的研究者中，似仅常青先生将其描述为银杏树叶形[①]。沿着常青先生的这一思路，笔者仔细考察了龙门石窟、巩县石窟等石窟中雕刻的树木，发现龙门石窟、巩县石窟等石窟中雕刻的树木的叶片，与真实的菩提树叶、无忧树叶完全不同，其特征表现为扇面状，边缘呈连弧形，暗示了这种树木是以银杏树为模特雕刻而成的[②]（图 2-15），笔者以为直接将其称为银杏树似乎更为合适，或者更符合实际，更有利于进一步深入探讨这一问题。为了说明银杏树叶在洛阳地区流行的状况，笔者在此先从传世的东晋时期的绘画作品及南朝墓葬出土的拼镶砖画谈起。

图2-14　日本大阪市立美术馆藏交脚弥勒菩萨像背面雕刻的树下双半跏思惟菩萨像

从传世的东晋顾恺之的《洛神赋图》来看，其画面中用作背景衬托的树木主要有两种，一是垂柳，另一种便是银杏树[③]（图 2-16）。在东晋、南朝时期流行的另一个绘画题材，就是荣启期和竹林七贤，关于其流行状况、曾经绘制过此类题材的画家及绘画的传世情况等，在山东临朐北齐崔芬壁画墓发掘简

图2-15　银杏树

① 常青：《金石之躯寓慈悲：美国佛利尔美术馆藏中国佛教雕塑》（研究篇），文物出版社，2016年，第175—184页。在校对拙著的过程中，发现近来也有人认为东魏、北齐造像上的树木是银杏树，但未梳理学术史，更未深究其历史渊流及反映的问题。参见贾鸿君：《梵国菩提化白果——东魏北齐菩提树图像解读》，《中国美术》2020年第2期。

② 笔者拍摄于西北大学校园。

③ 金维诺总主编：《中国美术全集·卷轴画（一）》，黄山书社，2010年，第18—27页。

图2-16　传世的东晋顾恺之《洛神赋图》局部

报的结语部分，简报作者对其进行了较为详细的梳理[①]，此不赘述。通过梳理的结果来看，东晋、南朝曾经以竹林七贤和荣启期为题材绘画的画家不在少数，是当时较为流行的绘画题材之一。考古发掘出土的南朝墓葬中的拼镶砖画，应该就是以当时的绘画为粉本模制上去的，而且画面基本相似。比较有代表性的如南京西善桥等地出土的荣启期和竹林七贤的拼镶砖画[②]（图2-17），其中八个人物，作为人物背景衬托的树木也是银杏树、垂柳等，共计十棵，其中银杏树就占了五棵，如果再加上两棵垂柳，达到七

① 山东省文物考古研究所、临朐县博物馆：《山东临朐北齐崔芬壁画墓》，《文物》2002年第4期。

② 〔日〕曾布川寛、岡田健：《世界美術大全集・東洋編》第3巻《三国・南北朝》，小学館，2000年，第80、81页，図版51、52。

图2-17　江苏南京西善桥南朝墓出土的荣启期和竹林七贤的拼镶砖画

棵，说明这两种树木显然是当时绘画的主要背景衬托。这绝对不是偶然的，它与顾恺之《洛神赋图》等绘画中树木的表现方式相一致，只是在《洛神赋图》的基础上增添了松树等。从《洛神赋图》和拼镶砖画中的树木种类和表现方式来看，在东晋、南朝之时，作为绘画背景衬托的树木已经形成较为独特的固定模式，尤以银杏树较为突出。与此同时，其题材和树木的种类、表现方式，还影响到了山东地区，如山东临朐北齐崔芬墓壁画中的竹林七贤和荣启期题材就是重要的例证[①]，但作为画面背景衬托或者独立绘制的银杏树，被简报作者认为是槐树，这一点值得商榷。由于这里主要讨论银杏树，那么是不是整个北朝时期在北方地区还有比崔芬墓壁画更早表现银杏树的呢？答案是肯定的，崔芬墓壁画中的银杏树绝不是北朝同类题材的源头，其源头还得在北魏迁都后的都城洛阳去寻找。

北魏孝文帝自平城迁都洛阳并实行改革，其核心是实行汉化政策，而要学习的对象就是中原地区的汉族文化及其与之对立的南朝文化。这样一来，中原地区出现来自

① 山东省文物考古研究所、临朐县博物馆：《山东临朐北齐崔芬壁画墓》，《文物》2002年第4期。

东晋、南朝的画风和表现方式等就有了可能性，并迅速在洛阳地区流行起来，就连作为画面背景衬托的树木也发生了巨大变化。不仅石窟寺雕刻中大量出现以前平城时期所未有的银杏树，而且在石质葬具的图像中也普遍流行以银杏树、垂柳等作为画面的背景衬托。这一点可以明确地说是继承了中原地区的原有艺术元素并同时受到东晋、南朝的影响。关于南朝地区的影响，宿白先生在将洛阳地区北朝石窟造像与南朝遗物比较后指出："包括佛教形象在内的洛阳北朝时期的造型艺术受到南朝的深刻影响是毋庸置疑的。"① 关于东晋、南朝对于北魏时期洛阳地区石刻艺术的影响，其他学者也有类似观点，如李文生先生在对宾阳中洞前壁第二层两侧浮雕的萨埵太子舍身施虎（北侧）、须大拏太子本生（南侧）的艺术特征进行论述时也认为："这两幅画里人物和背景中的山水树石所表现的特点，同东晋顾恺之《女史箴图》《洛神赋图》以及六朝石刻画像中的人物、山水、树石的表现方法甚为相似。"② 在北魏洛阳地区的石刻艺术中，受东晋、南朝影响的实物佐证资料非常丰富，而且其表现方式、人物形象、服饰及作为雕刻、绘画等的装饰性背景衬托等大都表现出浓郁的南朝风格，这都是以孝文帝改革为前提的。南朝地区流行的荣启期与竹林七贤绘画及拼镶砖画中的艺术形象自然也是学习对象，这就是在龙门石窟及其周围的小石窟中的半跏思惟菩萨像中盛行以银杏树等作为背景衬托的根本原因。沿着前辈学者的思路，首先来看看洛阳地区考古发掘出土及传世的石棺、石棺床等上面的雕刻图像。

洛阳翟泉村北邙出土现藏于美国波士顿美术馆的北魏孝昌三年（527 年）宁懋石室上的庖厨图（图 2-18、2-19）、孝行图③（图 2-20），洛阳出土的石棺床上雕刻的丁兰孝行（亦称为"丁兰事木母"）图（图 2-21）、老莱子孝行图（图 2-22）、吹奏图（图 2-23）、出行图（图 2-24）等④，洛阳出土的孝子石棺床上雕刻的郭巨图⑤（图 2-25），洛阳出土的升仙石棺上雕刻的男子升仙图⑥（图 2-26），洛阳出土的北魏正光五年（524 年）元谧石棺上雕刻的丁兰事木母图（图 2-27）、闵子骞与眉间赤妻图（图 2-28）、眉

① 宿白：《洛阳地区北朝石窟的初步考察》，《中国石窟·龙门石窟（一）》，文物出版社、株式会社平凡社，1991年，第238页。

② 李文生：《祖国中原的艺术珍宝——龙门石窟》，《中国美术全集·雕塑编11·龙门石窟雕刻》，上海人民美术出版社，1988年，第7页。

③ 中国画像石全集编辑委员会编：《中国画像石全集》第八卷《石刻线画》，河南美术出版社、山东美术出版社，2000年，第7—9页，图版七—九。

④ 中国画像石全集编辑委员会编：《中国画像石全集》第八卷《石刻线画》，河南美术出版社、山东美术出版社，2000年，第56、58、67、68页，图版七五—七七、八六、八七。

⑤ 中国画像石全集编辑委员会编：《中国画像石全集》第八卷《石刻线画》，河南美术出版社、山东美术出版社，2000年，第40页，图版五四。

⑥ 中国画像石全集编辑委员会编：《中国画像石全集》第八卷《石刻线画》，河南美术出版社、山东美术出版社，2000年，第42、43页，图版五六—五八。

图2-18　美国波士顿美术馆藏宁懋石室庖厨图

图2-19　美国波士顿美术馆藏宁懋石室庖厨图

图2-20　美国波士顿美术馆藏宁懋石室孝行图

图2-21　河南洛阳出土石棺床雕刻的丁兰孝行图

图2-22　河南洛阳出土石棺床雕刻的老莱子孝行图

图2-23　河南洛阳出土石棺床雕刻的吹奏图

图2-24　河南洛阳出土石棺床雕刻的出行图

图2-25　河南洛阳出土孝子石棺床雕刻的郭巨图

图2-26　河南洛阳出土升仙石棺雕刻的男子升仙图

图2-27　河南洛阳出土元谧石棺雕刻的丁兰事木母图

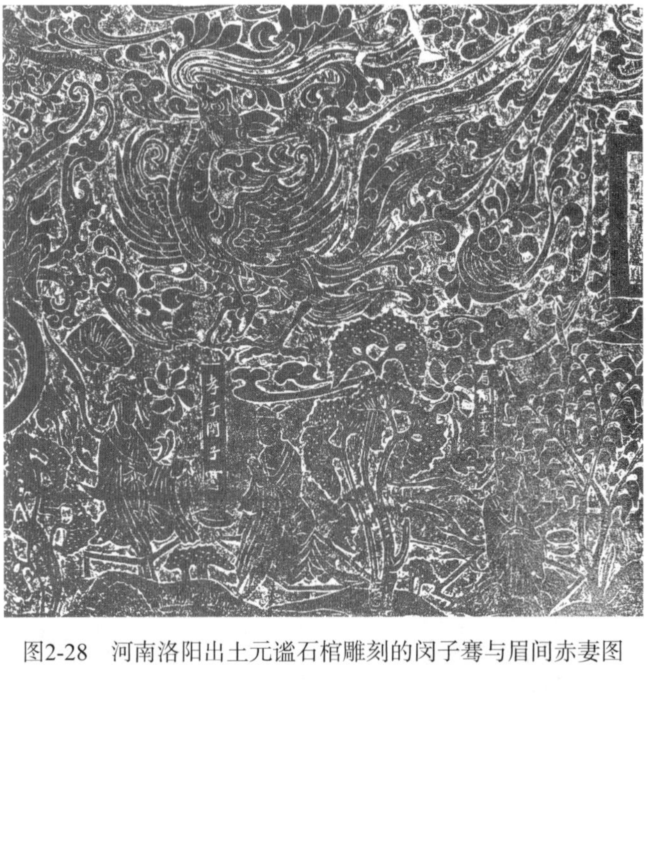

图2-28　河南洛阳出土元谧石棺雕刻的闵子骞与眉间赤妻图

间赤图（图 2-29）等[①]图像中，均雕刻银杏树作为画面背景的衬托。

更为神奇的是，美国堪萨斯纳尔逊・阿尔金斯美术馆收藏洛阳出土的北魏画像石[②]，这批画像石共十二幅，其中五幅以银杏树与柳树作为富有装饰性的背景衬托（图 2-30），其与传世的东晋顾恺之《洛神赋图》中作为背景衬托的树木以银杏树和柳树为主极为相似，这一点反映了前者受后者影响是显而易见的。另外，除一幅无树木作为画面背景衬托之外，其余六幅的画面背景也以银杏树与其他树木相组合，或者单独以银杏树作为背景衬托。

从目前所见的北方中原地区的石窟寺造像来看，以银杏树代替菩提树等的做法始于龙门石窟。东晋绘画艺术及南朝艺术风格及其表现形式的北渐，在洛阳龙门石窟、巩县石窟寺都有强烈的表现，其中银杏树的艺术形象显然借鉴了东晋、南朝的艺术形象。不仅前文列举的世俗的石棺等上雕刻着以银杏树作为背景衬托的艺术形象，而且在龙门石窟等石窟中也大量雕刻银杏树的图像，在年代上也早于前者。例如，孝文帝迁都洛阳后开凿的北魏三大窟中的莲花洞北壁第 6 龛内上方两侧半跏思惟菩萨像（图

图2-29　河南洛阳出土元谧石棺雕刻的眉间赤图

① 中国画像石全集编辑委员会编：《中国画像石全集》第八卷《石刻线画》，河南美术出版社、山东美术出版社，2000年，第47、49页，图版六三、六五。

② 王子云编：《中国古代石刻画选集》，中国古典艺术出版社，1957年，图版五，1—12。王子云先生编著此书时，仅言明其流落美国。现依据日本、中国等学者的相当论文知其藏于美国堪萨斯纳尔逊・阿尔金斯美术馆。

图2-30　美国堪萨斯纳尔逊·阿尔金斯美术馆藏洛阳出土北魏画像石

图2-31　河南洛阳龙门石窟莲花洞北壁第6龛内上方两侧图像

2-31）以及第 41 龛龛内两侧半跏思惟菩萨像（图 2-32）等身后雕刻的银杏树[①]；古阳洞南壁下层第 174 龛龛楣上雕刻的无忧树下诞生图中摩耶夫人所攀者也是银杏树[②]（图 2-33）；宾阳中洞东壁北侧上层雕刻的萨埵太子舍身饲虎本生图像的山岳中的树木也为银杏树[③]（图 2-34）。北魏晚期的皇甫公窟西壁南侧与北侧上部雕刻的众弟子像与银杏树[④]（图 2-35），魏字洞北壁大龛东侧雕刻的树下半跏思惟菩萨像（图 2-36）及西侧雕刻的树下半跏思惟菩萨像和树下僧侣坐禅像[⑤]（图 2-37）、普泰洞北壁大龛东西两侧上层雕

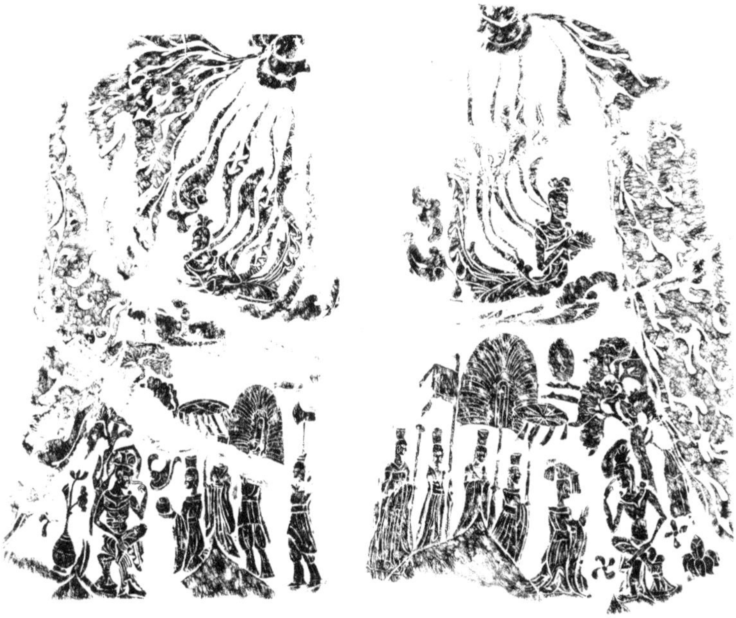

1　　2

图2-32　河南洛阳龙门石窟莲花洞第41龛龛内两侧图像
1. 右侧　2. 左侧

① 刘景龙编著：《莲花洞——龙门石窟第712窟》，科学出版社，2002年，第114、163、164页，图6、59、60。

② 中国美术全集编辑委员会编：《中国美术全集·雕塑编11·龙门石窟雕刻》，上海人民美术出版社，1988年，第25页，图版二六；刘景龙编著：《古阳洞——龙门石窟第1443窟》，科学出版社，2001年，第175页，第1册，图版275。

③ 中国美术全集编辑委员会编：《中国美术全集·雕塑编11·龙门石窟雕刻》，上海人民美术出版社，1988年，第44页，图版四五。

④ 龙门文物保管所、北京大学考古学系：《中国石窟·龙门石窟（一）》，文物出版社、株式会社平凡社，1991年，图版187；刘景龙主编：《龙门石窟纹饰拓片集》，文物出版社，2003年，第2册，第156、157页，图126、127。

⑤ 中国美术全集编辑委员会编：《中国美术全集·雕塑编11·龙门石窟雕刻》，上海人民美术出版社，1988年，第80、81页，图版八二、八三；中国石窟雕塑全集编辑委员会编：《中国石窟雕塑全集》4《龙门》，重庆出版社，2001年，第61页，图版五八，说明文字参见第22页。

图2-33 河南洛阳龙门石窟古阳洞南壁下层第174龛龛楣雕刻的无忧树下诞生图中的摩耶夫人

图2-34 河南洛阳龙门石窟宾阳中洞东壁北侧上层萨埵太子舍身饲虎本生图像

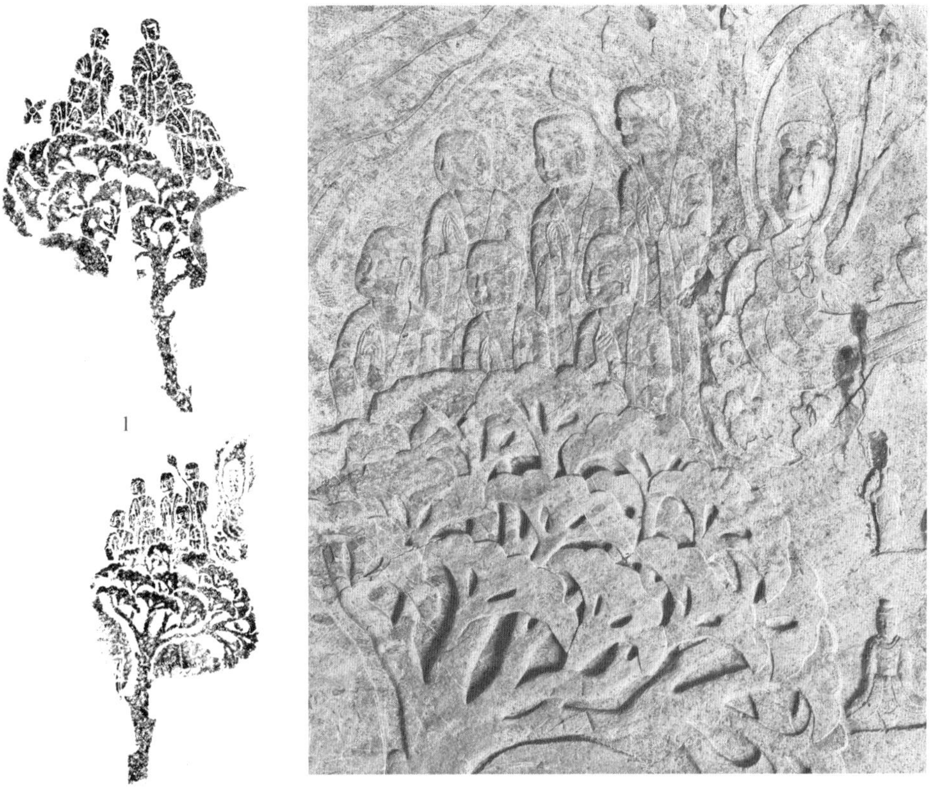

1　2　3

图2-35　河南洛阳龙门石窟皇甫公窟西壁南侧与北侧上部雕刻的众弟子像及银杏树图像

1. 南侧　2、3. 北侧

图2-36　河南洛阳龙门石窟魏字洞北壁大龛东侧雕刻的树下半跏思惟菩萨像

图2-37　河南洛阳龙门石窟魏字洞北壁大龛西侧雕刻的树下半跏思惟菩萨像及树下僧侣坐禅像

刻的树下半跏思惟菩萨像[①]（图 2-38）等，都雕刻着银杏树。龙门石窟北魏时期形成的以银杏树替代特定佛教题材中的树木的表现形式，在龙门石窟北魏以后的石窟雕刻中仍在延续，其中龙门石窟东魏时期的路洞中多有雕刻，如南壁第 2 层西侧第 2 龛主尊两侧雕刻的银杏树（图 2-39）、南壁第 3 层屋形龛侧及龛后侧雕刻的银杏树或银杏树树冠（图 2-40、2-41），北壁第 2 层中间龛右侧雕刻的银杏树（图 2-42）等[②]。在这些图像中，或雕刻出带树干的银杏树，或仅雕刻出银杏树的树冠，但不论是哪种形象，其叶片都明显地呈银杏树叶的扇面形。

始凿年代比龙门石窟略晚的巩县石窟寺第 1 窟南壁东侧上层及西壁中上层雕刻礼佛图（图 2-43）、第 4 窟南壁东侧上层雕刻的礼佛图（图 2-44）的前方都雕刻一棵银杏树[③]。在巩县石窟寺第 3 窟（图 2-45）、第 4 窟（图 2-46）中心柱基座上雕刻的树神王[④]，树木或雕刻于树神王身后，或把树神王雕刻成拔树状，不论是哪种姿态，都以银杏树作为其身份的标志。

1　　　　2

图2-38　河南洛阳龙门石窟普泰洞北壁大龛东西两侧上层雕刻的树下半跏思惟菩萨像

1. 西侧　2. 东侧

---

① 中国石窟雕塑全集编辑委员会编：《中国石窟雕塑全集》4《龙门》，重庆出版社，2001年，第63、64页，图版六〇、六一，说明文字参见第22、23页。

② 中国石窟雕塑全集编辑委员会编：《中国石窟雕塑全集》4《龙门》，重庆出版社，2001年，第82页，图版八〇，说明文字参见第29页；刘景龙主编：《龙门石窟纹饰拓片集》，文物出版社，2003年，第2册，第186、188、200、202页，图151、153、164、166。

③ 河南省文物研究所：《中国石窟·巩县石窟寺》，文物出版社、株式会社平凡社，1989年，图版39、146。

④ 河南省文物研究所：《中国石窟·巩县石窟寺》，文物出版社、株式会社平凡社，1989年，图版127、176。

图2-39　河南洛阳龙门石窟路洞南壁第2层西侧第2龛主尊两侧雕刻的银杏树

图2-40　河南洛阳龙门石窟路洞南壁第3层屋形龛龛侧雕刻的银杏树

图2-41　河南洛阳龙门石窟路洞南壁第3层屋形龛后侧雕刻的银杏树

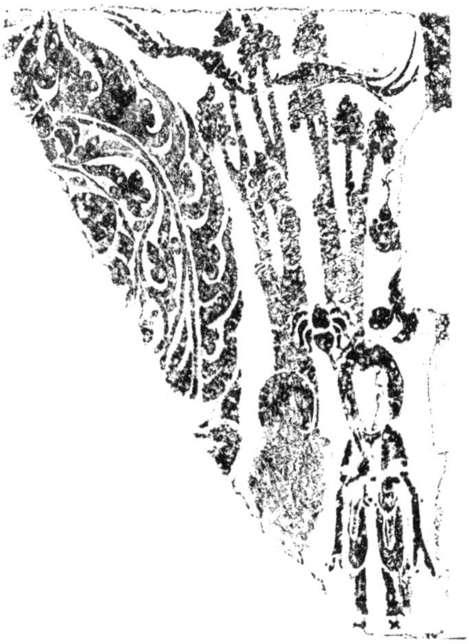

图2-42　河南洛阳龙门石窟路洞北壁第2层中间龛右侧雕刻的银杏树

不仅龙门石窟、巩县石窟寺中雕刻着不少的银杏树，而且在洛阳周围北魏时期的小型石窟雕刻中，涉及需要以树木作为主题的背景衬托时，也大都将其雕刻成银杏树，作为菩提树或者无忧树的替代树木，这显然是受到了龙门石窟的影响。例如，渑池鸿庆寺石窟①第1窟正壁雕刻的降魔变中的银杏树（图2-47）；第1窟右壁上部内侧雕刻的树下半跏思惟菩萨像，其身后雕刻一高大的银杏树，虽然上部有所剥蚀，但下部仍

① 该石窟也被称为义马鸿庆寺石窟，这里从习惯之说，仍称为渑池鸿庆寺石窟。

图2-43　河南巩县石窟寺第1窟西壁中上层雕刻的礼佛图

图2-44　河南巩县石窟寺第4窟南壁东侧上层雕刻的礼佛图

图2-45　河南巩县石窟寺第3窟中心柱基座雕刻的树神王

图2-46　河南巩县石窟寺第4窟中心柱基座雕刻的树神王

然可以看出其树叶呈银杏树叶的样子（图 2-48）；第 3 窟右壁左侧上层雕刻的树下半跏思惟菩萨像中的银杏树（图 2-49）；第 4 窟右壁左侧雕刻的树下半跏思惟菩萨像中的银杏树①（图 2-50）。又如嵩县铺沟石窟第 3 窟右壁雕刻的树下半跏思惟菩萨像中的银杏树（图 2-51）等②。

① 杨超杰：《洛阳周围小石窟全录》（第二卷），外文出版社，2010年，第22、29、44、52页，图7、21、50、66。

② 杨超杰：《洛阳周围小石窟全录》（第二卷），外文出版社，2010年，第107页，图5。

图2-47 河南渑池鸿庆寺石窟第1窟正壁雕刻的降魔变中的银杏树

图2-48 河南渑池鸿庆寺石窟第1窟右壁上部内侧雕刻的树下半跏思惟菩萨像

图2-49 河南渑池鸿庆寺石窟第3窟右壁左侧上层雕刻的树下半跏思惟菩萨像

图2-50 河南渑池鸿庆寺石窟第4窟右壁左侧雕刻的树下半跏思惟菩萨像

在洛阳地区的一些造像碑等上面也雕刻银杏树，以之代替菩提树或者无忧树等。例如，北魏正光四年（523 年）翟兴祖造像碑上雕刻的树下半跏思惟菩萨像①（图 2-52）、北魏正光五年（524 年）刘根造像碑上雕刻的说法图两侧②（图 2-53）、北魏孝昌元年（525 年）道哈造像碑上部释迦诞生图及僧侣树下坐禅图③（图 2-54）、东魏武定元年（543 年）道俗九十人造像碑上雕刻的太子剃度图④（图 2-55）等，都雕刻着银杏树。在日本 MIHO MUSEUM（美秀美术馆）收藏的出土地点可能在河南的北魏晚期造像碑的背面线刻的无忧树下诞生图像中，无忧树的形象也为银杏树⑤（图 2-56）。

在河南淇县石佛寺村出土的同属北魏神龟元年（518 年）的田迈造像（图 2-57）、吴晏子造像（图 2-58）上⑥，都在交脚弥勒菩萨像的上方雕刻一棵枝繁叶茂的树木，介绍者认为是龙花树，象征弥勒菩萨龙花树下成道。但从其树木形象本身来看，树木不仅雕刻得枝繁叶茂，而且叶片硕大、特征突出，实际上就是侧视的银杏树叶，所以，这两尊造像均以银杏树的形象来表现龙花树。那为什么也以银杏树样子来表现龙花树呢？据《佛说弥勒下生成佛经》记载："时有菩提树，号名曰龙花。"⑦《佛说弥勒大成佛经》亦云："（弥勒）出家学道，坐于金刚庄严道场龙花菩提树下，枝如宝龙吐百宝华，一一花叶作七宝色，色色异果适众生意，天上人间为无有比。树高五十由旬，枝叶四布放大光明。"⑧说明龙花树也是菩提树的一种。既然可以以银杏树的样子来替代菩提树等，当然也可以以之代替菩提树之一种的龙华树了。

---

① 中国画像石全集编辑委员会编：《中国画像石全集》第八卷《石刻线画》，河南美术出版社、山东美术出版社，2000年，第26页，图版三一、三二，说明文字参见第10页。

② 中国画像石全集编辑委员会编：《中国画像石全集》第八卷《石刻线画》，河南美术出版社、山东美术出版社，2000年，第27页，图版三三，说明文字参见第10页。

③ 中国画像石全集编辑委员会编：《中国画像石全集》第八卷《石刻线画》，河南美术出版社、山东美术出版社，2000年，第28页，图版三五，说明文字参见第11页；张巍主编：《郑州荥阳大海寺石刻造像》，河南美术出版社，2006年，第13—17页；河南省郑州市博物馆：《河南荥阳大海寺出土的石刻造像》，《文物》1980年第3期。

④ 中国画像石全集编辑委员会编：《中国画像石全集》第八卷《石刻线画》，河南美术出版社、山东美术出版社，2000年，第79页，图版一〇二，说明文字参见第28页。

⑤ 〔日〕MIHO MUSEUM：《MIHO MUSEUM 南館図録》，MIHO MUSEUM，1997年，第238页，图版125。

⑥ 中国画像石全集编辑委员会编：《中国画像石全集》第八卷《石刻线画》，河南美术出版社、山东美术出版社，2000年，第16、32页，图版一八、二六，说明文字参见第6、8页。

⑦ （唐）三藏法师义净奉制译：《佛说弥勒下生成佛经》，《大正藏》，第14册，No.455，第427页。

⑧ （姚秦）龟兹国三藏鸠摩罗什译：《佛说弥勒大成佛经》，《大正藏》，第14册，No.456，第430页。

图2-51　河南嵩县铺沟石窟第3窟右壁雕刻的树下半跏思惟菩萨像

图2-52　河南洛阳北魏正光四年（523年）翟兴祖造像碑雕刻的树下半跏思惟菩萨像

图2-53　河南洛阳北魏正光五年（524年）刘根造像碑雕刻的说法图

图2-54　河南洛阳北魏孝昌元年（525年）道哈造像碑上部的释迦诞生图及僧侣树下坐禅图

图2-55　河南洛阳东魏武定元年（543年）道俗九十人造像碑雕刻的太子剃度图

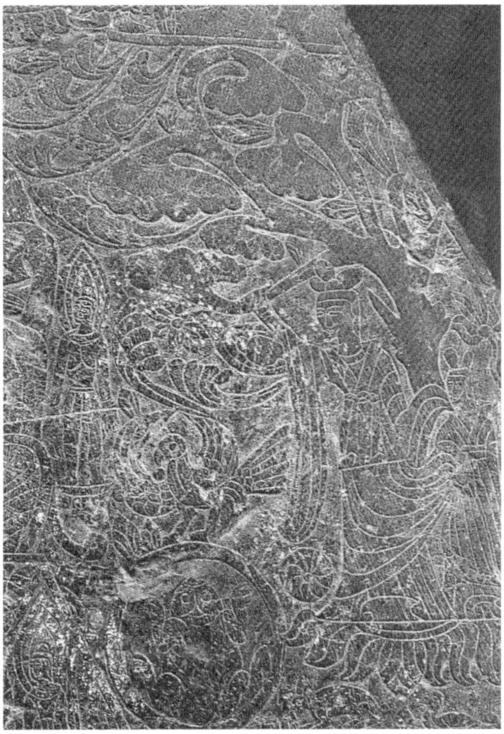

图2-56　日本MIHO MUSEUM（美秀美术馆）藏北魏晚期造像碑背面（局部）

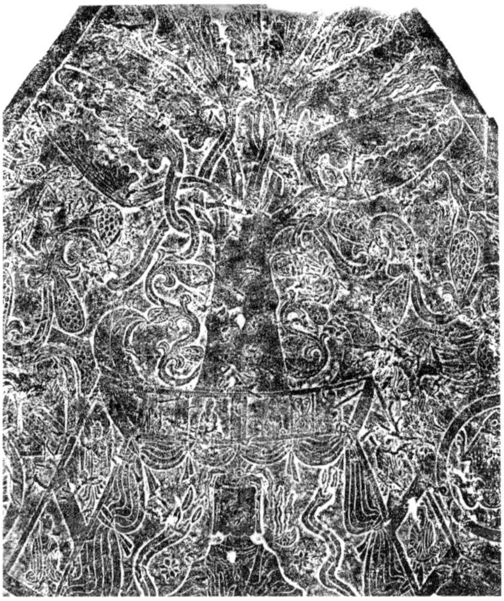

图2-57　河南淇县石佛寺村出土北魏神龟元年（518年）田迈造像（局部）

在洛阳以东的郑州西郊须水乡红石坡发现的“赵安香造像”背面雕刻的树下思惟菩萨像中，其身后的树木也雕刻成银杏树[①]（图 2-59）。

特别应该注意的是，目前所知的以银杏树为装饰性背景衬托石刻艺术中，以迁都洛阳前后开凿的莲花洞中雕刻的银杏树为最早，创造性地将半跏思惟菩萨像身后的菩提树表现为银杏树的样式，并从此确立了北朝时期树下半跏思惟菩萨像身后的树木以银杏树来表示的标准样式，它主要流行于 5 世纪末至 6 世纪。单就这一点而言，似乎可以称之为“龙门模式”，为此后邺城地区的东魏、北齐特别是北齐时期的树下半跏思惟菩萨像所继承，并成为其基本样式。

由于受到北魏洛阳地区以银杏树作为背景衬托的影响，在洛阳周围地区的唐代小型石窟造像龛中，有些作为背景衬托的树木仍然雕刻成银杏树形。比较有代表性的是巩县石窟寺第 4 窟外东侧唐龙朔二年（662 年）第 117 龛（图 2-60）、第 4 窟外上方唐龙朔三年（663 年）第 101 龛（图 2-61）结跏趺坐佛像上部雕刻着以密集的银杏树树

① 郑州市博物馆：《郑州市发现两批北朝石刻造像》，《中原文物》1981年第2期；中国美术全集编辑委员会编：《中国美术全集·绘画编19·石刻线画》，上海人民美术出版社，1988年，第20页，图版一五。

图2-58　河南淇县石佛寺村出土北魏神龟元年（518年）吴晏子造像

图2-59　河南郑州“赵安香造像”背面雕刻的树下思惟菩萨像

叶组成的华盖，顶端装饰一摩尼宝珠[①]。

由于释迦牟尼在菩提树下悟道成佛，所以菩提树在印度被认为是智慧树。又释迦牟尼在无忧树下诞生，无忧树也被认为是圣树。银杏树在中国不仅普遍种植，而且人们也赋予其一定的含义。它亦称“白果树”“公孙树”，属于银杏科，落叶乔木，雌雄异株。叶扇形，种子椭圆形或倒卵形。系孑遗植物。木材浅黄色，细致，轻软，供建筑、家具、雕刻及其他工艺品用。又为庭院树、行道树。这种树木在我国比较珍贵，为人们所熟悉，所以自然成为菩提树的绝佳替代物。加之受东晋、南朝绘画艺术等的影响，银杏树得以成为造像艺术的重要背景衬托并流行，最终从世俗之物成为佛教造像艺术的元素。银杏树这一艺术形象在洛阳地区的流行，从一个侧面反映了孝文帝推动的汉化政策的执行程度，特别反映了北魏迁都洛阳后学习汉族文化较为彻底。

① 河南省文物研究所：《中国石窟·巩县石窟寺》，文物出版社、株式会社平凡社，1989年，图版227、231。

图2-60　河南巩县石窟寺第4窟外东侧唐龙朔二年（662年）第117龛

图2-61　河南巩县石窟寺第4窟外上方唐龙朔三年（663年）第101龛

三、洛阳地区石刻艺术中的银杏树表现样式的影响

银杏树的艺术形象在洛阳地区的石棺及龙门石窟的雕刻中奠定了基本样式之后，被此后的东魏、北齐时期的造像所吸收。洛阳地区石刻艺术特别是佛教造像中的银杏树表现样式，不仅影响了洛阳附近地区的石窟、造像碑等，而且还对天龙山石窟及邺城、陕北、关中等地区浮雕佛教造像及其他石刻艺术产生了重要影响。这一源流关系，也与宿白先生在研究晋豫及其以东石窟的源流关系时所论述的结果相一致。宿先生认为，晋豫及其以东区的石窟“以5—6世纪北魏皇室、显要开凿的大同云冈石窟和洛阳龙门石窟、巩县石窟寺为主流，延续此主流的重要石窟有：6世纪中期开凿的河北邯郸响堂山石窟和6—7世纪开凿的太原天龙山石窟”[①]。关于以上石窟之间的源流关系，陈明达先生也认为：“北魏一代，帝室所营石窟雕刻，自云冈、龙门至巩县石窟寺，年代蝉联，脉络分明，研究北魏雕刻艺术的发展过程，此三窟实为最可靠的标准，为研究我国石窟雕刻史

① 宿白：《中国石窟寺研究》，文物出版社，1996年，第18页。

图2-62　山西太原天龙山石窟第3窟东魏时期的树下半跏思惟菩萨像

提供了最重要的实物资料。”[①]同时又强调，“巩县石窟寺既反映着北魏一代雕刻艺术发展的脉络和最后成就，又已孕育着北齐乃至隋代雕刻艺术的萌芽”[②]。

（一）天龙山石窟

日本大阪市立美术馆收藏的天龙山石窟第3窟东魏时期的树下半跏思惟菩萨像与银杏树构成的图像[③]（图2-62），不仅与洛阳地区的树下半跏思惟菩萨像的构图方式一致，菩萨身后以银杏树替代菩提树的样式也相一致，其继承性一目了然。

（二）邺城地区的圆雕造像

邺城地区作为菩提树替代物的树木样式比较统一，单从树叶样式来看，主要是银杏树，人们习惯上笼统地将其称为菩提树等，这主要是根据佛教题材而推断的，这一称呼仅说明了其象征意义，而不是指实际意义上的树木种类。但值得思考的问题是，这种以银杏树替代菩提树等作为背景衬托，实际上包含着文化传播和地域、时代影响的含义在内，值得细究。简单地说，邺城地区的佛教造像在造像的过程中，一方面当时当地的造像者选择了自己熟悉的树木作为菩提树的替代物，但其艺术形象的创立则显然不在邺城地区，而是在以龙门石窟为代表的北魏京畿洛阳地区，邺城地区造像中的银杏树的表现样式显然是对洛阳地区的继承和发展，或者说是以洛阳地区的银杏树表现样式为粉本的。在北吴庄窖藏出土了大量以银杏树为背景的造像，包括龙树背屏造像、半跏思惟菩萨像等，特别是其中的树下半跏思惟菩萨像身后的银杏树表现方式，基本上是洛阳地区同类造像的翻版，只是树干更加粗壮，叶片的扇面形及边缘的小连弧更加逼真，加上以白石作为雕刻材料，显得更加优

---

① 陈明达：《巩县石窟寺的雕凿年代及特点》，《中国石窟·巩县石窟寺》，文物出版社、株式会社平凡社，1989年，第199页。

② 莫宗江、陈明达：《巩县石窟寺雕刻的风格及技巧》，《中国石窟·巩县石窟寺》，文物出版社、株式会社平凡社，1989年，第215页。

③ 〔日〕齋藤龍一（大阪市立美術館）：《大阪市立美術館 山口コレクション中国彫刻》，図書印刷株式会社，2013年，第75頁，図版33。

雅和精美，有温润如玉之感。例如，其中的东魏晚期至北齐初年的坐佛三尊像背面雕刻的树下半跏思惟菩萨像（图 2-63）、东魏晚期至北齐初年的菩萨三尊像背面雕刻的树下半跏思惟菩萨像（图 2-64）、北齐范祖胜造菩萨像（图 2-65）、北齐坐佛五尊像背面雕刻的树下半跏思惟菩萨像（图 2-66）、北齐菩萨三尊像背面雕刻的树下龛内结跏趺坐佛像（图 2-67）等[①]。同类的半跏思惟菩萨像在国外也有收藏，如美国佛利尔美术馆收藏的北齐树下半跏思惟菩萨像[②]（图 2-68）。

日本东京国立博物馆收藏的北齐天保十年（559 年）造像座侧面，表现释迦牟尼自诞生至涅槃的所有场景，凡是涉及树木之处，均雕刻银杏树作为背景衬托[③]（图 2-69）。由此看来，银杏树作为背景衬托只是一种意境的表达，而不是一种真实的刻画。整个佛传故事自诞生至涅槃，均以银杏树来替代各种场合下的树木（无忧树、菩提树、娑罗树等）。

图2-63　河北邺城北吴庄窖藏出土东魏晚期至北齐初年的坐佛三尊像背面雕刻的树下半跏思惟菩萨像

图2-64　河北邺城北吴庄窖藏出土东魏晚期至北齐初年的菩萨三尊像背面雕刻的树下半跏思惟菩萨像

① 中国社会科学院考古研究所、河北省文物研究所：《邺城北吴庄出土佛教造像》，科学出版社，2019年，第65—68、138—140、150、166页。

② 常青：《金石之躯寓慈悲：美国佛利尔美术馆藏中国佛教雕塑》（著录篇），文物出版社，2016年，第74页。

③ 〔日〕東武美術館、奈良国立博物館、名古屋市博物館、NHK、NHKプロモーション：《ブッダ展——大いなる旅路》，美術出版デザインセンター，1998年，第134頁，図版104。

图2-65　河北邺城北吴庄窖藏出土北齐范祖胜造菩萨像

图2-66　河北邺城北吴庄窖藏出土北齐坐佛五尊像背面雕刻的树下半跏思惟菩萨像

图2-67　河北邺城北吴庄窖藏出土北齐菩萨三尊像背面雕刻的树下龛内结跏趺坐佛像

图2-68　美国佛利尔美术馆藏北齐树下半跏思惟菩萨像

图2-69　日本东京国立博物馆藏北齐天保十年（559年）造像座侧面

受龙门石窟、巩县石窟寺等的影响，东魏、北齐时期的一些树神王所扛树枝或所拔树木也是银杏树的样子。例如，河北邯郸北响堂山石窟第 9 窟中心柱北壁基座（图 2-70）、南响堂山石窟第 5 窟南壁龛基座（图 2-71）及南响堂山石窟第 6 窟中心柱北壁

图2-70　河北邯郸北响堂山石窟第9窟中心柱北壁基座的树神王

基座上雕刻的树神王[①]。又如在河北临漳上柳村东北漳河南岸堤南和上柳村北采集的东魏北齐时期的造像座侧面雕刻的树神王（图 2-72、2-73），树神王或怀抱银杏树树干，树冠雕刻在树神王身后，或呈一手拔银杏树木状[②]。河南安阳灵泉寺石窟东魏时期的大留圣窟南壁基坛雕刻的树神王，在其右肩部雕刻出银杏树的树冠，怀中尚抱着自其右侧腹部伸展过来的银杏树枝干，枝干上端则雕刻出银杏树叶[③]（图 2-74）。

日本奈良国立博物馆收藏 1 件北齐至隋的砖雕佛像[④]（图 2-75），在龛外侧逼真地表现出银杏树的样子，其逼真程度较邺城地区的石刻更胜一筹。同类砖雕佛像，美国佛利尔美术馆也有收藏，而且被认为是唐代之物[⑤]（图 2-76）。但在以唐长安地区为代表的唐代善业泥等佛像中，未见这类造像样式。所以，笔者以为日本学者对其国内所藏的同类砖雕佛像的断代是准确的。常青先生在著录中所介绍的有学者最初判断佛利尔美术馆所藏者为北齐之物是比较准确的，它们应该是北齐的作品，下限不晚于隋代。类似的砖雕

图2-71　河北邯郸南响堂山石窟第5窟南壁龛基座的树神王

图2-72　河北临漳上柳村东北漳河南岸堤南采集的造像座

① 金维诺总主编：《中国美术全集·石窟寺雕塑（二）》，黄山书社，2010年，第472、484页；中国美术全集编辑委员会编：《中国美术全集·雕塑编13·巩县、天龙山、响堂山、安阳石窟雕刻》，文物出版社，1989年，第132页，图版一五二。

② 中国社会科学院考古研究所、河北省文物研究所、河北省临漳县文物旅游局：《邺城文物菁华》，文物出版社，2014年，第134、135、137页。

③ 中国石窟雕塑全集编辑委员会编：《中国石窟雕塑全集》6《北方六省》，重庆出版社，2001年，第55页，图版五三，文字说明参见第19页。

④ 〔日〕朝日新聞社文化企画局大阪企画部：《西遊記のシルクロード〈三蔵法師の道〉図録》，朝日新聞社，1999年，第204頁，図版153。

⑤ 常青：《金石之躯寓慈悲：美国佛利尔美术馆藏中国佛教雕塑》（著录篇），文物出版社，2016年，第141页。

图2-73　河北临漳上柳村北采集的造像座

图2-74　河南安阳灵泉寺石窟东魏时期的大留圣窟南壁基坛上雕刻的树神王

图2-75　日本奈良国立博物馆藏砖雕佛像

图2-76　美国佛利尔美术馆藏砖雕佛像

佛像，在英国伦敦大英博物馆也有收藏，其年代被标注为6—7世纪[①]，这一看法也与以上论述基本吻合。

北齐时期不仅石造像、砖雕佛像上可见银杏树的形象，在一些金铜造像上也铸造出银杏树，如日本收藏的北齐武平元年（570年）鎏金铜造像，整体呈双树碑形，树叶呈银杏树叶形，其上錾刻出较为细密的叶脉[②]（图2-77）。

通过以上论述，可以清楚地看出邺城地区以树下半跏思惟像等为代表的造像所表

① 英国伦敦大英博物馆展室，笔者参观时记录。

② 〔日〕ロンドンギャラリー株式会社、福井県立美術館、株式会社生活の友社：《〈シルクロードと東アジアの仏教美術〉展》，ロンドンギャラリー株式会社，2010年，第109頁，図版74。

图2-77 日本收藏的北齐鎏金铜造像

现的银杏树样式的来龙去脉。总体而言，邺城地区的佛教造像中作为背景衬托的树木，以雕刻精美的银杏树替代了菩提树、无忧树、娑罗树等，其数量之多，雕刻之精美，简直是银杏树大观园，而其源头则显然在北魏时期的洛阳地区。

虽然北魏和东魏时期的造像中，也有偶然标准地雕刻出菩提树形象的造像，如《中国美术全集·雕塑编3·魏晋南北朝雕塑》一书中收录的北魏太和十二年（488年）金铜造像背面铸造的树下半跏思惟菩萨像，菩萨坐于巨大的藤座之上，身后的树木自德瓶中伸展而出，呈弯曲状伸展于菩萨身后，叶片呈椭圆形，叶脉清晰，叶片的形状非常接近于菩提树叶（图2-78）；同书收录的1尊东魏礼佛造像背光上部雕刻的菩提树，叶片已经非常接近于菩提树[①]（图2-79）。但这些接近于菩提树的叶片并没有流行开来，而且也没有改变在洛阳地区已经形成的以银杏树代替菩提树、无忧树、龙华树等的风气和习惯，可见以银杏树代替佛教题材中的不同树木的做法影响之强烈，也说明一个艺术形象模式化之后，要改变其样式是有相当难度的。同时，不仅说明在早期造像中，能够准确把握菩提树叶子的佛教造像较为罕见，也说明当时的人们对于这种树木的了解程度还不够，即使在今天，又有多少人了解菩提树的叶子并能够准确地说出其样子呢？

（三）陕北地区石窟及关中地区造像

陕北地区石窟及关中地区的佛教造像中，也是以银杏树作为菩提树、无忧树的替代树木出现在各种特定题材的造像中。从其出现和流行的时间来看，要晚于洛阳地区，其应该是受了洛阳地区的影响。虽然西安西关王家巷出土的北魏和平二年（461年）释迦佛坐像背面雕刻的无忧树下诞生图中，无忧树叶初露银杏树叶的端倪[②]（图2-80），但同时在同一棵树上也雕刻着尖圆形、不规则形的树叶，说明其还不完全具备银杏树的样子。所以，陕北地区的石窟寺及关中地区造像中雕刻的特征明显的银杏树样子，应

① 中国美术全集编辑委员会编：《中国美术全集·雕塑编3·魏晋南北朝雕塑》，人民美术出版社，1988年，第112、113、137页，图版九三、一一五。

② Annette L. Juliano, Buddhist Sculpture from China: Selections from the Xi’an Beilin Museum: Fifth through Ninth Centureies, Art Media Resources, Ltd., 2007, p.35.

图2-78 《中国美术全集·雕塑编3·魏晋南北朝雕塑》一书收录的
北魏太和十二年（488年）金铜造像

该是受了洛阳地区的影响。例如，陕西安塞大佛寺石窟北魏晚期第 4 窟雕刻的无忧树下诞生图中，不仅以银杏树的样子来表现无忧树（图 2-81），而且第 4 窟的树下半跏思惟菩萨像身后雕刻的也是银杏树①（图 2-82）；陕西延安北魏晚期至西魏时期的麦洛安石窟北壁雕刻的持荷人物及银杏树②（图 2-83）；陕西延安西魏大统十一年（545 年）造像碑上雕刻的涅槃图像中的娑罗树③（图 2-84），其叶片呈扇面形，明显是以银杏树替代娑罗树；陕西铜川耀州区药王山西魏释迦、多宝对坐造像碑的无忧树下诞生图中，无忧树被雕刻成银杏树④（图 2-85）；西安建国路第二十六中学出土西魏造像碑背面交脚弥勒菩萨头光和身躯两侧雕刻着枝叶伸展的银杏树，叶片及枝干虽然有所变形，但仍然明确

① 延安市文物研究所：《延安石窟菁华》，陕西人民出版社，2016年，第10、15页。

② 《陕西石窟内容总录》编纂委员会编：《陕西石窟内容总录·延安卷》，陕西人民出版社，2017年，上册，第68页。

③ 延安市文物研究所：《延安石窟菁华》，陕西人民出版社，2016年，第100页。

④ 陕西省考古研究院、陕西省铜川市药王山管理局编，张燕编著：《陕西药王山碑刻艺术总集》第二卷《西魏造像碑》，上海辞书出版社，2013年，第135—170页，图280、281。

图2-79 《中国美术全集·雕塑编3·魏晋南北朝雕塑》一书中收录的东魏礼佛造像

图2-80 陕西西安西关王家巷出土北魏和平二年（461年）释迦佛坐像背面

图2-81 陕西安塞大佛寺石窟第4窟雕刻的无忧树下诞生图像

图2-82 陕西安塞大佛寺石窟第4窟雕刻的树下半跏思惟菩萨像

图2-83 陕西延安麦洛安石窟北壁雕刻的持荷人物及银杏树

图2-84 陕西延安西魏大统十一年（545年）造像碑上雕刻的涅槃图像

地表现出银杏树叶的特征[①]（图 2-86）。

当然也有一些特例出现，如日本大阪市立美术馆收藏的西魏时期四面像碑上雕刻的涅槃图像中的两棵娑罗树[②]（图 2-87），其树干粗壮，但叶片杂乱无章，显得非常随意。

令人惊讶而有趣的是，在西安未央区出土的景明四年（503 年）杜供仁造像碑侧面两尊半跏思惟菩萨像身后异常精准地雕刻出菩提树的叶片[③]（图 2-88）；在西安未央区六村堡乡东席村出土的北魏造像碑上方雕刻着两尊树下半跏思惟菩萨像，其身后的树冠虽然较为硕大[④]，但其上浅浮雕的树叶明显表现出菩提树叶的特征（图 2-89）。与此同时，在甘肃中东部的平凉庄浪发现的北魏四面造像碑上雕刻着的树叶也基本接近菩提树叶，如其中的树下诞生和逾城出走图像中的菩提树形象，前者的叶片呈桃形，其上雕刻出叶脉；后者的叶片也呈桃形，而且明显雕刻出较密的叶脉[⑤]（图 2-90）。在甘肃天水麦积山石窟第 133 窟中的第 10 号造像碑正面第二层左侧的树下诞生图中[⑥]（图 2-91），摩耶夫人手中所攀树木的树叶雕刻成桃形，其叶片的样式接近菩提树树叶。这些造像的发现，说明当时长安及陇东地区的艺术家了解菩提树的样子。但为什么如此精

① 西安市文物保护考古所：《西安文物精华 · 佛教造像》，世界图书出版公司，2010年，第38页，图版41。

② 〔日〕齋藤龍一（大阪市立美術館）：《大阪市立美術館 山口コレクション中国彫刻》，図書印刷株式会社，2013年，第64—67頁，図版28。

③ 西安市文物保护考古所：《西安文物精华 · 佛教造像》，世界图书出版公司，2010年，第18页，图版16。

④ 西安市文物保护考古所：《西安文物精华 · 佛教造像》，世界图书出版公司，2010年，第44页，图版38。

⑤ 〔日〕東京国立博物館、朝日新聞社：《中国国宝展》，朝日新聞社，2004年，第120、121頁，図版90。

⑥ 中国石窟雕塑全集编辑委员会编：《中国石窟雕塑全集》2《甘肃》，重庆出版社，2000年，第20页，图版二〇，说明文字参见第7页。

图2-85 陕西铜川耀州区药王山西魏释迦、多宝对坐造像碑的无忧树下诞生图

图2-86 陕西西安建国路第二十六中学出土西魏造像碑背面交脚弥勒菩萨像

准的菩提树的艺术形象未大范围流行呢？这是当时的长安与洛阳两地之间的地位不同造成的，北魏时期的长安已经不是京师，而陇东也不是文化中心，这里的造像没有范式意义，或者说其范式意义较弱，其影响力自然也有限。

但到了北周时期，长安地区石刻艺术在洛阳地区的影响下，也出现了一些银杏树形象，但相对于洛阳地区及北齐时期的邺城而言，其流行程度远不如这两个地区。北周时期比较有代表性的是西安北周安伽墓出土的屏风石榻的正面屏风第 1 幅“舞蹈图”上方（图 2-92）、正面屏风第 3 幅“居家宴饮图”的上方与下方（图 2-93）、正面屏风第 5 幅“野宴商旅图”上方（图 2-94）、右侧屏风第 3 幅“车马出行图”上部（图 2-95）等雕刻的银杏树[①]。另外，还出现了另一种风景，即画面基本上以垂柳为基调，根本没有银杏树的位置和影子，这方面比较有代表性的就是西安北周康业墓出土的围屏石榻北侧雕刻的垂柳（图 2-96）[②]。这种不同，让人不得不深思一个问题：处于同一纬度线上的洛阳、长安难道自然景观有所不同吗？回答当然是否定的。柳树的形象虽然在东晋绘画及洛阳北魏石刻艺术中多有表现，但罕见以之独立作为装饰性的背景衬托，

① 陕西省考古研究所：《西安北周安伽墓》，文物出版社，2003年，图版四二、五七、七四。

② 西安市文物保护考古所：《西安北周康业墓发掘简报》，《文物》2008年第6期。

图2-87 日本大阪市立美术馆藏西魏时期四面像碑

图2-88 陕西西安未央区出土
景明四年（503年）杜供仁造像碑侧面

图2-89 陕西西安未央区六村堡乡东席村出土北魏造像碑

图2-90　甘肃平凉庄浪出土北魏四面造像碑（部分）

图2-91　甘肃天水麦积山石窟第133窟中的第10号造像碑正面第二层左侧的树下诞生图

图2-92　陕西西安北周安伽墓出土屏风石榻正面屏风第1幅“舞蹈图”

往往与其他树木形象如银杏树等组合在一起。北周时期长安地区石刻上单独雕刻的柳树，它不仅仅是作为一种图像背景衬托而存在的，而且也与长安地区的文化现象相关联。自汉代以来，长安地区的灞柳成为京师文化的一个组成部分，据《三辅黄图》卷六记载:“灞桥，在长安东，跨水作桥。汉人送客至此桥，折柳赠别。”[①] 这种文化积淀，使得北周时期的石刻艺术上垂柳形象多见，并与洛阳地区流行的以银杏树作为背景衬托的表现方式并行，形成了不同于洛阳地区的地域性特征。

① 陈直校证:《三辅黄图校证》，陕西人民出版社，1980年，第139页。

图2-93　陕西西安北周安伽墓出土屏风石榻正面屏风第3幅“居家宴饮图”

图2-94　陕西西安北周安伽墓出土屏风石榻正面屏风第5幅“野宴商旅图”

（四）麦积山石窟等

以龙门石窟为代表的北魏洛阳地区创造的以银杏树作为菩提树等的替代的造像模式，还向西影响到甘肃东部。例如，甘肃天水麦积山石窟第127窟北魏时期西方净土变（图2-97）、维摩诘经变（图2-98）等经变中的树木①，均为树干粗壮、树冠及树叶特征突出的银杏树，显得高大挺拔，颇有气势；第133窟第10号造像碑正面上方右侧的

① 中国美术全集编辑委员会编：《中国美术全集·绘画编17·麦积山等石窟壁画》，人民美术出版社，1987年，第55—58页，图版五四—五七，说明文字参见第19、20页；花平宁、魏文斌主编：《中国石窟艺术·麦积山》，浙江美术出版社，2013年，第122—124、129页，图版103、104、111。

图2-95　陕西西安北周安伽墓出土屏风石榻右侧屏风第3幅“车马出行图”

图2-96　陕西西安北周康业墓出土围屏石榻北侧自西向东第一幅线描图

半跏思惟菩萨像，太子身后也雕刻着一棵银杏树[①]（图 2-99）。

但是，在敦煌莫高窟北朝时期的壁画中，却罕见洛阳地区北魏石刻艺术中的银杏树样式，而在隋唐时期壁画中偶然可以看到，如敦煌莫高窟第 224 窟北壁东侧上部和下部绘制的隋代说法图[②]（图 2-100）、第 431 窟西壁初唐时期的“像观”图[③]（图 2-101）等壁画中，均在尊像两侧绘制银杏树。现藏日本天理大学附属天理参考馆、出土于甘

① 中国石窟雕塑全集编辑委员会编：《中国石窟雕塑全集》2《甘肃》，重庆出版社，2000年，第20页，图版二〇、二一，说明文字参见第7、8页。

② 敦煌研究院主编：《敦煌石窟艺术全集》2《尊像画卷》，同济大学出版社，2016年，第35页，图版23。

③ 敦煌研究院主编：《敦煌石窟艺术全集》5《阿弥陀经画卷》，同济大学出版社，2016年，第103页，图版80。

图2-97　甘肃天水麦积山石窟第127窟北魏时期西方净土变中的树木

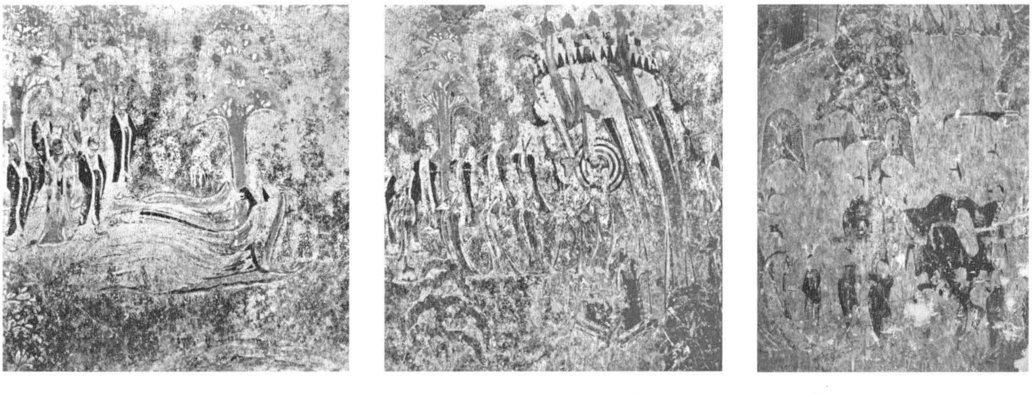

图2-98　甘肃天水麦积山石窟第127窟北魏时期维摩诘经变中的树木

图2-99　甘肃天水麦积山石窟第133窟第10号造像碑正面上方右侧

图2-100　甘肃敦煌莫高窟第224窟北壁东侧上部和下部的隋代说法图

肃的隋末唐初四面造像碑上，也装饰着雕刻精细的银杏树[①]（图 2-102）。可见在北魏时期洛阳地区形成并流行的以银杏树代替菩提树等的做法，并未影响到同时期的敦煌一带，其在稍晚的隋唐时期石窟壁画中的出现带有一定的偶然性。

最后，值得一提的是，在北魏孝文帝迁都洛阳后出现的以银杏树作为各类特定佛教题材中的替代树木，在北魏洛阳地区形成一定的模式后，甚至影响到了云冈石窟晚期造像中的树木形象，如云冈石窟晚期开凿的第 31E 窟（第 32-10 窟）外壁雕刻的维摩诘、文殊对坐图像中的树木[②]（图 2-103），其叶片的样子也呈扇面形，明显是依据银杏树及其树叶的样子雕刻而成的。由此可见，孝文帝迁都后的洛阳地区石刻艺术的表现形式已经成为当时的范式，从地域而言，以北魏洛阳地区为中心，影响了周围地区；从时代上而言，成为此后（北朝后期，主要为东魏、北齐时期）的基本样式。例如，美国纽约大都会博物馆收藏的出土地点不确定的东魏武定元年（543 年）造像碑，其背

① 〔日〕天理大学、天理教道友社：《ひとものとこころ》第2期第5卷《天理大学附属参考館蔵品隋・唐の文物》，天理教道友社，1988年，図版130—133。

② 〔日〕水野清一、長広敏雄：《京都大学人文科学研究所研究報告：云冈石窟西暦五世紀における中国北部佛教窟院の考古学的調査報告》第十五巻《西方諸洞》，京都大学人文科学研究所，1955年，拓本8，C。

图2-101 甘肃敦煌莫高窟第431窟西壁初唐时期的“像观”图

图2-102 日本天理大学附属天理参考馆藏隋末唐初四面造像碑（局部）

图2-103 山西大同云冈石窟第31E窟（第32-10窟）外壁雕刻的维摩诘、文殊对坐图像

面雕刻着维摩诘、文殊对问图像，其中的银杏树形象逼真、极为精美①（图2-104），就是一个很好的例证。

图2-104　美国纽约大都会博物馆藏东魏武定元年（543年）造像碑背面雕刻的维摩诘、文殊对问图像（局部）

四、余论——佛教石刻及绘画艺术中新的树木表现样式

在佛教造像中，以银杏树作为菩提树、无忧树、娑罗树等的替代，一方面是以洛阳地区为中心的中原地区在东晋、南朝绘画艺术的影响下，创造出的新的造像艺术模式，另一方面则反映了不同地区不同时代的人们对于圣树的理解有所不同，这样才出现了以本土生长的较为贵重的树木或者常见树木来替代作为圣树的外来树木形象，这一巧妙的置换，则充分体现了文化传播过程中的选择性。

但耐人寻味的是，自北朝以后，佛教造像及绘画中作为背景衬托的树木形象又出现了新的变化：一是以银杏树作为背景衬托的现象在中原地区不见了；二是自北周时期开始，出现了一种新的作为特定佛教题材的背景衬托的树木形象，流行于隋唐时期，不仅与北魏时期银杏树图像的传播情况相似，在中原地区呈现出广为流行的态势，而且逐渐成为一种固定模式，甚至影响到了敦煌、古龟兹等地区；三是在唐代佛教造像中，能

① 〔日〕長広敏雄：《世界美術全集》第14卷《中国（3）六朝》，角川書店，1963年，黑白图版7，说明文字参见第220页。

够准确地雕刻出菩提树的形象；四是隋唐以后的宋金时期，作为特定佛教题材中富有装饰性的背景衬托的树木形象又一次发生了变化，出现了此前未见的树木形象。

（一）第一种情况——银杏树作为画面背景衬托的消亡

在东晋、南朝影响下于北魏洛阳地区形成基本样式的以银杏树作为背景衬托的表现形式，在隋唐时期的中原地区不再流行，代之而起的是另一种树木形象，所以第一种情况在此姑且不论。

（二）第二种情况——以花树作为画面背景衬托的兴盛

第二种情况中的树木样式，其树冠部分的叶片和花头表现为一种上部有花瓣、花蕾或果实，叶片下部为下垂的层叠状的尖细柳叶状树叶的树木形象，有的叶片则呈平伸状，使得树叶和花头等看起来犹如一朵盛开的宝相花，这种差异不是本质的差异，而是艺术表现形式上求异大于求同的结果。这种树木的样式诞生之后，它们又被作为特定的佛教题材图像中的无忧树、菩提树、娑罗树等的新生的替代物而广为流行。由于它们出现在诞生、说法、涅槃等特定的佛教题材的造像或壁画中，以及身份不同的佛像身后，而且形状、高度一致，带有一定的想象，所以，不能直接或者笼而统之地称其为现实中存在的某种树，如无忧树、菩提树、娑罗树、龙华树等，需要根据具体的题材来判断其性质。这些树木形象有一个共同特点，一般树干笔直粗壮，树冠部分的每个枝头上盛开花朵，花朵周围绕一周花瓣状叶片，形成一个硕大的花头，这些花头或呈石榴形，或呈球形，或呈花瓣形，或呈莲蓬形，不一而足。关于其名称，尽管学者以往有所探讨，但更多的是想将其定格到某种或者某类树木，如生命树、七叶树、石榴树等[①]，而这种具体的定格，显然是受了花头表现样式的影响，而忽略了艺术表现中为避免雷同而进行的适当艺术加工，在下面的论述过程中涉及的例子中，可以看到同一幅画面中，整个树木的样式是基本相似的，唯独花头部分有差异，充分体现了艺术家所要达到的相似而不同的艺术效果。这种具体定格化的结果，对于多变的艺术造型和画面表现的题材而言，释读者解释的内涵可能只是其中的一小部分，大多数情况下的内涵释读往往有冲突，诸说丛生，而且无法与所要表现的画面及题材的内涵相吻合。这种冲突表明，将这种树木的种类定格化似乎行不通。为了论述方便，并为了避免解释图像资料时遇到困惑，同时考虑到当时人的称呼（相当于当时人的意见），可以借助时代略晚的唐代织锦上织出的文字来对这种树木进行命名。在唐代织锦上，装饰枝头长满花头的树木样式，即使能够看出其树冠部分表现的植物的类别，但同样也被

① 赵丰、齐东方主编：《锦上胡风——丝绸之路纺织品上的西方影响（4—8世纪）》，上海古籍出版社，2011年，第181页。

图2-105 唐代的“花树对鹿”织锦

称为“花树”。例如，日本大谷光瑞探险队自中国新疆带回日本的一块残织锦，在硕大的连珠圈内装饰一只鹿和树干笔直的树木，树木上部所表现的植物明显是葡萄和葡萄叶，但织锦上纵向织出的汉字却是“花树对鹿”[①]（图2-105）。无独有偶，玄奘在《大唐西域记》卷六“腊伐尼林及释迦诞生传说”条云：“有无忧花树，今已枯悴，菩萨诞灵之处。”[②]玄奘没有简单地采用佛经里所云的“无忧树”，而是在“树”前加了一个“花”字，从而使得景象立变。由此可见，唐代之时人们对于这种树木样式有特定的名称——花树，指其枝头开满花朵，这里就借助唐人的称呼，暂且将其命名为“花树”。

目前长安地区年代最早者见于西安北周安伽墓出土的屏风石榻上，如左侧屏风第3幅“野宴动物奔逃图”中雕刻着此类花树，其上的叶片和花头被涂以彩绘，形象逼真，同时还雕刻着受洛阳地区影响的银杏树[③]（图2-106）。两种树木样式同时出现在北周安伽墓出土的屏风石榻上，即洛阳地区的银杏树样式和新出现的第二种情况中的树木样式共存，表现出明显的过渡性，既有对旧的树木表现样式的继承，同时又有新的树木表现样式的出现，开启了长安地区第二种情况中的树木样式流行的先河。这种新的树木表现样式在隋代佛教造像及绘画中开始流行，如美国波士顿美术馆藏隋开皇十三年（593年）金铜阿弥陀诸尊造像中的花树形象[④]（图2-107）；陕西铜川耀州区发现的仁寿四年（604年）舍利石函上的花树样式[⑤]（图2-108）

---

① 〔日〕小野勝年：《世界美術全集》第15卷《中国（4）隋唐》，角川書店，1961年，黑白図版91，说明文字参见第239、240頁。

② （唐）玄奘、辩机原著，季羡林等校注：《大唐西域记校注》，中华书局，2000年，下册，第523页。

③ 陕西省考古研究所：《西安北周安伽墓》，文物出版社，2003年，图版三三。

④ 〔日〕百橋明穂、中野徹：《世界美術大全集·東洋編》第4卷《隋·唐》，小学館，1997年，第171頁，図版136。

⑤ 文中插图系日本友人东北大学长冈龙作教授惠赠。长冈教授获得神德寺舍利石函的全拓后，将其制作成凸版，文中插图正是长冈教授制作的。

图2-106　陕西西安北周安伽墓出土屏风石榻左侧屏风第3幅“野宴动物奔逃图”

图2-107　美国波士顿美术馆藏隋开皇十三年（593年）金铜阿弥陀诸尊造像

等。此外，在考古发现的一些石葬具上也雕刻着此类花树的形象，如山西太原隋虞弘墓石椁上较为清晰地雕刻出的花树样式[①]（图2-109）。通过对太原隋虞弘墓出土的石椁上树木图像的品种进行鉴定，认为是一种消亡了的万寿果（亦称为番木瓜、木瓜）科植物，这种植物原生种中国不产，是从印度和日本引种的，而印度和日本又是从热带美洲引种的[②]。又从西安北周安伽墓及太原隋虞弘墓上雕刻的图像及墓主人的身份来看，这种花树图像的传入应该也与粟特等外来的民族相关，这是值得注意的一个现象。在北周石质葬具上开始出现，在隋代佛教造像及绘画中开始流行的这种树木样式，其延

① 山西省考古研究所、太原市文物考古研究所、太原市晋源区文物旅游局：《太原隋虞弘墓》，文物出版社，2005年，图版二〇、二五、五〇、五二。

② 山西省考古研究所、太原市文物考古研究所、太原市晋源区文物旅游局：《太原隋虞弘墓》，文物出版社，2005年，第199—201页。

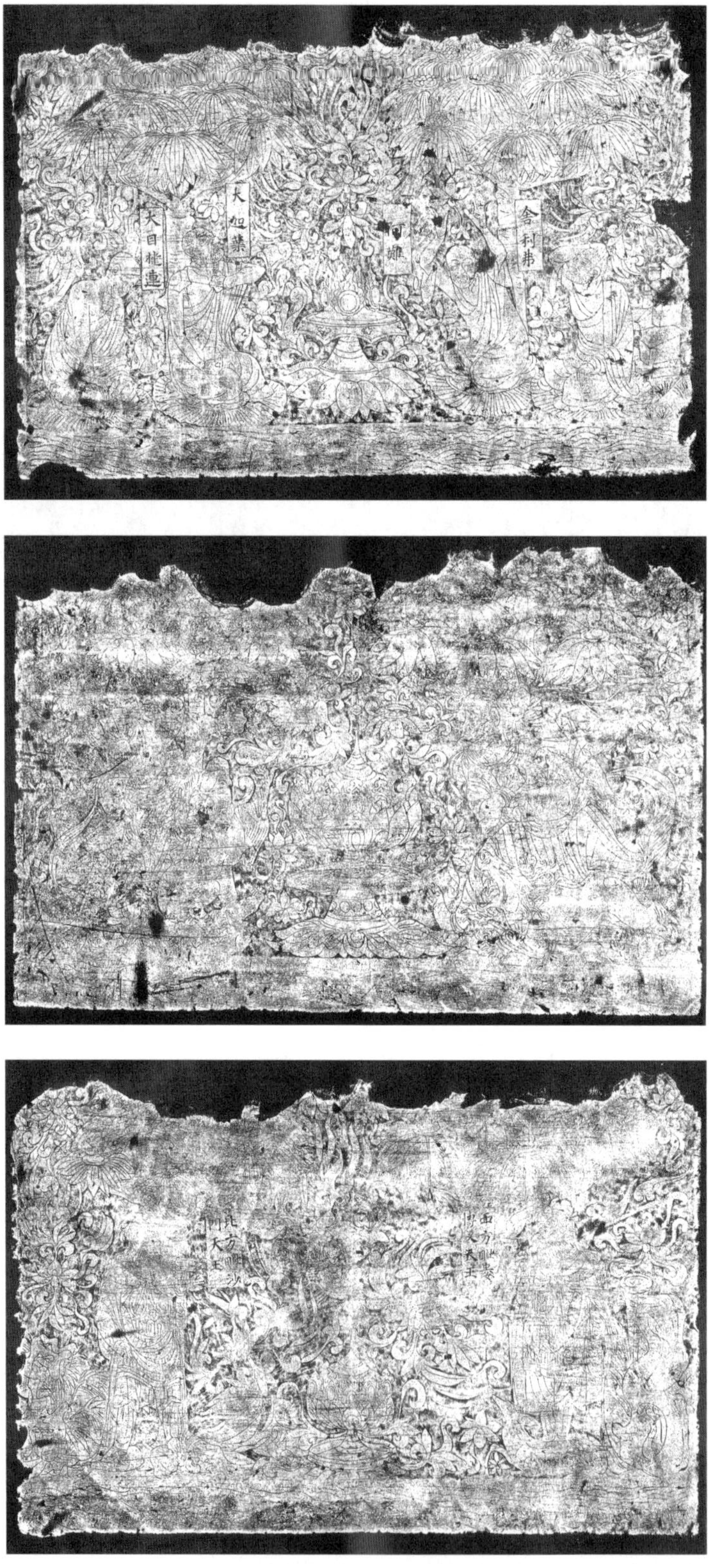

图2-108　陕西铜川耀州区发现的仁寿四年（604年）舍利石函上的树木样式

图2-109　山西太原隋虞弘墓出土石椁椁壁的浮雕图像

1. 第 1 幅　2. 第 9 幅　3. 第 8 幅　4. 第 2 幅

续时间也较长，在五代、宋、辽、西夏时期还有雕刻或绘制，而在现存的唐代佛教造像及绘画中数量也较多。例如，陕西彬县大佛寺石窟大佛窟贞观二年（628 年）雕刻的主尊背光上部雕塑的花树[①]（图 2-110）；山西临猗出土的武则天天授二年（691 年）涅槃变相碑上雕刻的涅槃图像中表现娑罗树的花树[②]（图 2-111）；日本东京国立博物馆及西安碑林博物馆收藏的武则天长安时期（701—704 年）的宝庆寺造像龛中的花树[③]（图 2-112—2-114）；西安大雁塔西门门额左侧线刻的花树（图 2-115）[④]、北门门额上线刻的花树[⑤]（图 2-116）；西安博物院藏阿弥陀三尊造像中的花树[⑥]（图 2-117）；龙门石窟唐代第 2139 窟（西方净土变龛）西方净土世界图像中尊像身后雕刻的花树[⑦]（图 2-118）；巩县石窟寺第 4 窟外上方唐龙朔三年（663 年）第 102 龛结跏趺坐佛像上方雕刻的花树树冠[⑧]（图 2-119）；陕西西安临潼区庆山寺塔基地宫出土的开元二十九年（741 年）“舍利宝帐”腹部侧面线刻的涅槃图和说法图中的花树[⑨]（图 2-120）；陕西扶风法门寺塔基地宫出土的彩绘四铺阿育王石塔，以绿色颜料在内壁的每个壁面绘制两棵样式基本相同的花树，共计绘制八棵（图 2-121），以及鎏金如来说法盝顶银宝函（图 2-122）、六臂

图2-110　陕西彬县大佛寺石窟大佛窟贞观二年（628年）雕刻的主尊背光上部树木

① 常青：《彬县大佛寺造像艺术》，现代出版社，1998年，第42、46页，彩图十八、十九、二三。

② 山西博物院编：《山西博物院珍粹》，山西人民出版社，2005年，第144、145页。

③ 文中插图所用的日本东京国立博物馆收藏的宝庆寺造像龛图像，系笔者于日本东京国立博物馆拍摄。西安碑林博物馆所收藏者，参见〔日〕東京国立博物館、朝日新聞社：《中国国宝展》，朝日新聞社，2004年，第152頁，図版159。

④ 王子云编：《中国古代石刻画选集》，中国古典艺术出版社，1957年，图版二五，5。

⑤ 〔日〕東京国立博物館、NHK、NHKプロモーション：《宮廷の栄華——唐の女帝・則天武后とその時代展》，大塚巧芸社，1998年，第205頁。

⑥ 西安市文物保护考古所：《西安文物精华・佛教造像》，世界图书出版公司，2010年，第154、155页，图版165。

⑦ 刘景龙主编：《龙门石窟纹饰拓片集》，文物出版社，2003年，第3册，第220、221页，图379。

⑧ 河南省文物研究所：《中国石窟・巩县石窟寺》，文物出版社、株式会社平凡社，1989年，图版228。

⑨ 赵康民编著：《武周皇刹庆山寺》，陕西旅游出版社，2014年，第16、17页。

图2-111　山西临猗出土的武则天天授二年（691年）涅槃变相碑上雕刻的娑罗树

图2-112　日本东京国立博物馆藏武则天长安时期（701—704年）宝庆寺造像龛

图2-113　日本东京国立博物馆藏武则天长安时期（701—704年）宝庆寺造像龛

图2-114　陕西西安碑林博物馆藏武则天长安时期（701—704年）宝庆寺造像龛

图2-115　陕西西安大慈恩寺大雁塔西门门额左侧线刻的花树

图2-116　陕西西安大慈恩寺大雁塔北门门额上的线刻图

图2-117　陕西西安博物院藏阿弥陀三尊造像

图2-118　河南洛阳龙门石窟唐代第2139窟（西方净土变龛）西方净土世界图像中尊像身后雕刻的花树

图2-119　河南巩县石窟寺第4窟外上方唐龙朔三年（663年）第102龛

图2-120　陕西西安临潼区庆山寺塔基地宫出土的开元二十九年（741年）“舍利宝帐”腹部侧面线刻图像中的花树

观音（如意轮观音）纯金宝函（图 2-123）的正面或侧面尊像身后錾刻的花树[①]等。在一些唐代善业泥上也模印出类似的花树形象，如陕西扶风凤泉寺遗址出土的善业泥[②]（图 2-124-1）、西安博物院收藏的唐代善业泥[③]（图 2-124-2、3）、中国国家博物馆收藏的善业泥[④]（图 2-125）等。在高昌故城遗址发现的唐代菩萨头像壁画残片上，菩萨冠饰

① 陕西省考古研究院、法门寺博物馆、宝鸡市文物局、扶风县博物馆：《法门寺考古发掘报告》，文物出版社，2007年，第156—159、162—165、231、235页，彩版一〇三——一六、二〇九、二一四、二一五。

② 罗西章：《凤泉寺隋舍利塔下铭》，《考古与文物》1985年第4期；陈亮：《扶风出土的唐善业佛及相关问题》，《文博》2002年第2期；张恩贤、陈亮：《扶风出土的唐善业佛及相关问题考述》，《文物世界》2002年第4期。

③ 〔日〕奈良国立博物館：《平城遷都一三〇〇年記念——大遣唐使展》，大日本印刷，2010年，第111頁，図版107。

④ 吕章申主编：《中国古代佛造像艺术》，中国社会科学出版社，2011年，第50页，图版29。

图2-121　陕西扶风法门寺塔基地宫出土彩绘四铺阿育王石塔及塔内壁的彩绘花树

图2-122　陕西扶风法门寺塔基地宫出土鎏金如来说法盝顶银宝函

图2-123　陕西扶风法门寺塔基地宫出土六臂观音（如意轮观音）纯金宝函

1　　　　2　　　　3

图2-124　唐代善业泥

1. 陕西扶风凤泉寺遗址出土　2、3. 西安博物院藏

上绘制着此类花树的花叶形象[①]（图 2-126）。

敦煌石窟壁画中绘制的树木也是不可回避的。第二种情况中的花树样式，在莫高窟及榆林窟等石窟的壁画中也多有描绘。根据笔者观察，在莫高窟壁画中出现的第二种情况中的树木样式，也大体始于北周并盛行于隋唐，而且多绘制于各类说法图中，往往与华盖结合在一起。同时也作为“十六观”中的“宝树”形象而出现。虽然其树叶和花头的样式也存在一定的差异，但总体上看都属于第二种情况中的树木样式。例

① 金维诺总主编：《中国美术全集·卷轴画（一）》，黄山书社，2010年，第101页。

图2-125　中国国家博物馆藏唐代善业泥

图2-126　新疆吐鲁番高昌故城遗址出土唐代菩萨头像壁画残片

图2-127　甘肃敦煌莫高窟第428窟西壁中层北周时期的涅槃图像

如，莫高窟第 428 窟西壁中层北周时期的涅槃图像中的花树[①]（图 2-127），显得规整。莫高窟第 301 窟南壁[②]（图 2-128）、第 314 窟东壁北侧（图 2-129）及第 394 窟南壁西侧（图 2-130）隋代说法图中的花树[③]，与莫高窟唐代的同类花树相比较，花头不甚明

① 敦煌文物研究所：《中国石窟·敦煌莫高窟（一）》，文物出版社、株式会社平凡社，1982年，图版164。

② 敦煌研究院主编：《敦煌石窟艺术全集》2《尊像画卷》，同济大学出版社，2016年，第26页，图版14。

③ 敦煌研究院主编：《敦煌石窟艺术全集》2《尊像画卷》，同济大学出版社，2016年，第29、31页，图版18、20。

显，而且叶片纤细不甚规整，显得拙朴。莫高窟个别的隋代石窟壁画中的花树样式则较为规整而成熟一些，与此后的唐代石窟中的花树样式基本相似，如莫高窟第 429 窟隋代立佛像头部华盖两侧绘制的树木①（图 2-131）。唐代石窟的花树样式，如莫高窟第 334 窟西壁龛顶初唐时期弥勒说法图中的花树②（图 2-132），第 331 窟北壁初唐时期无量寿经变的花树③（图 2-133），第 431 窟西壁初唐时期“宝树观”“八功德水想”“普想观”“杂想观”中的花树④（图 2-134—2-137），第 66 窟北壁盛唐时期的“宝树观”中的花树⑤（图 2-138），第 371 窟北壁盛唐时期的“宝树观”中的花树⑥（图 2-139），第 387 窟东壁门上盛唐时期的化佛弥勒说法图中的花树⑦（图 2-140），第 220 窟甬道南龛内西壁中唐时期弥勒说法图中的花树⑧（图 2-141）；莫高窟藏经洞发现的绢本设色的说法图中的花树⑨（图 2-142），以及绢本设色的阿弥陀净土图中的花树⑩（图 2-143）等。安西（今瓜州）榆林窟第 25 窟南壁无量寿经变中主尊无量寿佛头部两侧的花树、北壁弥勒经变中弥勒初会中的弥勒菩萨头部两侧的花树⑪（图 2-144）等。虽然可以依据佛经记载，将经变故事画中的这类树木抽象而笼统地称为“宝树”，但树木本身的形象显然是有所本的，其本何在呢？应该是以长安为中心的中原地区，这一地区在中外文化交流中处于中心地位，往往能够得外来文化风气之先，在其影响下逐渐形成第二种情况中

---

① 中国石窟雕塑全集编辑委员会编：《中国石窟雕塑全集》1《敦煌》，重庆出版社，2001年，第96页，图版九四。

② 敦煌研究院主编：《敦煌石窟艺术全集》2《尊像画卷》，同济大学出版社，2016年，第77页，图版65。

③ 敦煌研究院主编：《敦煌石窟艺术全集》5《阿弥陀经画卷》，同济大学出版社，2016年，第44页，图版21、22。

④ 敦煌研究院主编：《敦煌石窟艺术全集》5《阿弥陀经画卷》，同济大学出版社，2016年，第101、102、106、107页，图版76、77、84、85。

⑤ 敦煌研究院主编：《敦煌石窟艺术全集》5《阿弥陀经画卷》，同济大学出版社，2016年，第156、157页，图版136。

⑥ 敦煌研究院主编：《敦煌石窟艺术全集》5《阿弥陀经画卷》，同济大学出版社，2016年，第135页，图版109。

⑦ 敦煌研究院主编：《敦煌石窟艺术全集》2《尊像画卷》，同济大学出版社，2016年，第78页，图版67。

⑧ 敦煌研究院主编：《敦煌石窟艺术全集》2《尊像画卷》，同济大学出版社，2016年，第79页，图版68。

⑨ 金维诺总主编：《中国美术全集·卷轴画（一）》，黄山书社，2010年，第86页。

⑩ 敦煌研究院主编：《敦煌石窟艺术全集》赠阅卷《藏经洞珍品卷》，同济大学出版社，2016年，第45页，图版40。

⑪ 敦煌研究院主编：《中国石窟·安西榆林窟》，文物出版社、株式会社平凡社，1997年，图版13、31。

图2-128 甘肃敦煌莫高窟第301窟南壁的隋代说法图

图2-129 甘肃敦煌莫高窟第314窟东壁北侧的隋代说法图

图2-130 甘肃敦煌莫高窟第394窟南壁西侧的隋代说法图

图2-131 甘肃敦煌莫高窟第429窟隋代立佛像

图2-132　甘肃敦煌莫高窟第334窟西壁龛顶初唐时期弥勒说法图

图2-133　甘肃敦煌莫高窟第331窟北壁初唐时期无量寿经变中的花树

图2-134　甘肃敦煌莫高窟第431窟西壁初唐时期的“宝树观”

图2-135　甘肃敦煌莫高窟第431窟西壁初唐时期的“八功德水想”

图2-136　甘肃敦煌莫高窟第431窟西壁初唐时期的“普想观”

图2-137　甘肃敦煌莫高窟第431窟西壁初唐时期的“杂想观”

图2-138　甘肃敦煌莫高窟第66窟北壁盛唐时期的“宝树观”

图2-139 甘肃敦煌莫高窟第371窟北壁盛唐时期的“宝树观”

图2-140 甘肃敦煌莫高窟第387窟东壁门上盛唐时期的化佛弥勒说法图

图2-141　甘肃敦煌莫高窟第220窟甬道南龛内西壁中唐时期弥勒说法图

图2-142　甘肃敦煌莫高窟藏经洞发现的绢本设色的说法图

图2-143　甘肃敦煌莫高窟藏经洞发现的绢本设色的阿弥陀净土图

图2-144 甘肃安西（瓜州）榆林窟第25窟北壁弥勒经变中弥勒初会中的弥勒菩萨头部两侧的花树

的树木表现样式，同时又影响到敦煌地区，并呈一发而不可收的流行态势，成为敦煌莫高窟、安西榆林窟等石窟隋唐时期特别是唐代壁画中作为背景衬托的树木表现的主流样式。另外，敦煌莫高窟壁画中的一些细节也非常耐人寻味，如在莫高窟第196窟西壁绘制的晚唐时期的牢度叉斗圣变中①（图2-145），舍利弗身躯两侧绘制这种花树，而作为外道弟子的牢度叉的身旁却没有绘制，这一细节表明，在艺术家心目中，这种树木是佛教的圣树，外道是没有资格坐在这种树下的，这样一来，艺术家将这种本来作为特定佛教题材背景衬托的花树，又作为佛教徒与外道的身份标志来看待了，那么，它又从背景衬托变为身份标志物了。另外，现藏日本天理大学附属天理参考馆、出土于甘肃的隋末唐初四面造像碑中，也装饰着雕刻精细的花树②（图2-146）。

在四川地区的石窟及摩崖造像中，也雕刻着非常精致的第二种情况中的树木，不仅雕刻技法精湛，更为重要的是树冠部分辅以彩绘，将树冠部分叶片和顶端的花蕾等

① 敦煌研究院主编：《中国石窟・敦煌莫高窟（四）》，文物出版社、株式会社平凡社，1987年，图版184、185。

② 〔日〕天理大学、天理教道友社：《ひとものとこころ》第2期第5巻《天理大学附属参考館蔵品隋・唐の文物》，天理教道友社，1988年，図版130—133。

图2-145　甘肃敦煌莫高窟第196窟西壁晚唐时期的牢度叉斗圣变（局部）

图2-146　日本天理大学附属天理参考馆藏隋末唐初四面造像碑（局部）

逼真地表现出来，在表现方式上与长安地区佛教石刻艺术中的同类树木非常相似，可见长安地区与四川地区造像之间的关系。例如，广元皇泽寺第51号隋代龛中雕塑并彩绘的花树[①]（图2-147）；广元千佛崖第30号初唐时期的弥勒窟中雕塑并彩绘的花树（图2-148），第33号初唐时期的菩提瑞像窟中主尊身后雕刻并彩绘的花树[②]（图2-149），以及第5号牟尼阁窟（图2-150）、第16号大云洞（图2-151）、第46号阿弥陀窟（图2-152）等石窟中主尊身后雕刻并彩绘的花树[③]。还有广元皇泽寺第37号龛主尊身后也雕刻着同类的花树（图2-153），年代被标记为西魏[④]。但值得注意的是，该龛中所有雕像的面部、身躯及服饰特征等，都与前述皇泽寺第51号隋代龛相一致。同时，皇泽寺第37号龛中雕刻并彩绘的花树样式，也与前述皇泽寺第51号隋代龛中的花树样式完全一致。从笔者目前的观察来看，尚未在长安地区西魏时期的造像中出现此类树木的样式。下文要谈及的一些萌芽状态下的同类花树，又与前述皇泽寺第37号龛中树木的表现样式相去甚远，说明其不可能早到西魏时期。结合造像特征及花树表现样式两方面因素来看，皇泽寺第37号龛的年代应该在隋代而不是西魏。

图2-147　四川广元皇泽寺第51号隋代龛

图2-148　四川广元千佛崖第30号初唐时期的弥勒窟

① 中国石窟雕塑全集编辑委员会编：《中国石窟雕塑全集》8《四川、重庆》，重庆出版社，2000年，第10页，图版一〇，说明文字参见第4页。

② 中国石窟雕塑全集编辑委员会编：《中国石窟雕塑全集》8《四川、重庆》，重庆出版社，2000年，第20、22页，图版二〇、二二，说明文字参见第7、8页。

③ 金维诺总主编：《中国美术全集·石窟寺雕塑（三）》，黄山书社，2010年，第616、620、623页。

④ 中国石窟雕塑全集编辑委员会编：《中国石窟雕塑全集》8《四川、重庆》，重庆出版社，2000年，第8页，图版八，说明文字参见第3页。该窟的年代在别的图录里则标记为隋代，如金维诺总主编：《中国美术全集·石窟寺雕塑（三）》，黄山书社，2010年，第628页。

图2-149　四川广元千佛崖第33号初唐时期的菩提瑞像窟

图2-150　四川广元千佛崖第5号牟尼阁窟

图2-151　四川广元千佛崖第16号大云洞

图2-152　四川广元千佛崖第46号阿弥陀窟后壁

图2-153　四川广元皇泽寺第37号龛

在五代、宋、辽、西夏时期的佛教艺术品中，第二种情况中的花树样式仍然在延续，但有些树冠的树叶刻画样式则犹如香蕉树上堆垒的香蕉，看起来犹如尖塔一般。例如，在南京栖霞山五代舍利塔下部雕刻的佛传故事图像中的四门出游图（图2-154）、剃度与苦修图（图2-155）、尼连禅河沐浴及牧牛女施乳糜图（图2-156）、二商主奉食及四天王奉钵图（图2-157）、涅槃图（图2-158）等主要情节中均有雕刻[①]，而且所有故事情节中的花树表现均采用同一样式。五代时期的佛教题材中，将这类花树的树冠样式雕刻成塔形的样式，其形象的出现也不是偶然的，它与前文所述敦煌莫高窟第371窟北壁盛唐时期“宝树观”中的花树完全一致。由此可见，五代时期的这类树木形象也是以唐代的同类花树样式为样本的，而非独创，并且为辽代所延续。宋代佛教造像及相关题材出现的第二种情况中的花树，比较有代表性的是日本京都清凉寺收藏的“灵山变相”纸本版画（图2-159），这幅版画是日本东大寺僧人奝然于北宋雍熙二年（985年）在浙江台州开元寺所收集到的版画之一[②]，能够

① 中国石窟雕塑全集编辑委员会编：《中国石窟雕塑全集》10《南方八省》，重庆出版社，2000年，第155—157页，图版一五四——一五九。

② 星云大师总监修，罗世平、如常主编：《世界佛教美术图说大典·绘画③》，湖南美术出版社，2017年，第924页。

图2-154　江苏南京栖霞山舍利塔上的四门出游图

图2-155　江苏南京栖霞山舍利塔上的剃度与苦修图

图2-156　江苏南京栖霞山舍利塔上的尼连禅河沐浴及牧牛女施乳糜图

图2-157　江苏南京栖霞山舍利塔上的二商主奉食及四天王奉钵图

图2-158　江苏南京栖霞山舍利塔上的涅槃图

反映北宋前期这类花树样式的流行情况。但从目前宋代的佛教造像及绘画资料来看，宋代远不如唐代那样流行。辽代佛教造像及相关题材出现的第二种情况中花树样式，比较有代表性的如首都博物馆收藏的辽代舍利石函上涅槃图像中的树木[①]；辽宁朝阳北塔天宫出土的木胎银棺侧面錾刻的涅槃图像中的象征娑罗树的花树（图2-160）及一同出土的象征菩提树的银花树[②]（图2-161）等。法国人沙畹于20世纪初在刘家村洪福寺（原书未说明是何省何县的刘家村洪福寺）拍摄到一尊造像碑[③]（图2-162），在该造像碑的上方浮雕一佛二菩萨，在主尊身后两侧分别雕刻一棵花树，花树的树冠样式与前述五代舍利塔上、宋代版画、辽代舍利石函上的花树样式非常相似，其年代大约在五代至宋辽之时，这也与沙畹在其著作中所推断的“浮雕画看上去是唐代以后的作品”相

① 金申：《辽代舍利石棺上的涅槃图》，《中原文物》2004年第1期；金维诺总主编：《中国美术全集·宗教雕塑（二）》，黄山书社，2010年，第358页。

② 辽宁省文物考古研究所、朝阳市北塔博物馆编：《朝阳北塔——考古发掘与维修工程报告》，文物出版社，2007年，第73、78页；图版五四，4。

③ 〔法〕埃马纽埃尔-爱德华·沙畹著，袁俊生译：《华北考古记》第三卷《石窟卷》，中国画报出版社，2020年，第898页，图430。

图2-159　日本京都清凉寺藏“灵山变相”纸本版画

图2-160　辽宁朝阳北塔天宫出土木胎银棺上錾刻的涅槃图

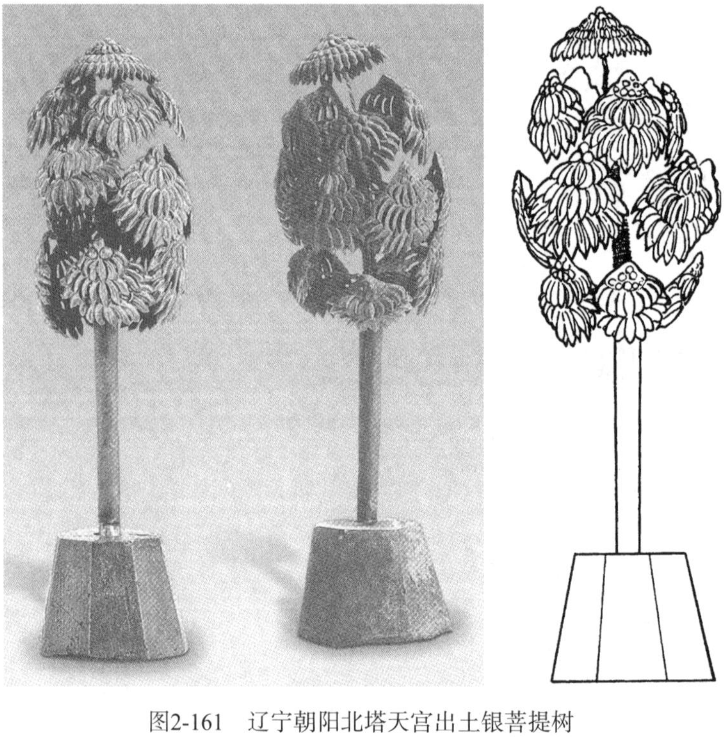

图2-161　辽宁朝阳北塔天宫出土银菩提树

吻合，此亦可见沙畹汉学功底之一斑。西夏时期比较有代表性的是甘肃酒泉文殊山石窟万佛洞弥勒经变中绘制的花树[①]（图 2-163）。

图2-162　法国沙畹拍摄的刘家村洪福寺造像碑

图2-163　甘肃酒泉文殊山石窟万佛洞弥勒经变（局部）中的花树

第二种情况中流行于隋唐时期的花树样式，还对日本和朝鲜半岛的佛教艺术产生了一定影响，如日本东京国立博物馆收藏的平安后期（12 世纪）的写本《大唐西域记》（中尊寺经）每卷卷首以金泥绘制的阿弥陀佛三尊身后的花树[②]（图 2-164）；日本和歌山金刚峰寺藏平安时代应德三年（1086 年）绢本设色的佛涅槃图像（图 2-165），在涅槃佛像的四周分别绘制两棵象征娑罗树的花树，其中，每两棵娑罗树中的一棵树冠呈

① 中国美术全集编辑委员会编：《中国美术全集·绘画编17·麦积山石窟等壁画》，人民美术出版社，1987年，图版一三七，说明文字参见第50页。

② 〔日〕朝日新聞社文化企画局大阪企画部：《西遊記のシルクロード〈三蔵法師の道〉図録》，朝日新聞社，1999年，第50、51頁，図版7。

图2-164　日本东京国立博物馆藏写本《大唐西域记》（部分）

图2-165　日本和歌山金刚峰寺藏应德三年（1086年）佛涅槃图像

白色，另一棵的树冠呈绿色，表示释迦牟尼涅槃时娑罗树一枯一荣[①]。其中，花树的树冠都是隋唐时期流行的树冠样式。朝鲜半岛比较有代表性的是高丽忠惠王二年（1341年）以金泥绘制的阿弥陀经卷卷首图像[②]（图 2-166），其中的花树看起来犹如堆垒的香

① 〔日〕東京国立博物館、読売新聞社、NHK、NHKプロモーション：《日本国宝展》，読売新聞社、NHK、NHKプロモーション，2014年，第62、63頁，図版35。

② 星云大师总监修，罗世平、如常主编：《世界佛教美术图说大典·绘画③》，湖南美术出版社，2017年，第1006页。

图2-166　朝鲜半岛高丽忠惠王二年（1341年）金泥绘制的阿弥陀经卷卷首图像

蕉一般，而且在树木周围还绘制出火焰状纹饰。但日本和朝鲜半岛经卷卷首绘制的佛、菩萨及花树的样式等，其直接的源头来自当时中国境内的同类写经，如在江苏苏州瑞光寺塔第三层塔心天宫中发现的碧纸金书《妙法莲华经》，卷首以金泥绘制一幅经变图（图 2-167），其中佛像身后绘制的花树样式，前两者与其样式较为相似。比较珍贵的是该经卷第二卷尾部有墨书题记，其内容为："(吴睿帝杨溥）大和辛卯（931 年）四月二十八日修补记。"说明写经的年代不晚于 931 年[①]。

特别值得注意的是，在新疆库车库木吐喇石窟第 45 窟主室前壁的菩萨图像中的花树（图 2-168），这些树木的叶片样式与前述第二种情况中的花树非常相似，只是每簇树叶相当于花蕊部分绘制成花瓣状，花瓣的个数不等。这幅壁画现藏于德国柏林亚洲艺术博物馆，而且年代被认为在 10 世纪[②]。更为重要的是其中一簇树叶下方绘制出

① 苏州博物馆：《苏州博物馆藏虎丘云岩寺塔、瑞光寺塔文物》，文物出版社，2006年，第159页。

② 新疆龟兹石窟研究所编：《中国石窟壁画·龟兹》，新疆美术摄影出版社，2008年，第260、261页，图版二三五；新疆龟兹石窟研究所编：《库木吐喇石窟内容总录》，文物出版社，2008年，第170页。

图2-167　江苏苏州瑞光寺塔第三层塔心天宫中发现的碧纸金书《妙法莲华经》卷首

图2-168　新疆库车库木吐喇石窟第45窟主室前壁菩萨图像中的花树

果实，如果将其树叶、果实结合起来看，似乎与已经消失了万寿果（木瓜）树的样子较为一致[①]。在库木吐喇石窟第14窟主室正壁西方净土变壁画（图2-169）、第16窟主室右侧壁的飞天和树木图像（图2-170）、第41窟像台正壁左侧绘制的月光王施头本生[②]（图2-171）等壁画中也绘制着类似的花树。根据前述所列举的中原地区这种花树样式的典型而且重要的例子来看，其主要流行于隋唐时期，尤其以6世纪末期至8世

图2-169　新疆库车库木吐喇石窟第14窟主室正壁经变画

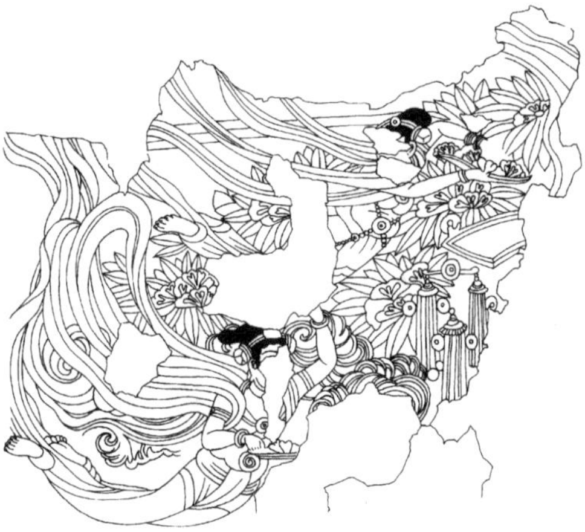

图2-170　新疆库车库木吐喇石窟第16窟主室右侧壁的飞天和树木图像

图2-171　新疆库车库木吐喇石窟第41窟像台正壁左侧绘制的月光王施头本生图像

① 山西省考古研究所、太原市文物考古研究所、太原市晋源区文物旅游局：《太原隋虞弘墓》，文物出版社，2005年，第199—201页。

② 新疆龟兹石窟研究所编：《库木吐喇石窟内容总录》，文物出版社，2008年，第102、103、106—113、159—162、169—173页。

纪前半叶为主。从这一点来看，库木吐喇第14窟主室正壁、第16窟主室右侧壁、第41窟像台正壁左侧壁画中绘制的这种花树样式，其年代大约在唐代，那么第45窟主室前壁壁画的年代似乎也可以提早到唐代。这一年代的推断结果，也与库木吐喇石窟中汉风石窟的开凿年代相当。据马世长先生研究，库木吐喇汉风石窟的开凿年代在8世纪中至9世纪中，还可以分为唐朝控制龟兹时期（8世纪下半叶）和吐蕃控制龟兹时期（9世纪上半叶）[①]。库木吐喇开凿的汉风石窟，是唐王朝控制龟兹时开凿的，主要由来自中原地区的僧侣开凿而成。由于第45窟中有大量的汉文题记，如“南无大势至菩萨”“南无阿弥陀佛”“南无观世音菩萨”等[②]，所以，它应该是一座较为典型的汉风石窟，如此，则其年代约在8世纪下半叶。如果将第45窟主室前壁绘制的花树样式，与中原地区这种花树流行的时间段相比较，也可以推断其年代约在唐代。两相比较可以看出，汉风石窟不仅在窟形、壁画题材等主要方面受到中原地区的影响，而且在第14、16、41、45窟绘制的作为背景衬托的花树样式，也受到了来自同时期中原地区的影响。这从一个小的方面，反映了中原地区佛教曾经对新疆一带的佛教产生了重要影响。

在库木吐喇石窟比较流行的第二种情况中的花树，往往与华盖相结合，如前述库木吐喇石窟第14窟主室正壁绘制的西方净土变中的花树[③]，采用了与华盖相结合的表现方式。这一点与敦煌莫高窟唐代经变画中的花树样式非常相似，充分反映了库木吐喇石窟与敦煌莫高窟之间的紧密关系，这显然与库木吐喇石窟表现出的强烈汉风有关。不仅库木吐喇石窟中有类似壁画，在新疆库车玉其吐尔佛寺遗址出土的壁画中绘制的花树也是第二种情况中的树木样式[④]（图2-172），其中佛、菩萨的形象也与敦煌莫高窟唐代壁画中的佛、菩萨形象一致，所以其年代大约也在8世纪下半叶以前。即使在

图2-172 新疆库车玉其吐尔佛寺遗址出土壁画残片

① 马世长：《库木吐喇的汉风石窟》，《中国石窟·库木吐喇石窟》，文物出版社，1992年，第203—224页。

② 马世长：《库木吐喇的汉风石窟》，《中国石窟·库木吐喇石窟》，文物出版社，1992年，第203—224页。

③ 新疆龟兹石窟研究所编：《库木吐喇石窟内容总录》，文物出版社，2008年，第102、103页。

④ 霍旭初、祁小山编著：《丝绸之路·新疆佛教艺术》，新疆大学出版社，2006年，第103页，图版③。

西藏阿里托林寺12—14世纪的壁画中，也有第二种情况中的花树表现形式，如迦萨殿内绘制的八难图就以此类样式的花树作为装饰性背景衬托[①]（图2-173）。

第二种情况中的花树样式，不仅广泛流行于佛教造像及绘画艺术，在一些世俗的器物上也产生了影响。例如，西安沙坡村窖藏出土的狩猎乔木纹高足银杯腹部錾刻的两棵树木[②]（图2-174）；西安东郊郭家滩出土的两株金树，小金树高11.3厘米，大金树

图2-173　西藏阿里托林寺迦萨殿中绘制的八难图（局部）

图2-174　陕西西安沙坡村窖藏出土狩猎乔木纹高足银杯

① 张蕊侠、张建林、夏格旺堆：《西藏阿里壁画线图集》，西藏人民出版社，2011年，第2、4、5页。

② 韩伟编著：《海内外唐代金银器萃编》，三秦出版社，1989年，第1页，线图37，说明文字参见第177页。

高 13.5 厘米[①]（图 2-175），树枝上花头下部的叶片较宽一些，其呈周边被捶揲呈凸起状，内部呈凹陷状，从有的叶片上残存镶嵌的绿松石来看，叶片加宽的目的是镶嵌绿松石。这两株金树比较特殊，似乎用作佛教造像后部两侧作为衬托的花树；在湖南望城长沙窑遗址出土的瓷器残片上（图 2-176），也装饰了采取模印贴花技术制作而成的此类花树[②]。在一些铜镜上也装饰了第二种情况中的花树，如河南洛阳唐墓出土的高士宴乐螺钿铜镜（图 2-177），在镜背上方以螺钿嵌饰一棵花树，枝头的花头中心还有呈圈状的用来镶嵌宝石类的外框，可惜其中的镶嵌物无存[③]。在唐代的织锦纹饰中，常见一种团窠图案，其形状表现为：以硕大的连珠纹为外圈，其内装饰对称的人物、动物，其中有的织出花树作为人物、动物对称的中轴，不少作为中轴的花树的树冠及花头与本文所云的第二种情况中的花树极为一致，可见其当时的流行状况。例如，法国吉美美术馆收藏的花树翼马纹锦上的翼马花树图案[④]（图 2-178）、俄罗斯艾尔米塔什博物馆收

图2-175 陕西西安郭家滩出土金树

① 陕西省文物局、上海博物馆编：《周秦汉唐文明》，上海书画出版社，2004年，第93页，图版40。

② 李效伟：《长沙窑——大唐文化辉煌之焦点》，湖南美术出版社，2003年，第41页，图75。

③ 中国历史博物馆：《中国历史博物馆——华夏文明史图鉴》（第三卷），朝华出版社，2002年，第126页，图版125。

④ 赵丰主编：《敦煌丝绸艺术全集·法藏卷》，东华大学出版社，2010年，第172、173页，图版108。

图2-176　湖南望城长沙窑遗址出土瓷片

图2-177　河南洛阳唐墓出土高士宴乐螺钿铜镜

图2-178　法国吉美美术馆藏花树翼马纹锦复原图案

图2-179　俄罗斯艾尔米塔什博物馆藏夹缬幡上的对鹿花树复原图案

藏的夹缬幡上的对鹿花树图案[①]（图 2-179）、中国丝绸博物馆收藏的连珠翼马纹锦上的翼马花树图案（图 2-180）和对鹿花树纹锦上的对鹿花树图案[②]（图 2-181），在一些私

① 赵丰主编：《敦煌丝绸艺术全集 · 俄藏卷》，东华大学出版社，2014年，第69—71页，图版6。

② 赵丰、齐东方主编：《锦上胡风——丝绸之路纺织品上的西方影响（4—8世纪）》，上海古籍出版社，2011年，第180—183页，图版54、55，插图1。

图2-180　中国丝绸博物馆藏连珠翼马纹锦

图2-181　中国丝绸博物馆藏对鹿花树纹锦及复原图案

人收藏的对鹿花树纹锦上也有类似的对鹿花树图案[①]（图 2-182）等。其中最为著名的日本奈良法隆寺收藏的四骑狮子狩猎纹锦（图 2-183），在连珠圈内装饰四个对称分布的骑翼马猎狮的人物，中央织出一棵枝干笔直的花树[②]，这件织锦是目前所见同类织锦中图案保存完整、纺织最为精美者。唐代的石椁上也雕刻这类花树，如唐敬陵贞顺皇后（武惠妃）彩绘石椁 3 号壁板上线刻的树下美人图中的花树[③]（图 2-184），其他与之类似的花头硕大的花树，可能是艺术家为了避免雷同而刻意地进行了改变。这些世俗器物上装饰的花树，虽然与佛教造像及绘画中的花树表达的意境不同，但其样式基本一

① 赵丰、齐东方主编：《锦上胡风——丝绸之路纺织品上的西方影响（4—8世纪）》，上海古籍出版社，2011年，第183页，插图2。

② 〔日〕奈良国立博物館：《特別展天馬——シルクロードを翔ける夢の馬》，天理時報社，2008年，第70、71頁，図版69，说明文字参见第207、208頁。

③ 程旭：《唐武惠妃石椁纹饰初探》，《考古与文物》2012年第3期。

图2-182 私人藏对鹿花树纹锦

致这一点，却反映了当时人至少将这种花树看作是神圣与美的化身。如果再将与之搭配的连珠圈纹结合起来看，不由得使人联想起“陵阳公样”。据《历代名画记》卷十记载：“窦师伦，字希言，纳言陈国公抗之子。初为太宗秦王府咨议，相国录事参军，封陵阳公。”“凡创瑞锦宫绫，章彩奇丽，蜀人至今谓之陵阳公样。”“高祖太宗时，内库瑞锦对雉、斗羊、翔凤、游麟之状，创自师伦，至今传之。”[①] 经过不断的探索，现在人们已经非常熟悉，所谓“陵阳公样”就是模仿波斯的连珠圈，在其中加上各种对兽、对禽等的图案样式。既然装饰这类图案的织锦被称为“瑞锦”，那么文献中强调的这些动物自然就是祥瑞的象征，而作为其对称布局起中轴和装饰作用的花树，则与它们一起构成了瑞锦。如此，综合起来而言，唐代花头各异的花树的流行，自然也是因为当时的人们将其视为神圣、美和祥瑞的象征了，所以，不论是宗教题材还是世俗题材的艺术表现，都可见其形象，这一分析结果对于我们深刻理解其流行的原因有一定的帮助。

众所周知，任何事物的出现都不是突然的，都有一个从萌芽到流行的过程。前文所云的第二种情况中的树木即是如此。自隋代开始广为流传的这种树木样式，在洛阳地区北魏时期的石质葬具上已经开始露出苗头，并影响到云冈石窟。简单地说，就是这种树木的表现样式萌芽于北魏时期，但与银杏树的流行情况相比较，在北魏时期还只是萌芽状态，而且其表现样式也与隋唐时期的有所不同。例如，美国堪萨斯纳尔逊美术馆藏洛阳出土的北魏画像石[②]（图 2-185）、云冈石窟北魏晚期第 38 窟西壁下层供养人像之间[③]（图 2-186）等已经出现了相似的树木样式，只是花头部分较小，而且下垂

① （唐）张彦远著，秦仲文、黄苗子点校，启功、黄苗子参校：《历代名画记》，人民美术出版社，1963年，第192、193页。

② 王子云编：《中国古代石刻画选集》，中国古典艺术出版社，1957年，图版五，1—12。

③ 中国美术全集编辑委员会编：《中国美术全集·雕塑编10·云冈石窟雕刻》，文物出版社，1988年，第192、193页，图版一八六。

图2-183　日本奈良法隆寺藏四骑狮子狩猎纹锦

的细长的叶片还比较散，不够紧凑，甚至呈弯曲状，不像隋唐时期那样层层叠叠呈充满紧凑感的宝相花样式。值得注意的是，受洛阳地区北魏时期的石质葬具、云冈石窟影响，在北齐时期的一些粟特人石质葬具上也雕刻花树作为画面的背景衬托，如在河南安阳北齐时期粟特人墓葬中出土的石围屏上雕刻着花树（图 2-187），该围屏现藏于法国吉美美术馆[①]；日本 MIHO MUSEUM（美秀美术馆）收藏的北周或者北齐时期粟特人的石围屏上也雕刻着花树，其花树的表现样式较为独特，除个别花树之外，大部分花树雕刻于每幅屏风的一侧，而且仅雕刻出半个蘑菇形树冠及部分树干，树冠上雕满花头[②]（图 2-188）。作为新的树木表现样式萌芽的例子，还见于前文所引洛阳出土的北魏时期孝子石棺床上的郭巨图、宁懋石室上的庖厨图等图像，这些图像中雕刻着类似

---

①　〔日〕東京国立博物館：《シルクロード大美術展》，読売新聞社，1996年，第39頁，図版24；〔日〕大広：《中国☆美の十字路展》，株式会社東京印書館，2005年，第241—244頁，参考図版。

②　〔日〕大広：《中国☆美の十字路展》，株式会社東京印書館，2005年，第241—244頁，参考図版。

图2-184　唐敬陵贞顺皇后（武惠妃）彩绘石椁3号壁板上线刻的树下美人图

的树木，而且往往与广为流行的银杏树的图像并存，反映了其开始出现的情形。另外，前文所引的陕西安塞大佛寺第 4 窟雕刻的无忧树下诞生图像中，摩耶夫人右手所攀树木的花头也是如此。某种程度上而言，早期的这类树木图像中的叶片和花头看起来犹如莲花，似乎是将莲花置于树木枝头上一样。就敦煌莫高窟而言，其开始出现的年代在北周时期，略晚于中原地区；而古龟兹地区则出现在唐代。这种孕育于北魏洛阳地区的第二种情况中的树木表现样式，经北周、北齐，在隋唐时期广为流行，并影响到以后各时代。特别是对边远地区的影响，充分反映了中原地区文化的范式意义。

第二种情况中花树样式的流行时代大体上如上所述。那么，这种花树形象的艺术源头何在呢？这里不得不从古印度的石刻艺术谈起。从笔者目前所掌握的资料来看，第二种情况中的花树样式在 2 世纪前后的印度马图拉造像艺术中已经出现。例如，印度马图拉博物馆收藏的出土于印度北方邦松克的攀树夜叉像（图 2-189）、树下托盘夜叉像中的树木[①]（图 2-190）,其树叶和花头与隋唐时期流行的花树样式极为相似。在马图拉石刻艺术中，这类花树的雕刻分为花头向上树叶下垂和树叶向上伸展下垂果实或花头两类，如印度桑奇第 1 塔东门雕刻的 1 世纪的树下夜叉像中的花树[②]（图 2-191）。在一些犍陀罗造像中也可以看到这类花树，如日本私人收

① 〔日〕東京国立博物館、京都国立博物館、日本経済新聞社：《インド古代彫刻展》，日本経済新聞社，1984年，図版20、21。

② 〔日〕肥塚隆、宮治昭：《世界美術大全集・東洋編》第13巻《インド（1）》，小学館，2000年，第50、51頁，図版50。

图2-185 美国堪萨斯纳尔逊美术馆藏洛阳出土北魏画像石

图2-186 山西大同云冈石窟北魏晚期第38窟西壁下层雕刻的供养人像

图2-187 河南安阳北齐时期粟特人墓葬出土石围屏

图2-188 日本MIHO MUSEUM（美秀美术馆）藏粟特人石围屏

图2-189 印度马图拉博物馆藏出土于印度北方邦松克的攀树下夜叉像

图2-190 印度马图拉造像中的树下托盘夜叉像

图2-191 印度桑奇第1塔东门雕刻的1世纪的树下夜叉像

藏的犍陀罗太子诞生造像中的花树树冠[①]（图2-192）。以上地区造像中所雕刻的花树，不论其树叶下垂还是向上伸展，其所表现的树木样式似乎都是相同的。在中亚7—8世纪的红陶塑像中也可以看到类似于马图拉、犍陀罗造像中的花树样式，如私人收藏的一尊可能出土于阿富汗丰都基斯坦的红陶半跏趺坐菩萨像，菩萨的头上部逼真地塑出带花果的花树[②]（图2-193）。在马图拉石刻艺术中，由于这种花树样式年代较早，多在2世纪前后，与孕育于北魏流行于隋唐时期的这种花树样式相差数百年，但这一时间差恰恰由这一时期往来于中印之间的僧侣等消弭了，是他们将时代较久远而且遥远的石刻艺术中的花树表现样式带到了阿富汗及中国中原地区，并作为一种替代菩提树、无忧树、娑罗树等圣树的新样式，出现在各类石刻艺术及绘画中，这种花树的表现样式还具有一定的

图2-192 日本私人藏犍陀罗太子诞生造像

① 〔日〕栗田功：《ガンダーラの美術（Ⅰ）》（改訂増補版），二玄社，2003年，第278頁，図版594。

② 〔日〕栗田功：《ガンダーラの美術（Ⅱ）》（改訂増補版），二玄社，2003年，第286、287頁，図版886。

划时代意义。同时，不可忽略的是以粟特人为代表的活跃于丝绸之路上的商旅也曾经在其中所起的传播作用。

（三）第三种情况——真实的菩提树叶的流行

图2-193　阿富汗丰都基斯坦出土红陶半跏趺坐菩萨像

饶有趣味的是第三种情况。在唐代的佛教造像及绘画中，人们在前代的基础上，又能够精准地雕刻出了菩提树的叶片形状，而且把菩提树的树冠雕刻得繁茂无比，形象逼真，只是菩提树叶的叶针部分还没有真实的菩提树那么细长而已。与北朝时期菩提树虽然有雕刻但没有流行不同，真实的菩提树在长安和洛阳地区一定范围内的造像上出现较多。这一变化说明，唐代的人们不断地追求原汁原味的佛教，随着玄奘、王玄策等人不断地往来于中印之间，各类相关信息的流布，使得人们更能把握菩提树的特征，而在图像中最能反映树木特征的是叶片，从目前所知的各类图像资料来看，菩提树叶的形象比较真实，说明当时的人们对菩提树叶确实密切关注，抓住了树木的最大特征，从而能够雕刻出逼真的叶片。例如，西安武则天长安时期（701—704年）宝庆寺造像上部雕刻的菩提树叶[①]（图2-194—2-197），极其逼真。在西安大慈恩寺大雁塔西门门额右侧雕刻的树木图像，也是菩提树的样子，只是叶片稍微细长一些[②]（图2-198）。在四川广元千佛崖盛唐时期的第22窟中，在说法的主尊像身躯两侧浅浮雕两颗树木，其树叶明显呈菩提树叶形[③]（图2-199）；四川蒲江飞仙阁石窟盛唐时期的第9号龛正觉佛龛主尊身后线刻一棵枝叶茂盛的菩提树（图2-200），树冠中上部的叶片明显地呈菩提树叶形，刻画得较为逼真[④]。在龙门石窟古阳洞唐代第1807窟佛像身后两侧雕刻的两棵树木[⑤]

① 文中插图系笔者拍摄于日本东京国立博物馆。

② 王子云编：《中国古代石刻画选集》，中国古典艺术出版社，1957年，图版二五，8。

③ 金维诺总主编：《中国美术全集·石窟寺雕塑（三）》，黄山书社，2010年，第615页。

④ 中国石窟雕塑全集编辑委员会编：《中国石窟雕塑全集》8《四川、重庆》，重庆出版社，2000年，第157、158页，图版一五八、一五九，说明文字参见第53、54页。

⑤ 刘景龙主编：《龙门石窟纹饰拓片集》，文物出版社，2003年，第2册，第207页，图170。

图2-194 日本东京国立博物馆藏武则天长安时期（701—704年）宝庆寺像龛

图2-195 日本东京国立博物馆藏武则天长安时期（701—704年）宝庆寺像龛

图2-196 日本东京国立博物馆藏武则天长安时期（701—704年）宝庆寺像龛

图2-197 日本东京国立博物馆藏武则天长安时期（701—704年）宝庆寺像龛

图2-198　陕西西安大慈恩寺大雁塔西门门额右侧线刻的树木

图2-199　四川广元千佛崖盛唐时期第22窟

图2-200　四川蒲江飞仙阁石窟盛唐时期第9号龛正觉佛龛（局部）

（图 2-201），其树冠树叶茂密，叶片略细长而尖圆，也明显具有菩提树叶的特征。现藏于日本天理大学附属天理参考馆、出土于甘肃的隋末唐初四面造像碑上也雕刻着较为逼真的菩提树，只是树叶略微偏椭圆细长一些[①]（图 2-202）。据笔者对菩提树叶的观察，这种略显细长的菩提树叶在现实中是存在的。在敦煌莫高窟壁画中绘制的一些作为画面背景衬托的树木，其树叶的叶片形状也充满菩提树叶的意匠。例如，敦煌莫高窟藏经洞（第 17 窟）北壁东侧壁绘制的树木[②]（图 2-203），其叶片的叶针部分弯曲，略呈桃形，与真实的菩提树叶非常接近。从这些雕刻或绘制菩提树及较为逼真的菩提树叶片来看，应该是受了唐代京师长安地区造像的影响。

（四）第四种情况——区域性的独特树木样式的出现

第四种情况表现为：在隋唐以后，在继承的同时，佛教造像中作为特定佛教题材背景衬托的树木形象，又一次发生了变化。例如，在陕北地区宋金时期石窟雕刻中的树木形象特征更为突出，不论是特定题材中的菩提树、无忧树、娑罗树，还是一般仅仅作为装饰的树木，都采用同一种树木形象来表示。树木的树冠外轮廓均呈硕大的蘑菇形，有的则在蘑菇状树冠上彩绘树叶，树干笔直，整体形状较为特殊而且特征明显，并且成为陕北地区宋金石窟中树木雕刻的基本模式。与其他地区的宋金时期佛教造像中的树木相比较，陕北地区石窟中的树木表现样式也是较为独特的，具有明显的区域性特点。以延安地区石窟为例进行说明，如富县马渠寺罗汉堂前壁左右两侧造像中的树木（图 2-204）；富县庙沟罗汉堂 1 号窟前壁右侧释迦涅槃图中的树木（图 2-205）；富县石佛堂第 6 窟后壁左侧释迦说法与听法罗汉图中的树木（图 2-206）、第 6 窟右壁释迦升棺说法图中的树木（图 2-207）、第 6 窟左壁涅槃图中的树木（图 2-208）；志丹县城台石窟第 2 窟窟廊后壁雕刻的树木（图 2-209）等[③]。根据相关的石窟题记，这些石窟是由当时鄜州介氏家族的工匠开凿的，他们在开凿这些石窟时应该采用的是同一粉本，或者是同一传承，所以，不论是造像样式还是图像中的树木样式，都表现出强烈的统一性，只是大小有别。

自宋代始，不仅佛教石刻艺术中的树木表现形式发生了变化，而且在一些佛教绘画艺术中，作为特定的佛教题材背景衬托中的树木，其形象也极具特点。例如，日本奈良国立博物馆藏南宋时期陆信忠绘佛涅槃图中的娑罗树，则完全是抽象的宝树形象[④]

① 〔日〕天理大学、天理教道友社：《ひとものとこころ》第2期第5巻《天理大学附属参考館蔵品隋・唐の文物》，天理教道友社，1988年，図版130—133。

② 金维诺总主编：《中国美术全集・石窟寺壁画（二）》，黄山书社，2010年，第514页。

③ 延安市文物研究所：《延安石窟菁华》，陕西人民出版社，2016年，第349、356、365、367、369、371页。

④ 〔日〕九州国立博物館：《大涅槃展》，大同印刷株式会社，2015年，第23頁，図版7。

图2-201　河南洛阳龙门石窟古阳洞第1807窟佛像身后两侧雕刻的两棵树木

图2-202　日本天理大学附属天理参考馆藏隋末唐初四面造像碑（局部）

图2-203　甘肃敦煌莫高窟藏经洞（第17窟）北壁东侧壁绘制的树木

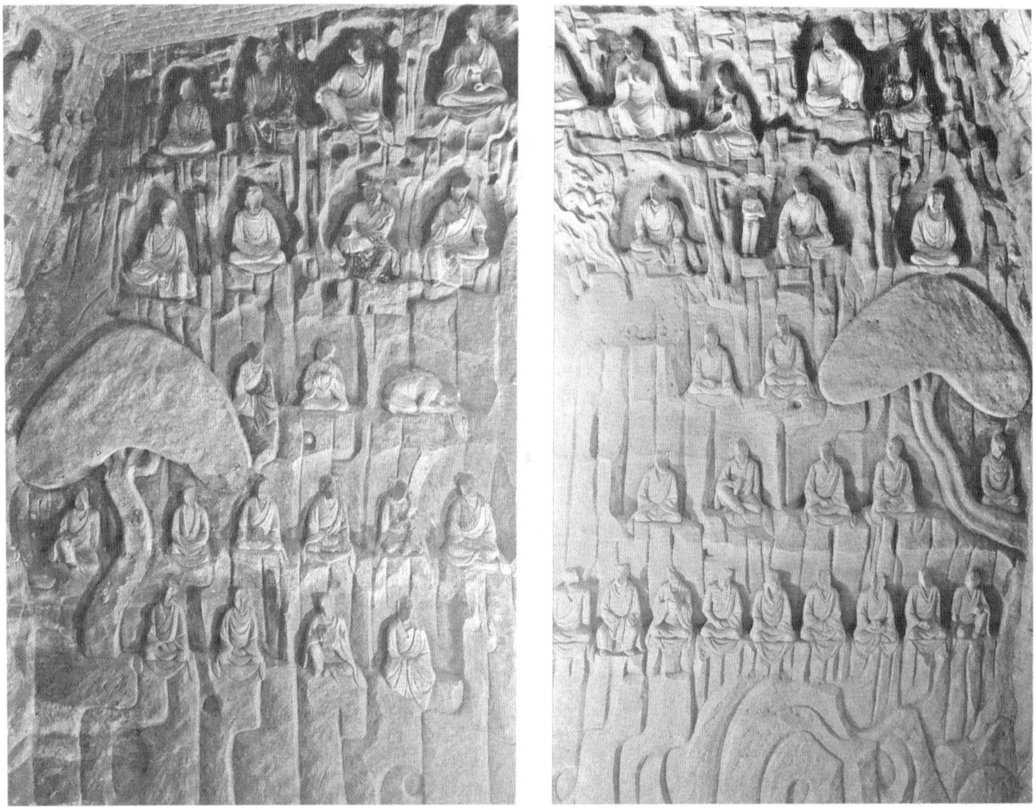

1　　　　2

图2-204　陕西延安富县马渠寺罗汉堂前壁左右两侧造像中的树木

1. 左侧　2. 右侧

图2-205　陕西延安富县庙沟罗汉堂1号窟前壁右侧释迦涅槃图中的树木

图2-206　陕西延安富县石佛堂第6窟后壁左侧释迦说法与听法罗汉图中的树木

图2-207　陕西延安富县石佛堂第6窟右壁释迦升棺说法图中的树木

图2-208　陕西延安富县石佛堂第6窟左壁涅槃图中的树木

图2-209　陕西延安志丹县城台石窟第2窟窟廊后壁雕刻的树木

（图 2-210）；日本京都长福寺藏南宋时期（13 世纪）涅槃图中的娑罗树[①]（图 2-211），则类似于现实中的松柏的样子。到了更晚的清代，特定佛教题材中的树木，则与传统的山水画中的树木样式别无二致，完全是一幅“枯藤老树昏鸦”的感觉，叶片的表现样式趋向于抽象化和个性化，具有强烈的写意性，树木的表现形式因画家的不同而有较大的差异。例如，日本福冈市博物馆收藏的清代（17 世纪）涅槃图中的娑罗树[②]（图 2-212），画面中的娑罗双树呈虬曲状，改变了以往树干笔直的表现形式，而且叶片虽然绘成白色，但却是四裂的叶片形状，与真实的娑罗树相去甚远，显得抽象，不论是树木种类还是表现形式已经完全写意化了，也可以说作为背景衬托的树木完全被中国传统的艺术表现形式替代了，彻底地实现了中国化，这也是佛教逐渐中国化过程在艺术表现形式和内容上的体现。

五、结　语

从云冈石窟中树木的不确定性，到迁都洛阳后以银杏树代替各类特定题材中的树木，并为东魏、北齐造像所继承；隋代又开始出现一种崭新的树木形象，并迅速流行于佛教造像中，并波及世俗的石刻艺术品。与此同时，唐代长安地区的佛教造像也能够精准地表现菩提树的样式。到了宋金时期，作为特定佛教题材中的树木形象又一次发生较大的变化，在某些特定的区域形成独特的表现形式。在同时期佛教题材的绘画作品中，作为特定佛教题材背景衬托的树木与世俗的石刻艺术中的树木形象又有所不同，或显得抽象，或以松树、枯树等作为模拟对象而加以艺术夸张。从佛教题材特定树木样式的不断变化可以看出，佛教造像艺术在古代中国的传播过程中，人们不断地根据自己的审美观选择不同的树木来表现佛教题材的“圣树”。反观样子准确的菩提树树叶的表现，却在漫长的历史长河中极其短暂，并且没有成为主流，这是一个很值得思考的现象和问题。从这一现象可以看出，古代中国人在表现佛教题材中的“圣树”时，更看重的是其象征意义，而不是具体的树木品种。由此可见，佛教在传播过程中，特别是对其艺术形象的表现，完全取决于本土工匠所熟悉的树木，而为人们所熟悉、喜闻乐见的东西甚至于日常生活中的风俗习惯恰恰是对外来文化进行中国化的基础。另外，本土形成的艺术传统也是非常重要的因素。

总而言之，通过对佛教造像作为特定题材装饰性背景衬托的树木形象进行论述，可以看出，佛教造像艺术在中国的传播过程中，形成了“动中有静”“静中有动”的特征，也即一种新的艺术风格在一定的时间段相对稳定，但不同时代的艺术风格有较大

① 〔日〕九州国立博物館：《大涅槃展》，大同印刷株式会社，2015年，第26頁，図版8。
② 〔日〕九州国立博物館：《大涅槃展》，大同印刷株式会社，2015年，第42頁，図版15。

图2-210　日本奈良国立博物馆藏南宋时期陆信忠绘佛涅槃图中的娑罗树

图2-211　日本京都长福寺藏南宋时期（13世纪）涅槃图中的娑罗树

图2-212　日本福冈市博物馆藏清代（17世纪）涅槃图中的娑罗树

的变化，相对稳定即所谓“静”，不同时代之间的变化即所谓“动”，但总体上表现出一种动态的变化的特征。这个动态的变化，其实就是时代的脉搏。“静中有动”“动中有静”充分体现了佛教造像艺术发展变化的特点，作为佛教造像或者绘画的主体因素，则表现得相对稳定，即所谓“静”的一面，而一些次要的因素则表现出率先变动及变化的一面，也就是一些次要的因素变化最为剧烈，变化速度也最快，即所谓“动”的一面。“动中有静”“静中有动”，“动”“静”结合，构成了佛教造像艺术在中国古代传播的主旋律。

第三章　藤座、束帛藤座与筌蹄
——一种坐具从图像到实物的传播与演变

在佛教造像及其装饰题材中，常见一种圆形束腰或者不束腰、上部束帛的坐具，对于这种坐具，各类论著中的称呼不一致，有藤座、筌蹄与束帛藤座、束帛座（亦略称帛座）、细（束）腰圆凳等，有的则笼统地称为台座。但在更多的情况下，这一类坐具被认为是文献所记载的“筌蹄”“筌台”等，所以称为“筌蹄”者较多，特别是在各类简报或者报告中尤其多见。在极个别的资料中，针对云冈石窟的束帛藤座，有人按照字面的意思，直接解释为“束帛座就是以捆起来的丝织物作为座的形式”，对此，解释者本人也充满疑问，不知所以①。为了论述方便，加之这些坐具以藤编为主，因此，笔者在行文中将其统称为“束帛藤座”，需要分析其特征时，再使用具体的名称。对于束帛藤座，杨泓先生②和孙机先生③等都有精到的考证和论述。上述研究，更多地是从文献资料进行论证，辅以个别的图像资料。本文在前辈学者们的思路下，依据各种图像资料，按地域对其形制进行分类，并根据其样式变化，着重探讨其传播路线、在中国境内不同时期形制的特点及最后的定型时间等问题。通过对古印度图像资料中的束帛藤座进行梳理，笔者认为束帛藤座的传播，可以分为图像粉本的传播与实物传播，图像的传播要早于实物的传播。而大量新图像资料的发现，也为这一探讨提供了可能。

在前辈学者的论述中，有的将藤座、束帛座和筌蹄作为同一种坐具来看待，实际上它们存在地域和时代的差异，也即有一个演变过程。从目前所知的图像资料来看，它们也有一个明显的自西向东的传播路线，而且在传播过程中形制不断地发生着变化，还存在多种形制并存的现象。同时，从地域的分布上看，主要见于新疆、河西走廊、中原北方地区，南方地区的图像资料中则较为罕见。与此同时，束帛座与佛教造像一起还传播到了朝鲜半岛和日本，特别是朝鲜半岛的束帛座样式与北齐时期的束帛座样式惊人地一致，可见北齐对朝鲜半岛影响之深刻。

---

① 王恒编纂：《云冈石窟辞典》，江苏美术出版社，2012年，第181页。

② 杨泓：《敦煌莫高窟与中国古代家具史研究之一——公元5至6世纪中国家具的演变》，《敦煌石窟研究国际讨论会文集·石窟考古编（1987）》，辽宁美术出版社，1990年，第528、529页；杨泓：《考古所见魏晋南北朝家具（下）》，《紫禁城》2011年第1期。

③ 孙机：《中国圣火——中国古文物与东西文化交流中的若干问题》，辽宁教育出版社，1996年，第210页。

要探讨束帛座的传播和形制变化的问题，主要着眼点应该在印度和巴基斯坦以白沙瓦为中心的犍陀罗地区。在印度和犍陀罗地区的古代佛教造像雕刻中，一开始就出现了束帛藤座，而未见到被称为“筌蹄”的坐具。虽然它们与中国现存图像资料中的束帛藤座不同，但似乎这种坐具不是以最初的形式传播过来的，而是在传播过程中逐渐演变为后来的“筌蹄”样式的。这也是本文探讨这一问题的出发点，即从其源头地区造像中所见的束帛座论述起。

一、印度的藤座

从目前图像资料来看，古印度人的生活起居，或席地而坐，或坐于坐垫之上，或坐于三足凳上，仅有少部分图像资料中出现束帛藤座的形象，它们与本文所要探讨的问题关系密切，这里主要将这些相关的图像资料分类介绍，以是否束帛将其分为二型。

A 型　不束帛的藤座。

这类藤座大多数呈圆筒形，或者呈上部直径略小的圆筒形，图像中露出藤条编织形成的纹理，比较逼真。例如，在印度中央邦巴尔公元前 1 世纪的胡特塔栏楯之上，雕刻一幅猿猴本生故事[①]，其中猿猴和仙人分别坐于圆筒状或者略呈上小下大的圆形藤座之上，藤座上看不到束帛的痕迹（图 3-1）。这类藤座的形象在图像资料中的表现较少。

B 型　束帛的藤座。

呈上小下大的圆形，形如圆鼓，其上束帛。在座子的上下部位各束缚一条带子，使得束帛座中部鼓起，侧面看起来上部、中部、下部三部分凸出。在束帛座中部一般用斜线菱形格纹表示布帛的纹饰，下部雕刻圆弧状的布帛下摆。例如，印度阿玛拉瓦蒂出土的 2 世纪的佛传故事石刻上，占梦场景中的占梦师和摩耶夫人所坐者即是这类束帛座的样式[②]（图 3-2）。印度纳加尔朱纳康达出土的 3 世纪后半叶的佛传故事石刻上，占梦场景中的占梦师和摩耶夫人也坐于这类束帛座上[③]（图 3-3）。还有纳加尔朱纳康达出土的 3 世纪后半叶表现难陀出家的石刻上，难陀也坐于这类束帛座上[④]（图 3-4）。类似的图像在纳加尔朱纳康达出土的石刻上还有不少，如窣堵波石刻[⑤]（图 3-5）等。由此

① 〔日〕肥塚隆、宮治昭：《世界美術大全集・東洋編》第13巻《インド（1）》，小学館，2000年，第33頁，図版27。

② 〔日〕肥塚隆、宮治昭：《世界美術大全集・東洋編》第13巻《インド（1）》，小学館，2000年，第130頁，図版112。

③ 〔日〕肥塚隆、宮治昭：《世界美術大全集・東洋編》第13巻《インド（1）》，小学館，2000年，第144頁，図版128。

④ 〔日〕肥塚隆、宮治昭：《世界美術大全集・東洋編》第13巻《インド（1）》，小学館，2000年，第149頁，図版132—134。

⑤ 〔日〕肥塚隆、宮治昭：《世界美術大全集・東洋編》第13巻《インド（1）》，小学館，2000年，第143頁，図版127。

图3-1　印度中央邦巴尔胡特塔栏楯上的雕刻

图3-2　印度阿玛拉瓦蒂的佛传故事图像（局部）

图3-3　印度纳加尔朱纳康达的佛传故事图像（局部）

图3-4　印度纳加尔朱纳康达的难陀出家图像（局部）

可见，这类束帛座主要流行于南印度地区。

在南印度造像中的藤座，还有一种上下对称、束腰、形如腰鼓的藤编器物，如在前文提到的纳加尔朱纳康达出土的3世纪后半叶的佛传故事石刻上就可以看到。但从画面中的特征来看，它们置于人物面前，原来是用来置物的，而不是坐具。

从印度恒河流域及南印度的佛教造像来看，与中国的藤座、束帛藤座等相似或者接近的图像，几乎不见于佛教造像上，也就是说无法在这些造像上找到中国同类器物的祖型。从这一现象来看，中国的藤座、束帛藤座直接来自印度这一点似乎可能性较小，可能存在一个发展演变过程。也就是说，得从别处的造像探讨其传入的

图3-5　印度纳加尔朱纳康达的窣堵波石刻图像

问题。这里沿着北传佛教的传播路线，将着眼点放在下一个重要的地区，这一地区就是犍陀罗地区。

二、巴基斯坦犍陀罗地区造像中的束帛藤座

在目前所知的巴基斯坦犍陀罗造像中，各类束帛座常见，而且较为清晰。虽然与中国新疆等地区的束帛座有一定的差异，但如果仔细观察，可以看到在其侧面有明显而清晰的藤编纹理。从造像的正面观察，其形制可以分为方形和圆形两种。但不论是方形还是圆形，其上部都束帛，由于其下垂的布帛边缘不及座的中部，可以观察到暴露出的藤条编织形成的各种镂空状花纹。在图像资料中，圆形束帛藤座占绝大多数，而方形或者长方形束帛藤座则数量较少。从图像资料的表现方式看，这类束帛座实际上是在藤座上束帛，可称之为“束帛藤座”。按照其形制可以分为A、B二型。

A型　束帛藤座呈横长方形或者方形。

日本平山郁夫丝绸之路美术馆收藏的莲花手交脚弥勒菩萨像，坐于横长方形的束帛藤座上[①]（图3-6）。日本静冈县妙法寺收藏的结跏趺坐的菩萨像，坐于方形的束帛藤座上，手执净瓶[②]（图3-7）。

B型　束帛藤座呈圆形。

圆形束帛藤座可以分为三种：一是上下大小一致，犹如圆筒状；二是上部略小，下部略宽大，顶面呈圆弧形，上部束帛；三是犹如圆筒状，但上下出沿，隐约可见上部的束帛。为了叙述方便，分别用Ba、Bb、Bc型来表示。

Ba型　呈圆筒状。在目前所知的例子中，这类束帛座在犍陀罗造像中占比较高，为绝大多数，是一种普遍的存在。相对而言，菩萨的束帛座雕刻得比较华丽，往往多以镂空技法雕刻出藤条编织形成的花纹。而其他一些个体较小的造像的束帛座，雕刻得比较简约或者粗糙。比较典型的有以下几例。

巴基斯坦白沙瓦博物馆藏的表现释迦婚礼的造像中，耶输陀罗坐于圆形束帛座上，在其前方是熊熊燃烧的火焰[③]（图3-8）。

日本松户市立博物馆[④]、松冈美术馆分别收藏一尊半跏思惟菩萨像（图3-9、3-10），均坐于圆形束帛座上，上半部束帛，下半部露出采用镂空技法雕刻的藤条编织的

---

① 〔日〕財団法人平山郁夫シルクロード美術館：《ガンダーラ 仏像のふるさと》，財団法人平山郁夫シルクロード美術館，2009年，第40頁，図版29。

② 〔日〕奈良国立博物館：《日本仏教美術の源流》，天理時報社，1978年，第4頁，図版2。

③ 笔者于2019年2月拍摄于巴基斯坦白沙瓦博物馆。

④ 〔日〕松户市立博物館：《開館5周年記念特別展——シルクロードとガンダーラ》，大塚巧芸社，1997年，第23、63頁，図版36。

图3-6 日本平山郁夫丝绸之路美术馆藏
犍陀罗莲花手交脚弥勒菩萨像

图3-7 日本静冈县妙法寺藏犍陀罗结跏趺坐
菩萨像

图3-8 巴基斯坦白沙瓦博物馆藏释迦婚礼造像

图3-9 日本松户市立博物馆藏
犍陀罗半跏思惟菩萨像

图3-10 日本松冈美术馆藏犍陀罗半跏思惟菩萨像

花纹[①]。

英国伦敦大英博物馆收藏的半跏思惟菩萨像（图 3-11）及伦敦私人收藏的半跏思惟菩萨像（图 3-12），均坐于圆筒状束帛座上，上半部束帛，下半部露出采用镂空技法雕刻的藤条编织的花纹[②]。

日本平山郁夫丝绸之路美术馆收藏的半跏思惟菩萨像[③]（图 3-13）、印度加尔各答博物馆收藏头部缺失的半跏思惟菩萨像[④]（图 3-14）、澳大利亚新南威尔士州美术馆收藏半跏思惟菩萨像[⑤]（图 3-15），其中的束帛藤座均呈圆筒状，侧面可以清晰地看到采用镂空技法雕刻的藤条编织的花纹。

图3-11 英国伦敦大英博物馆藏犍陀罗半跏思惟菩萨像

一些交脚弥勒菩萨像也采用这种束帛藤座，但与半跏思惟菩萨像相比较，数量较为罕见，如英国伦敦大英博物馆收藏的 1 件交脚弥勒菩萨坐像所坐的束帛藤座[⑥]（图 3-16）。

日本私人收藏的 1 尊北朝末至隋代或者北周的黄花石半跏思惟菩萨像（图 3-17），其藤座与已经本土化了的束帛藤座相比较，形制较为特殊，仍然保留着犍陀罗地区圆筒状束帛藤座的样式，这也是目前所知唯一与犍陀罗造像中的束帛座完全相同的造像[⑦]。虽然它是唯一的，但对于

① 〔日〕松冈美術館：《館藏古代東洋雕刻》，松冈美術館，1994年，第23頁，図版36；〔日〕栗田功：《ガンダーラの美術（Ⅱ）》（改訂增補版），二玄社，2003年，第61頁，図版151。

② 〔日〕栗田功：《ガンダーラの美術（Ⅱ）》（改訂增補版），二玄社，2003年，第17、56頁，図版26、139。

③ 〔日〕龍谷大学龍谷ミュージアム：《平山郁夫 悠久のシルクロード》，龍谷大学龍谷ミュージアム、日本経済新聞社、京都新聞社，2013年，第88頁，図版69。

④ 〔日〕栗田功：《ガンダーラの美術（Ⅱ）》（改訂增補版），二玄社，2003年，第157頁，図版156。

⑤ 星云大师总监修，罗世平、如常主编：《世界佛教美术图说大典・雕塑③》，湖南美术出版社，2017年，第1150页。

⑥ 〔日〕栗田功：《ガンダーラの美術（Ⅱ）》（改訂增補版），二玄社，2003年，第29頁，図版61。

⑦ 〔日〕長広敏雄：《世界美術全集》第14巻《中国（3）六朝》，角川書店，1963年，彩版21。

图3-12　英国伦敦私人藏犍陀罗半跏思惟菩萨像

图3-13　日本平山郁夫丝绸之路美术馆藏犍陀罗半跏思惟菩萨像

图3-14　印度加尔各答博物馆藏犍陀罗半跏思惟菩萨像

图3-15　澳大利亚新南威尔士州美术馆藏犍陀罗半跏思惟菩萨像

图3-16　英国伦敦大英博物馆藏犍陀罗交脚弥勒菩萨坐像

图3-17　日本私人藏半跏思惟菩萨像

了解犍陀罗造像中的“束帛藤座”对中国的影响，其意义却是巨大的，或者说这是一个非常重要的线索。同时，对于在下部加饰莲瓣的束帛藤座传播的研究，也具有重要的参考意义。

Bb型 上部略小，下部宽大，顶面呈圆弧形，上部束帛。这类束帛藤座比较多见于佛传故事的占梦部分，为占梦师所坐，但数量较少，如巴基斯坦白沙瓦博物馆收藏的占梦场景中的占梦师所坐者①（图3-18）。

Bc型 形如圆筒，上下出沿。这类束帛藤座出现于犍陀罗造像佛传故事的占相部分，一般占相师坐于其上，如日本私人收藏的一件犍陀罗造像上占相师所坐者，侧面以斜线刻出菱形格纹饰②（图3-19）。在犍陀罗龛像中的半跏思惟菩萨像，也有思惟菩萨坐于其上者，如日本私人收藏的一尊半跏思惟菩萨像龛像，思惟菩萨即坐于形如圆筒上下出沿的束帛藤座上③（图3-20）。

将上述分类的结果，与中国境内的古龟兹地区石窟壁画中的束帛藤座进行比较，可知其中的Ba、Bb型对其影响较大，是古龟兹地区图像资料中的束帛藤座的源头。下面接着来论述古龟兹地区图像资料中的束帛藤座。

图3-18 巴基斯坦白沙瓦博物馆藏犍陀罗佛传故事的占梦画面

① 笔者拍摄于巴基斯坦白沙瓦博物馆。

② 〔日〕栗田功：《ガンダーラの美術（Ⅱ）》（改訂増補版），二玄社，2003年，第61頁，図版70。

③ 〔日〕栗田功：《ガンダーラの美術（Ⅱ）》（改訂増補版），二玄社，2003年，第60頁，図版147。

图3-19　日本私人藏的犍陀罗造像中的占相画面

图3-20　日本私人藏犍陀罗半跏思惟菩萨像

三、新疆地区石窟壁画中所见的束帛藤座

新疆地区的束帛藤座，主要见于古龟兹地区石窟寺壁画，其形象与犍陀罗地区造像中的 Ba、Bb 型束帛藤座相似，明显地受到了其影响，但也有较大变化。在造型上古龟兹地区的束帛藤座吸收了 Ba 型的高大，借鉴了 Bb 型上部呈圆弧形的特点，将两者结合在一起，从而表现出强烈的地域性特征。其形制特征表现为：束帛座整体较宽大，束腰部分更加明显并束色彩对比强烈的宽带，上面所束之布帛下垂至束腰部分以下，有的则几乎与座底边沿平齐，视觉效果更为宽大、舒适和柔软，但一般情况下未露出藤条编织形成的纹理。由于是彩色壁画，束帛及束腰部分的带子色彩鲜明清晰，而且其束缚的样式也极其逼真。这些束帛座上所束缚之布帛，其色彩有白色、蓝色等，表面以颜色或淡或深的纵向线条表示所束布帛包裹藤座时形成的褶皱，同时在束帛的下部边沿还绘制出波浪状边饰。束腰部分的带子不仅较宽而且多呈白色，以白色表现的束帛和带子，可能就是文献中所说的“白叠（棉布）”吧。古龟兹地区的束帛座，以拜城克孜尔石窟壁画中所绘者为代表，可以称之为“龟兹式束帛藤座”。从克孜尔石窟壁画中坐这类束帛藤座的人物来看，主要为半跏思惟菩萨、听法菩萨、仙人、金刚力士、妓女、外道等，鲜有以之为佛座者。比较典型的有以下几例。

（1）第 123 窟主室正壁左甬道上方的树下观耕图中，菩萨半跏趺坐，束帛座虽残缺，但仍然可以看出其形状为束腰形，所束布帛为白色，不及座子底部，以宽带束腰，下半部露出编织藤条形成的花纹，不过绘制得较为复杂[①]（图 3-21）。类似的坐于束帛座

① 新疆龟兹石窟研究所编：《中国新疆壁画·龟兹》，新疆美术摄影出版社，2008年，第153页，图版一三六。

上的半跏思惟菩萨像也见于克孜尔石窟第123窟主室正壁北甬道口上方[①]（图3-22），其中的束帛座下部露出与犍陀罗造像中的束帛藤座极其相似的藤条编制形成的纹理，这幅图像为辨认那些未露出这种编织纹理的藤座提供了有力证据。

（2）第38窟前壁窟门上方左右两侧的半跏思惟菩萨像[②]（图3-23），束帛藤座的样式与树下观耕图中的半跏思惟菩萨像相一致。

（3）第14窟正壁龛左侧的听法菩萨像，其下部绘制一个硕大的上部呈白色、下部边缘呈蓝色的束帛藤座[③]（图3-24），看起来较为宽大。

（4）第14窟主室券顶右侧壁“兔焚身施仙人本生”壁画中，仙人所坐束帛藤座，上部呈白色，并以红褐色双线表示束帛的褶皱[④]（图3-25）。

图3-21　新疆拜城克孜尔石窟第123窟主室正壁左甬道上方树下观耕图

图3-22　新疆拜城克孜尔石窟第123窟主室正壁北甬道口上方半跏思惟菩萨像

① 新疆维吾尔自治区文物管理委员会、拜城县克孜尔千佛洞文物保管所、北京大学考古系：《中国石窟·克孜尔石窟（三）》，文物出版社，1997年，图版198。

② 新疆维吾尔自治区文物管理委员会、拜城县克孜尔千佛洞文物保管所、北京大学考古系：《中国石窟·克孜尔石窟（一）》，文物出版社、株式会社平凡社，1989年，图版87—88。

③ 新疆维吾尔自治区文物管理委员会、拜城县克孜尔千佛洞文物保管所、北京大学考古系：《中国石窟·克孜尔石窟（一）》，文物出版社、株式会社平凡社，1989年，图版41。

④ 新疆龟兹石窟研究所编：《中国新疆壁画·龟兹》，新疆美术摄影出版社，2008年，第77页，图版六六。

1

2

图3-23　新疆拜城克孜尔石窟第38窟前壁窟门上方半跏思惟菩萨像

1. 左侧　2. 右侧

图3-24　新疆拜城克孜尔石窟第14窟正壁龛左侧听法菩萨像

图3-25　新疆拜城克孜尔石窟第14窟主室券顶右侧壁“兔焚身施仙人本生”壁画

（5）第 14 窟券顶东侧壁菱形格本生故事画中，绘制的菩萨坐于束帛藤座之上，所束布帛呈白色，边缘部分呈蓝色，束在座子腰部的带子呈黑色，下部露出藤座本体，以斜线菱形格纹表示藤编纹理①（图 3-26）。

（6）第 175 窟主室正壁绘制的金刚力士坐于束蓝色布帛的藤座上，束腰部分的带子呈以白色勾边的深蓝色②（图 3-27）。类似的坐于束帛藤座上的金刚力士，也见于新疆库车森木塞姆石窟第 41 窟主室正壁③（图 3-28）。

（7）第 178 窟主室左壁佛像右侧的妓女菴摩罗女坐于束蓝色布帛的藤座上，束腰部分的带子呈白色，束帛藤座下部露出以赭色勾边的编织藤条形成的花瓣状纹理（图 3-29）。佛像左侧的妓女菴摩罗女则坐于束蓝色布帛的藤座上，束腰部分的带子呈白色④（图 3-30）。

图3-26　新疆拜城克孜尔石窟第14窟券顶东侧壁菱形格本生故事画

图3-27　新疆拜城克孜尔石窟第175窟主室正壁绘制的金刚力士像

① 新疆维吾尔自治区文物管理委员会、拜城县克孜尔千佛洞文物保管所、北京大学考古系：《中国石窟·克孜尔石窟（一）》，文物出版社、株式会社平凡社，1989年，图版47。

② 新疆龟兹石窟研究所编：《中国新疆壁画·龟兹》，新疆美术摄影出版社，2008年，第114页，图版一〇〇。

③ 新疆龟兹石窟研究所编：《中国新疆壁画·龟兹》，新疆美术摄影出版社，2008年，第290页，图版二六一。

④ 新疆龟兹石窟研究所编：《中国新疆壁画·龟兹》，新疆美术摄影出版社，2008年，第164页，图版一四五。

图3-28 新疆库车森木塞姆石窟第41窟主室正壁金刚力士像

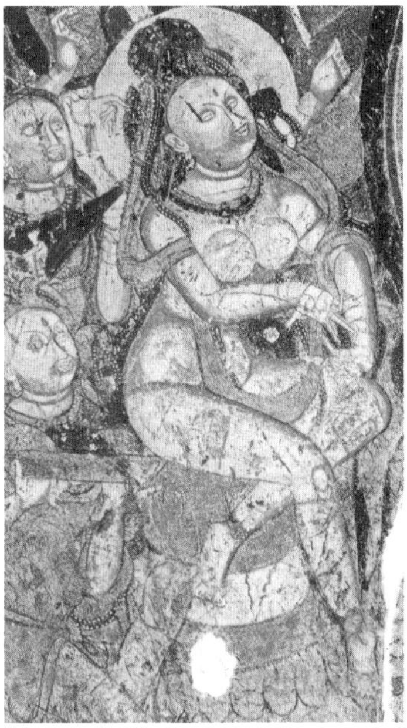
图3-29 新疆拜城克孜尔石窟第178窟主室左壁佛像右侧妓女菴摩罗女像

图3-30 新疆拜城克孜尔石窟第178窟主室左壁佛像左侧妓女菴摩罗女像

（8）第80窟主室正壁上方所绘的三个外道像，他们均坐于束帛藤座上（图3-31）。束帛不及座底，帛的色彩有白色、绿色，下部露出的座本身呈绿色、蓝色。中央外道所坐者，还绘出藤条编织形成的花纹[①]。

在古龟兹壁画中，还可见一种方形的藤编座，但比较少见，不属于新疆地区代表性的束帛藤座，如拜城克孜尔石窟第207窟主室右壁壁画中的执金刚神所坐者[②]（图3-32），即是此类。这类束帛座与犍陀罗地区的A型束帛座比较接近，可能是受其影响的结果。

四、敦煌至长安以西地区的束帛藤座

在甘肃敦煌莫高窟、永靖炳灵寺及酒泉北凉石塔等的壁画、塑像及线刻中，宽大的束帛藤座与细高的上下对称的腰鼓形束帛座并存，而以后者为主。根据其样式的不同，分为二型。

---

① 新疆龟兹石窟研究所编：《中国新疆壁画·龟兹》，新疆美术摄影出版社，2008年，第129页，图版一一三。

② 新疆龟兹石窟研究所编：《中国新疆壁画·龟兹》，新疆美术摄影出版社，2008年，第134页，图版一一八。

图3-31　新疆拜城克孜尔石窟第80窟主室正壁上方外道像

图3-32　新疆拜城克孜尔石窟第207窟主室右壁的执金刚神像

A型　呈宽大的上下不对称的束腰状，束腰在其中部而且较为明显，并可见凸起的束腰帛带之类，表面所束布帛的褶皱以纵向阴线条刻成平行线状。这种形制的束帛藤座在敦煌莫高窟多见于泥塑，个别的也见于壁画中。比较典型的是莫高窟北凉时期第275窟中南、北壁对树龛中半跏思惟菩萨像所坐者[①]（图3-33）。在西魏第285窟南壁绘制的五百强盗成佛图中，佛陀坐于宽大的上部束缚白色布帛的藤座上[②]（图3-34）。

从莫高窟这种束帛藤座的形制来看，其似乎更多地受到了"龟兹式束帛座"的影响，可以推测这种束帛藤座是自西向东传播的，并沿着河西走廊一直传播至炳灵寺一带，如甘肃酒泉北凉石塔上雕刻的佛教造像中也有坐于束帛座上的线刻菩萨像。例如，北凉承阳二年（426年）马德惠造石塔上部侧面线刻的说法弥勒菩萨像所坐的束帛藤座[③]（图3-35）；北凉承玄元年（428年）高善穆塔（图3-36）和北凉太缘二年（436年）程段儿造石塔（图3-37）下部线刻神王所坐的束帛藤座[④]；永靖炳灵寺石窟第169窟第

① 敦煌研究院主编：《敦煌石窟艺术全集》21《石窟建筑卷》，同济大学出版社，2016年，第67页，图版39。

② 敦煌研究院主编：《敦煌石窟艺术全集》18《山水画卷》，同济大学出版社，2016年，第27页，图版14。

③ 甘肃省博物馆编，俄军主编：《甘肃博物馆文物精品图集》，三秦出版社，2006年，第180、181页。

④ 张宝玺：《北凉石塔艺术》，上海辞书出版社，2006年，第96、97、116、120页；赵荣主编：《长安丝路东西风》，三秦出版社，2018年，第58页，"佛陀东渐"部分的图版五。

1　2　3

图3-33　甘肃敦煌莫高窟第275窟半跏思惟菩萨像

1. 南壁对树龛　2、3. 北壁对树龛

图3-34　甘肃敦煌莫高窟西魏第285窟南壁五百强盗成佛图（局部）

图3-35　甘肃北凉承阳二年（426年）马德惠造石塔上部侧面的线刻说法弥勒菩萨像

图3-36　甘肃北凉承玄元年（428年）高善穆塔下部神王像线刻图

17龛中西秦时期思惟菩萨像所坐的束帛藤座[①]（图3-38），第169窟第12龛中西秦时期的交脚菩萨像所坐的束帛藤座[②]（图3-39），从侧面可以看出束缚有两道宽带状布帛。这种形制的束帛藤座在河西走廊以东地区的造像中仍然可以看到，如甘肃天水麦积山石窟第100号北魏交脚弥勒菩萨像、第148窟正壁左侧北魏半跏思惟菩萨像、第169龛北魏交脚弥勒菩萨像（图3-40）等，前两者露出下部呈八字形外撇的硕大束帛藤座，但未露出上半部，束帛其以阴线表示[③]，而第169龛则雕塑逼真，布帛及束带明显。这种束帛座在河西走廊以东地区的单体造像中也有发现，如美国华盛顿佛利尔美术馆收藏的北魏永平四年（511年）姚羌□造像，背面上部雕刻的交脚弥勒菩萨坐于一个硕大的束帛座之上[④]（图3-41）。另外，下文要讨论的关中地区及邺城、青州地区为中心的东魏、北齐时期的束帛座中，也可以看到其形象或者因素，说明其传播路线与佛教的传

① 甘肃省文物工作队、炳灵寺文物保管所：《中国石窟·永靖炳灵寺》，文物出版社，1989年，第130页，图二九。

② 甘肃炳灵寺文物保护研究所编：《中国石窟艺术·炳灵寺》，江苏凤凰美术出版社，2015年，第106页，图版88。

③ 文化部社会文化事业管理局编：《麦积山石窟》，文物出版社，1954年，图版八七；中国美术全集编辑委员会编：《中国美术全集·雕塑编8·麦积山石窟雕塑》，人民美术出版社，1988年，第18、26页，图版一七、二四。

④ 星云大师总监修，罗世平、如常主编：《世界佛教美术图说大典·雕塑③》，湖南美术出版社，2017年，第1207页。

图3-37 甘肃北凉太缘二年（436年）程段儿造石塔下部神王像线刻图

图3-38 甘肃永靖炳灵寺石窟第169窟第17龛西秦时期思惟菩萨像

图3-39 甘肃永靖炳灵寺石窟第169窟第12龛西秦时期交脚菩萨像

图3-40 甘肃天水麦积山石窟第169龛北魏交脚弥勒菩萨像

图3-41　美国华盛顿佛利尔美术馆藏北魏永平四年（511年）姚羌□造像背面

播路线大体上是吻合的。

B 型　呈上下对称的束腰状，整体高瘦，这种束帛座未见于敦煌以西地区，应该是在“龟兹式束帛座”的基础上演变而来，属于新兴起的束帛藤座。根据其上下边沿有无莲瓣，可以分为以下二亚型。

Ba 型　上下边沿无莲瓣。

在莫高窟北凉时期第 275 窟月光王施头本生故事画中，月光王所坐束帛座即为上下沿无莲瓣者，束帛座的侧面以纵向分布的黑白两色表示束帛[①]（图 3-42）；甘肃秦安出土的北周保定四年（564 年）王文超造像碑维摩诘和文殊所坐的束帛藤座[②]（图 3-43），还略带“龟兹式束帛藤座”的影子，显得宽大；莫高窟初唐时期第 331 窟东壁窟门上部绘制的法华经变中，四天王所坐者呈上下对等的束腰状，特别是其中两个天王所坐者，侧面褐色及绿色相间，腰部束一白色的带子，显然为束帛座。另外两个天王所坐者，虽然为单一的绿色及深黑色，但其坐具束腰部分的带子则很明显，分别呈黑色及白色，说明也是束帛藤座[③]（图 3-44）。但从整个莫高窟等地区的图像资料来看，这种束帛座的数量明显不占主流。

Bb 型　上下边沿绘制或塑莲瓣。

这种类型的束帛座虽然也呈上下对称状，但在上下边沿加上了莲瓣，形成了束腰形莲花座。这似乎可以看作是后来束腰较高、上下沿饰莲瓣的所谓“莲花座”的雏形。这种形制的束帛藤座大量流行于隋唐时期，流行时间较长。例如，莫高窟第 295 窟隋代涅槃变相中，涅槃佛像头部一端所绘制的佛母摩诃摩耶所坐者[④]（图 3-45），其表面光素，未绘制出布帛褶皱，也未见露出藤条，但腰部明显可以看出束带，似乎暗示其上

① 敦煌文物研究所：《中国石窟 · 敦煌莫高窟（一）》，文物出版社、株式会社平凡社，1982 年，图版14。

② 甘肃省博物馆编，俄军主编：《甘肃博物馆文物精品图集》，三秦出版社，2006年，第193页。

③ 敦煌研究院主编：《敦煌石窟艺术全集》7《法华经画卷》，同济大学出版社，2016年，第47页，图版34。

④ 敦煌文物研究所：《中国石窟 · 敦煌莫高窟（二）》，文物出版社、株式会社平凡社，1984 年，图版41。

图3-42　甘肃敦煌莫高窟北凉时期第275窟月光王施头本生故事画

图3-43　甘肃秦安出土北周保定四年（564年）王文超造像碑

图3-44　甘肃敦煌莫高窟初唐时期第331窟东壁窟门上部法华经变（局部）

束缚有平整无褶皱的布帛之类。但在其他壁画或者塑像中，则直接以色彩表示交叉状的藤条，暗示其上未束布帛。例如，莫高窟隋代第417窟西龛外南北两侧泥塑而成的半跏思惟菩萨像所坐者①（图3-46），莫高窟隋代第423窟窟顶西坡绘制的半跏趺坐摩顶授记、供养弥勒中的弥勒菩萨所坐者②（图3-47、3-48）。不过，值得注意的是，不论是泥塑还是绘画，这种形制的束帛座，均用色彩绘制出编织的藤条，而未见所束之布帛，是名副其实的"藤座"。从时代上而言，这种样式的藤座或束帛藤座在敦煌莫高窟出现的年代，要晚于将在下文讨论的以邺城、青州地区为中心的东魏、北齐时期造像中上下对称饰莲瓣的束帛藤座，这似乎反映了敦煌莫高窟与这一地区之间的关系。虽然这种上下边沿绘制或塑莲瓣的藤座在敦煌莫高窟出现时代较晚，但流行于敦煌莫高窟壁画或塑像中。

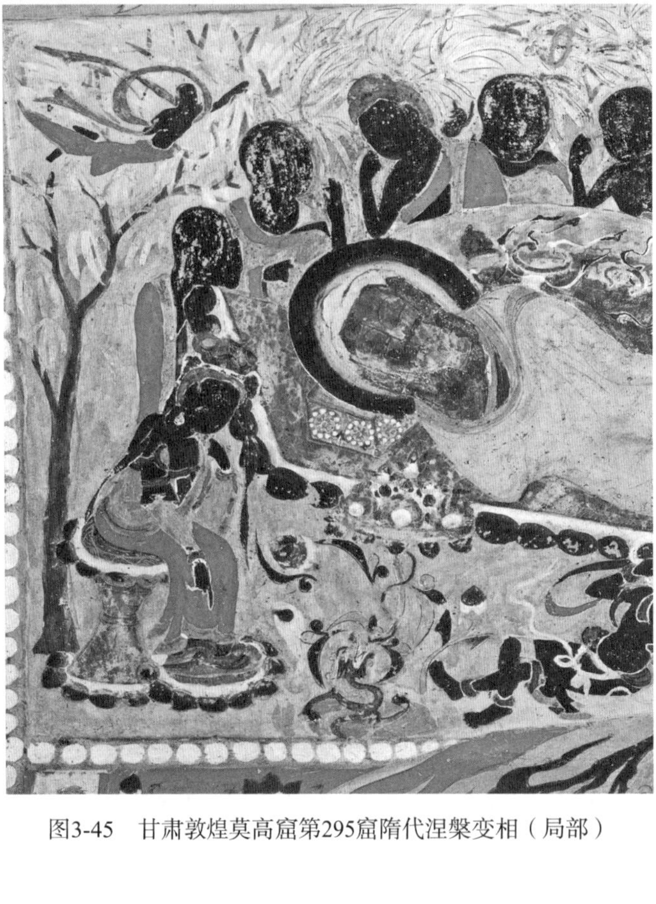

图3-45　甘肃敦煌莫高窟第295窟隋代涅槃变相（局部）

图3-46　甘肃敦煌莫高窟隋代第417窟西龛外南北两侧泥塑半跏思惟菩萨像

① 敦煌研究院主编：《敦煌石窟艺术全集》8《塑像卷》，同济大学出版社，2016年，第69页，图版49、50。

② 敦煌研究院主编：《敦煌石窟艺术全集》6《弥勒经画卷》，同济大学出版社，2016年，第36、37页，图版17、18。

图3-47 甘肃敦煌莫高窟隋代第423窟窟顶西坡供养弥勒菩萨像

图3-48 甘肃敦煌莫高窟隋代第423窟窟顶西坡弥勒菩萨摩顶授记像

在甘肃敦煌莫高窟、永靖炳灵寺、天水麦积山的塑像或者壁画中，古龟兹壁画中常见的宽大矮胖的“龟兹式束帛座”虽然也有，但数量较少，可见这种束帛座在河西一带的影响已处于末流。自龟兹至敦煌，这种形制的束帛座的承袭关系非常明显。所不同的是，敦煌莫高窟所见的宽大束帛座，因为是塑像，其侧面表示布帛褶皱者为阴刻线条。

五、云冈石窟及其影响下的束帛座

（一）云冈石窟中的束帛座

山西大同云冈石窟的束帛座颇有特点，其上部的束帛呈向内弯曲的样式，从视觉效果上而言，大多数坐于其上的半跏思惟菩萨、供养菩萨等的臀部与座上部表面偏离，好像没有在其上坐实一般，画面不大协调，而且束帛座的上部明显呈向后侧弯曲的圆弧状。这种不协调感，似乎暗示了当时北魏平城一带的人们，对于这种座子本身并不熟悉，仅凭粉本进行雕刻，没有从其实际的视觉效果去考虑。特别是在早期石窟中，

图3-49　山西大同云冈石窟第18窟南壁下层西侧龛

竟然在束帛藤座上方或侧面又雕刻垫子或者带足的坐具，如早期的第18窟南壁下层西侧龛两侧的半跏思惟菩萨像[①]（图3-49）、第17窟明窗东壁龛交脚弥勒两侧的半跏思惟菩萨像[②]（图3-50）所坐的束帛藤座即是这种样式[③]，可见雕刻者确实不熟悉“束帛藤座”。坐于其上者以半跏思惟菩萨像为主。束帛藤座侧面以阴刻线条表示布帛的褶皱。这种石雕样式影响极为广泛，似乎可以称为“云冈式束帛藤座”。在洛阳、长安等地区同时代或者稍晚的佛教造像中多见这种束帛藤座，可见它们基本是以云冈石窟中所雕刻的束帛藤座为粉本雕刻的，并形成了流行相同的“云冈式束帛藤座”的区域，这个区域就具体地点而言，有云冈石窟、龙门石窟、关中地区等。

在云冈石窟中，坐于束帛藤座上的尊像身份较为固定，主要为半跏趺坐思惟菩萨，

图3-50　山西大同云冈石窟第17窟明窗东壁龛

① 云冈石窟文物保管所：《中国石窟·云冈石窟（二）》，文物出版社、株式会社平凡社，1994年，图版一七四。

② 张焯主编：《中国石窟艺术·云冈》，江苏美术出版社，2011年，第170页，图版135。

③ 中国石窟雕塑全集编辑委员会编：《中国石窟雕塑全集》3《云冈》，重庆出版社，2001年，第212页，图版二一二，说明文字参见第76页。

也有少量的占相的阿私陀、鹿头梵志、婆薮仙、鬼子母和半支迦、供养天人（僧侣）。还有一些站立菩萨像下面也雕刻束帛藤座作为座子，个别的上部表面雕刻出一个较为低矮的小平台。在云冈石窟第6窟佛传故事出东门见老人图像中，老人也坐于束帛座上。维摩诘像中也有坐于束帛藤座上者，但束帛藤座较为低矮、宽大，与上述高瘦的束帛座不同。云冈石窟中的束帛藤座数量较多，下面以人物身份为序列举几例。

（1）半跏思惟菩萨像类：第19-1窟前壁下层龛内两侧的半跏思惟菩萨像（图3-51）[①]、第5窟南壁龛内两侧半跏思惟菩萨像[②]（图3-52）、第10窟前室西壁第三层交脚弥勒菩萨两侧的半跏思惟菩萨像[③]（图3-53）、第11窟中心柱南面上层龛内两侧的半跏思惟菩萨像[④]（图3-54）等。

（2）善跏趺坐菩萨像类：第7窟主室西壁一佛二菩萨像中菩萨所坐者[⑤]（图3-55），也有人认为表现的是梵天劝请的题材。

（3）站立的供养菩萨像类：第7窟后室南壁明窗东壁（图3-56）、西壁（图3-57）

图3-51　山西大同云冈石窟第19-1窟前壁下层龛

图3-52　山西大同云冈石窟第5窟南壁龛

① 中国石窟雕塑全集编辑委员会编：《中国石窟雕塑全集》3《云冈》，重庆出版社，2001年，第220页，图版二二〇，说明文字参见第76页。

② 张焯主编：《中国石窟艺术·云冈》，江苏美术出版社，2011年，第60页，图版21。

③ 中国石窟雕塑全集编辑委员会编：《中国石窟雕塑全集》3《云冈》，重庆出版社，2001年，第108页，图版一〇七，说明文字参见第37页。

④ 中国石窟雕塑全集编辑委员会编：《中国石窟雕塑全集》3《云冈》，重庆出版社，2001年，第126页，图版一二五，说明文字参见第44页

⑤ 张焯主编：《中国石窟艺术·云冈》，江苏美术出版社，2011年，第71页，图版67。

图3-53　山西大同云冈石窟第10窟前室西壁第三层龛

站立的供养菩萨像[①]及第8窟后室南壁明窗西壁的供养菩萨像（图3-58）[②]等，均站立在束帛藤座上。

（4）比丘类：第18窟南壁比丘图像中的束帛藤座[③]（图3-59）。

（5）阿私陀占相：第6窟中心柱下层北面阿私陀占相图像中，阿私陀所坐束帛藤座[④]（图3-60）。

（6）鹿头梵志和婆薮仙类：第9窟前室北壁明窗东西两侧的鹿头梵志和婆薮仙坐像[⑤]（图3-61），第12窟前室西壁第三层南侧说法图像中的鹿头梵志和婆薮仙[⑥]（图

图3-54　山西大同云冈石窟第11窟中心柱南面上层龛

图3-55　山西大同云冈石窟第7窟主室西壁龛

① 云冈石窟文物保管所：《中国石窟·云冈石窟（一）》，文物出版社、株式会社平凡社，1991年，图版151、152。

② 云冈石窟文物保管所：《中国石窟·云冈石窟（一）》，文物出版社、株式会社平凡社，1991年，图版186。

③ 张焯主编：《中国石窟艺术·云冈》，江苏美术出版社，2011年，第181页，图版149。

④ 云冈石窟研究院编，张焯主编：《云冈石窟》，文物出版社，2008年，第45页；张焯主编：《中国石窟艺术·云冈》，江苏美术出版社，2011年，第79页，图版43。

⑤ 云冈石窟文物保管所：《中国石窟·云冈石窟（二）》，文物出版社、株式会社平凡社，1994年，图版6、7。

⑥ 中国石窟雕塑全集编辑委员会编：《中国石窟雕塑全集》3《云冈》，重庆出版社，2001年，第150页，图版一四九，说明文字参见第52页

图3-56　山西大同云冈石窟第7窟后室南壁明窗东壁供养菩萨像

图3-57　山西大同云冈石窟第7窟后室南壁明窗西壁供养菩萨像

图3-58　山西大同云冈石窟第8窟后室南壁明窗西壁供养菩萨像

图3-59　山西大同云冈石窟第18窟南壁比丘图像

图3-60　山西大同云冈石窟第6窟中心柱下层北面阿私陀占相图

图3-61 山西大同云冈石窟第9窟前室北壁明窗东西两侧的鹿头梵志和婆薮仙像

3-62)，第1窟南壁中层东侧造像中瘦骨嶙峋的外道人物（图3-63）[①]等，其中的鹿头梵志等人物均坐于束帛藤座上。

（7）鬼子母和半支迦类：第9窟后室南壁第二、三层西侧下方龛内的鬼子母和半支迦所坐束帛藤座[②]（图3-64）。

（8）老人：第6窟后室东下层南侧佛传故事中的出东门见老人图像中，老人坐于束帛座上[③]（图3-65）。

在云冈石窟的一些龛外两侧下方，也雕刻出束帛藤座，不过其上站立着自龛楣部延伸下来的龙的前半身，如第7窟后室上层佛龛多如此，有的相邻佛龛龛尾的龙身还共用一个束帛藤座，其中后室上层西南角佛龛即是如此[④]（图3-66）。有的下部还有力士承托，如第13窟东壁第四层中间龛两侧的龛柱，分别有一个站立的力士双手托起束帛

① 中国石窟雕塑全集编辑委员会编：《中国石窟雕塑全集》3《云冈》，重庆出版社，2001年，第7页，图版五，说明文字参见第2页。

② 云冈石窟文物保管所：《中国石窟·云冈石窟（二）》，文物出版社、株式会社平凡社，1994年，图版42。

③ 中国石窟雕塑全集编辑委员会编：《中国石窟雕塑全集》3《云冈》，重庆出版社，2001年，第46页，图版四四，说明文字参见第16页。

④ 云冈石窟文物保管所：《中国石窟·云冈石窟（一）》，文物出版社、株式会社平凡社，1991年，图版145。

图3-62　山西大同云冈石窟第12窟前室西壁第三层南侧说法图

图3-63　山西大同云冈石窟第1窟南壁中层东侧造像

图3-64　山西大同云冈石窟第9窟后室南壁第二、三层西侧下方龛鬼子母与半支迦

图3-65　山西大同云冈石窟第6窟后室东下层南侧佛传故事

藤座，藤座上部站立龛楣楣尾的反顾的龙的前半身[①]（图3-67）。它们实际上充当了柱头的作用。虽然功能不同，但形状与束帛藤座完全一致，这种样式在其他地区的石窟雕像或者壁画罕见。这似乎更进一步说明，工匠们并不知道这种器物的真实情况。

自北魏中期开始，云冈石窟的束帛藤座发生了一些变化，第一，上部表面开始变得平整，不再像早期那样看起来呈圆弧形；第二，束帛藤座的侧面开始装饰莲瓣纹，并以之代替此前的纵向的褶皱状装饰；第三，束帛藤座开始变得上下对称，其分界线在束腰部分，如第12窟东壁的供养僧侣及供养菩萨像所坐者即是如此[②]（图3-68）。到了

① 中国石窟雕塑全集编辑委员会编：《中国石窟雕塑全集》3《云冈》，重庆出版社，2001年，第162页，图版一六一，说明文字参见第56页。

② 云冈石窟研究院编，张焯主编：《云冈石窟》，文物出版社，2008年，第78页。

图3-66　山西大同云冈石窟第7窟
后室上层西南角龛

图3-67　山西大同云冈石窟第13窟
东壁第四层中间龛

图3-68　山西大同云冈石窟第12窟东壁的供养僧侣及供养菩萨像

北魏晚期开始出现一种不同于上述样式的束帛藤座，除了其上部也呈水平状、以束腰部位为分界线之外，还与侧面形成“折沿”的样子，表面变得光素，不再出现条带状褶皱，如北魏晚期第 26 窟北壁上层交脚弥勒菩萨像两侧的半跏思惟菩萨像所坐的束帛藤座[①]（图 3-69）。这是一个巨大的变化，这种变化被下面要讨论的邺城、青州地区为中心的东魏、北齐造像所继承，并成为其束帛藤座的主要特征。

图3-69 山西大同云冈石窟第26窟北壁上层龛

（二）龙门石窟的束帛座

作为云冈石窟的继承者，河南洛阳龙门石窟及其周围地区的石窟寺造像中所雕刻束帛座大都与云冈相类似。例如，在龙门石窟莲花洞北壁第 6 龛内上方两侧，分别雕刻一尊半跏思惟菩萨像[②]（图 3-70），菩萨所坐束帛座上下对称，较为规整，侧面表现出编织的藤条或者是褶皱较为散乱的束帛。类似的半跏思惟菩萨所坐的束帛藤座在莲花洞第 41 龛龛内左右两侧均有雕刻[③]（图 3-71、3-72），半跏思惟菩萨像与束帛藤座的特征，与第 6 龛龛内图像完全一致。坐于同样的束帛藤座上的半跏思惟菩萨像，也见于

① 中国石窟雕塑全集编辑委员会编：《中国石窟雕塑全集》3《云冈》，重庆出版社，2001年，第235页，图版二三五，说明文字参见第80页。

② 刘景龙编著：《莲花洞——龙门石窟第712窟》，科学出版社，2002年，第114页，图6。

③ 刘景龙编著：《莲花洞——龙门石窟第712窟》，科学出版社，2002年，第163、164页，图59、60。

图3-70　河南洛阳龙门石窟莲花洞北壁第6龛内上方两侧图像

图3-71　河南洛阳龙门石窟莲花洞第41龛龛内左侧图像

图3-72　河南洛阳龙门石窟莲花洞第41龛龛内右侧图像

魏字洞（图 3-73）、普泰洞（图 3-74）等[①]。从龙门石窟北魏时期造像中的束帛藤座来看，其上所坐的思惟菩萨臀部偏离束帛藤座的样子，以及侧面表现的束帛的褶皱特征，都明显是对云冈石窟因素的因循，只是束帛座更加规整了。

图3-73　河南洛阳龙门石窟魏字洞半跏思惟菩萨像

图3-74　河南洛阳龙门石窟普泰洞半跏思惟菩萨像

（三）关中地区的束帛座

关中地区所见北朝时期造像中的束帛藤座明显具有云冈石窟式束帛藤座的特征，只是从其上部表面侧视观察，变得更为平整，臀部偏离束帛藤座的现象少见，但与云冈石窟束帛藤座一样，整体比较高瘦，均在侧面雕刻出束帛的褶皱，这是非常明显的云冈束帛藤座的特征。从具体的造像来看，“云冈式束帛藤座”所占比例较大，仅有极个别可以看到“龟兹式束帛藤座”的因素。关中地区北朝造像中的束帛藤座还出现一些自身特点，如双束帛藤座和加饰莲瓣的束帛藤座等。

A 型　云冈式束帛藤座。这类束帛藤座，以双半跏思惟菩萨所坐者为主，虽然双半跏思惟菩萨像不像云冈石窟那样雕刻于龛内或龛外两侧，但却往往配置于造像碑的两侧或者上方两侧，这显然也受到了云冈石窟的影响。陕西西安博物院藏西安未央区出土的景明四年（503 年）杜供仁造像碑侧面的半跏思惟菩萨坐于束帛藤座上[②]（图

① 中国石窟雕塑全集编辑委员会编：《中国石窟雕塑全集》4《龙门》，重庆出版社，2001年，第61、64页，图版五八、六一，说明文字参见第22、23页。

② 西安市文物保护考古所：《西安文物精华・佛教造像》，世界图书出版公司，2010年，第18页，图版16。

图3-75 陕西西安未央区出土景明四年（503年）杜供仁造像碑侧面

3-75），藤座侧面雕刻出束帛的褶皱，与云冈石窟的束帛藤座基本一致；陕西西安未央区六村堡东席村出土北魏造像碑上方两侧，分别雕刻一尊半跏思惟菩萨像，均坐在束帛藤座上①（图3-76），不论是藤座还是菩萨像的样式都受到了云冈石窟的影响，只是座子上部较为平整；陕西西安碑林博物馆藏北魏造像碑背面上部中央雕刻的弥勒菩萨和中部左侧占相的阿私陀的坐具②（图3-77），都是束帛藤座，其图像虽然以浮雕技法雕刻而成，但束帛的褶皱均呈平行线式；陕西铜川耀州区药王山（以下简称药王山）西魏释迦、多宝佛对坐说法造像碑左侧的降魔成道变相中，释迦牟尼坐于两个束帛藤座上③（图3-78），藤座高瘦，侧面线刻出密集的束帛褶皱，束帛下垂的边沿呈叶片状。

B型 下部装饰莲瓣的束帛藤座。这种样式的束帛藤座比较罕见，目前公布的资料，仅见于药王山造像碑，如药王山西魏释迦、多宝佛对坐说法造像碑碑阳下部释迦与多宝佛分别坐于两个束帛藤座上，束帛藤座下方线刻莲瓣④（图3-79）；北周保定三年（563年）田元族造像碑碑阳说法图中，佛像坐于束帛藤座上（图3-80）等⑤。这在自新疆至云冈、龙门石窟的造像中是非常罕见的，其他的束帛藤座几乎未见佛坐于其上者。又从其下方线刻的莲瓣纹来看，在西魏、北周时期的关中地区已经开始在束帛藤座的下部边沿加饰莲瓣，

---

① 西安市文物保护考古所：《西安文物精华·佛教造像》，世界图书出版公司，2010年，第44页，图版38。

② Annette L. Juliano, *Buddhist Sculpture from China:Selections from the Xi'an Beilin Museum: Fifth through Ninth Centureies*, Art Media Resources Ltd., 2007, p.35.

③ 陕西省考古研究院、陕西省铜川市药王山管理局编，张燕编著：《陕西药王山碑刻艺术总集》第二卷《西魏造像碑》，上海辞书出版社，2013年，第162—165页，图155—177。

④ 陕西省考古研究院、陕西省铜川市药王山管理局编，张燕编著：《陕西药王山碑刻艺术总集》第二卷《西魏造像碑》，上海辞书出版社，2013年，第162—165页，图155—177。

⑤ 陕西省考古研究院、陕西省铜川市药王山管理局编，张燕编著：《陕西药王山碑刻艺术总集》第三卷《北周造像碑》，上海辞书出版社，2013年，第52—67页，图59、69、71。

图3-76 陕西西安未央区六村堡东席村出土北魏造像碑

图3-77 陕西西安碑林博物馆藏北魏造像碑背面

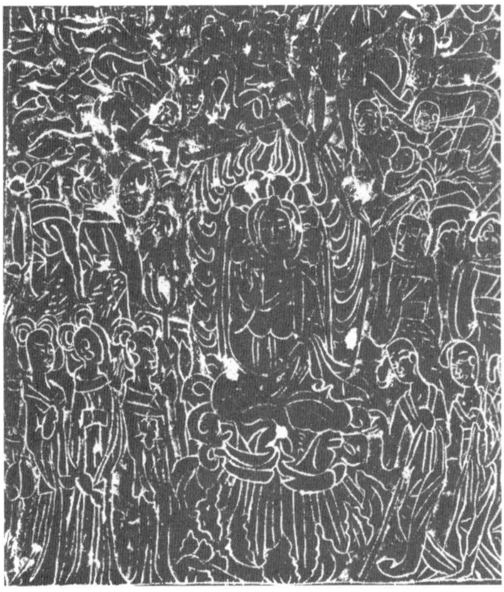

图3-78 陕西铜川耀州区药王山西魏释迦、多宝佛对坐说法造像碑左侧

图3-79 陕西铜川耀州区药王山西魏释迦、多宝佛对坐说法造像碑碑阳

图3-80　陕西铜川耀州区药王山田元族造像碑碑阳说法图

这与莫高窟及东魏、北齐造像中饰莲瓣的束帛藤座有一定关系。

C型　束帛藤座相对比较宽大，具有明显的“龟兹式束帛藤座”的特征。例如，西安未央区三桥南闫庄出土北魏永兴三年（411年）魏阿金造像碑背面上部[①]（图3-81-1），雕刻维摩诘、文殊对坐，二者所坐束帛座上部浑圆，与龟兹式束帛藤座完全一致，但二者臀部偏离藤座表面的做法，却明显与云冈石窟的特征相似；西安莲湖区广仁寺出土的北朝晚期造像碑侧面雕刻着半跏思惟菩萨像[②]（图3-81-2），菩萨坐于宽大的束帛藤座上，座子侧面未雕刻表示所束布帛的褶皱，座体宽大，与“龟兹式束帛藤座”非常相似，仅其上部较平齐。

总的来看，云冈式束帛藤座的影响较大，除前面论述的影响之外，还对天龙山石窟、甘肃庆阳北石窟寺及一些单体造像也产生了影响。例如，日本大阪市立美术馆收藏的天龙山石窟6世纪左右的半跏思惟菩萨所坐的束帛藤座[③]（图3-82）；庆阳北石窟寺楼底村第1窟下层龛龛楣上的半跏思惟菩萨像[④]（图3-83）。这两尊半跏思惟菩萨像身躯瘦削，属于北魏晚期的作品，特别是楼底村第1窟的半跏思惟菩萨像，臀部偏离束帛藤座及座子上部弧曲的样子，简直就是云冈式束帛藤座的翻版。另外，日本大阪市立美术馆藏出土地点不明的5世纪后半叶的北魏交脚弥勒菩萨像背面浮雕的双半跏思惟菩萨像[⑤]（图3-84），造像的构成元素是交脚弥勒菩萨与双半跏思惟菩萨，前文所列举的云冈石窟束帛藤座的例子中，也是将交脚弥勒菩萨与两个半跏思惟菩萨雕刻在一起，大阪市立美术馆收藏的这尊造像只是由于载体不同，使得交脚弥勒菩萨与半跏

① 西安市文物保护考古所：《西安文物精华·佛教造像》，世界图书出版公司，2010年，第26页，图版22。

② 西安市文物保护考古所：《西安文物精华·佛教造像》，世界图书出版公司，2010年，第90页，图版85。

③ 〔日〕齋藤龍一：《大阪市立美術館 山口コレクション中国彫刻》，図書印刷株式会社，2013年，第75頁，図版33。

④ 甘肃省文物工作队、庆阳北石窟寺文管所：《庆阳北石窟寺》，文物出版社，1985年，第22—25页，图版二四，3。

⑤ 〔日〕齋藤龍一：《大阪市立美術館 山口コレクション中国彫刻》，図書印刷株式会社，2013年，第22、23頁，図版2。

1

2

图3-81　关中地区造像碑上的束帛藤座

1. 陕西西安未央区三桥南闫庄出土北魏永兴三年（411年）魏阿金造像碑背面　2. 陕西西安莲湖区广仁寺出土北朝晚期造像碑侧面

图3-82　山西太原天龙山石窟半跏思惟菩萨像

图3-83　甘肃庆阳北石窟寺楼底村第1窟下层龛龛楣半跏思惟菩萨像

思惟菩萨的布局略有差异而已，但其本质是相同的。可见云冈式束帛藤座影响之深远，这也就是宿白先生称其为“云冈模式”的原因吧。特别值得一提的是，日本藤井齐成会有邻馆收藏的北魏太安元年（455 年）结跏趺坐佛像，其两侧的半跏思惟菩萨所坐的束帛藤座[①]（图 3-85），是云冈石窟开凿前后的作品[②]，对于了解云冈石窟造像中束帛藤座样式的发展，是很重要的参考资料。

从上述内容也可以看出，关中地区北魏较晚时期虽然受到云冈的一定影响，但也有自身的特征，而且束帛藤座形象杂乱，似乎是雕刻者对其了解还不够，可能这种束帛藤座仍是一种图像流传，而不是对实物的图像化。特别应该注意的是，前文所引永兴三年（411 年）造像碑，其年代较早，其中的束帛藤座又有与云冈的束帛藤座相似的一面，这似乎说明云冈式束帛藤座源于关中，然后借云冈石窟产生了巨大影响。

图3-84 日本大阪市立美术馆藏交脚弥勒菩萨像背面

图3-85 日本藤井齐成会有邻馆藏北魏太安元年（455年）结跏趺坐佛像

① 〔日〕龍谷大学龍谷ミュージアム、読売新聞社：《特別展〈仏教の来た道——シルクロード探検の旅〉》，野崎印刷纸業株式会社，2012年，第77頁，図版52。

② 云冈石窟的始凿时间有两说，一说在兴安二年（453年），一说在和平初年（460年）。

六、邺城、青州地区的束帛藤座

以邺城、青州地区为中心的北魏、东魏、北齐时期束帛藤座，其造型一方面继承云冈石窟早期束帛藤座的样式，同时也继承发展了云冈石窟晚期的束帛藤座的样式，特别是后者，成为其束帛藤座的主流。有相当一部分束帛藤座，还可以看到犍陀罗 Ba 型束帛藤座及“龟兹式束帛藤座”的影子，如河北平泉出土的铜观音菩萨立像背面的半跏思惟菩萨所坐的束帛藤座[①]（图 3-86）。还包括脱胎于犍陀罗 Ba 型束帛藤座，但将束帛下部加长的束帛座样式。总的来说，其造型样式较多，反映了以邺城、青州为中心的北魏、东魏、北齐造像的多元文化因素。

A 型　束帛藤座呈圆筒状，或者略束腰，一般侧面光素，有的侧面雕刻出纵向线条表示束帛的褶皱。这种样式的束帛藤座，与犍陀罗造像中的 Ba 型束帛藤座相似，其源头应该是犍陀罗地区。比较典型的发现有：河北邺城北吴庄窖藏（以下简称北吴庄）

图3-86　河北平泉出土铜观音菩萨立像

① 金维诺总主编：《中国美术全集·宗教雕塑（一）》，黄山书社，2010年，第79页。

图3-87　河北邺城北吴庄北齐天统四年（568年）普弁造弥勒像座

北齐天统四年（568年）普弁造弥勒像像座的束帛藤座，呈圆筒形，略束腰，侧面光素[①]（图3-87）。河北藁城北贾同村北齐武平元年（570年）双半跏思惟菩萨像中的束帛藤座[②]（图3-88），隐约可见表示褶皱的纵向阴刻线条，其中一个上部束带。河北正定文物保护管理所收藏的北齐武平四年（573年）双半跏思惟菩萨像中的束帛藤座[③]（图3-89），形如圆筒，略束腰，其上以纵向阴刻线条表示束帛的褶皱。另外，河北曲阳修德寺遗址出土的北齐双半跏思惟菩萨像中的束帛藤座[④]（图3-90），形如圆筒，略束腰，其上可以明显地观察到以纵向阴刻线条表示的束帛褶皱。

B型　束帛藤座一般较宽大，束腰部位在其中部，或者在略偏上的位置，与"龟兹式束帛藤座"非常接近。这类束帛藤座比较典型的有：北吴庄窖藏出土的北魏谭副造释迦像背面的难陀龙王所坐束帛藤座[⑤]（图3-91），特别是其上部以双阴线表示的束帛褶皱及下部呈波浪状的花边，与龟兹式束帛藤座惊人地相似；北吴庄窖藏出土的东魏半跏思惟菩萨像（图3-92、3-93）、北齐双半跏思惟菩萨像（图3-94）中的束帛藤座[⑥]；河北临漳马辛庄村西北采集的北齐五尊背屏式造像中，善跏趺坐佛像所坐者[⑦]（图3-95）；河北临漳洪山村南漳河内采集的背屏式造像背面半跏思惟菩萨所坐的束帛藤座，其上部

---

① 中国社会科学院考古研究所、河北省文物研究所：《邺城北吴庄出土佛教造像》，科学出版社，2019年，第192、193页。

② 〔日〕東京国立博物館、朝日新聞社：《中国国宝展》，朝日新聞社，2000年，第207頁，図版139。

③ 〔日〕東京国立博物館、朝日新聞社：《中国国宝展》，朝日新聞社，2000年，第212頁，図版120。

④ 星云大师总监修，罗世平、如常主编：《世界佛教美术图说大典·雕塑③》，湖南美术出版社，2017年，第1033页。

⑤ 中国社会科学院考古研究所、河北省文物研究所：《邺城北吴庄出土佛教造像》，科学出版社，2019年，第2—5页。

⑥ 中国社会科学院考古研究所、河北省文物研究所：《邺城北吴庄出土佛教造像》，科学出版社，2019年，第56、60、190页。

⑦ 中国社会科学院考古研究所、河北省文物研究所、河北省临漳县文物旅游局：《邺城文物菁华》，文物出版社，2014年，第131页。

图3-88　河北藁城北贾同村出土北齐武平元年（570年）双半跏思惟菩萨像

图3-89　河北正定文物保护管理所藏北齐武平四年（573年）双半跏思惟菩萨像

图3-90　河北曲阳修德寺遗址出土北齐双半跏思惟菩萨像

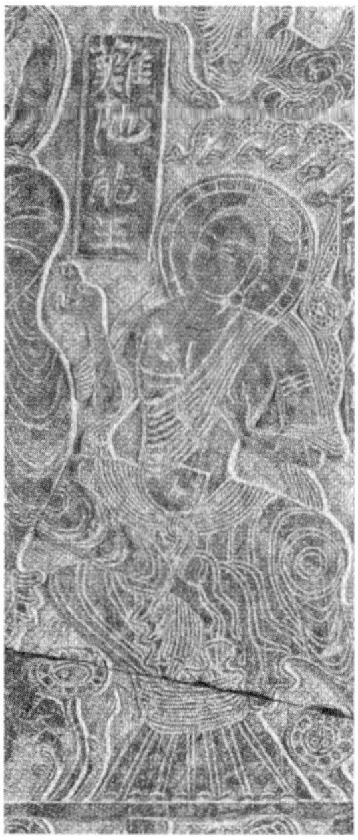

图3-91　河北邺城北吴庄窖藏出土北魏谭副造释迦像背面的难陀龙王

图3-92　河北邺城北吴庄窖藏出土东魏半跏思惟菩萨像背面

图3-93　河北邺城北吴庄窖藏出土东魏半跏思惟菩萨像侧面

图3-94　河北邺城北吴庄窖藏出土北齐双半跏思惟菩萨像

图3-95　河北临漳马辛庄村西北采集造像

呈圆球形[①]（图 3-96）。

C 型 束帛藤座一般较高瘦，几乎呈圆筒形，内收部分一般在靠近座沿的下方，束腰部位以上犹如一个圆鼓外凸的“坐垫”。整体侧视犹如一个顶部较平的粗壮“蘑菇”。这种束帛藤座可以看到犍陀罗造像中的 Ba 型束帛藤座的因素，应该是脱胎于犍陀罗造像中的 Ba 型束帛藤座，只是所束布帛下部较长而且将藤座全部包裹，不外露藤条编织的纹理。这种形制的束帛藤座在邺城、青州地区较为流行，是这一地区特征突出的束帛藤座样式，而且对朝鲜半岛的束帛藤座产生了巨大的影响。比较典型的例子有：日本书道博物馆收藏的东魏武定二年（544 年）半跏思惟菩萨像的束帛藤座[②]（图 3-97）；北吴庄窖藏出土的东魏半跏思惟菩萨像（图 3-98）、两尊北齐半跏思惟五尊像（图 3-99、3-100）中的束帛藤座[③]。

D 型 束帛藤座一般高瘦，其侧面雕刻较细密的阴刻线条表示所束布帛的褶皱，这一点则继承了云冈式束帛藤座的样式。但也有变化，即束帛藤座的上部顶面变得较

图3-96 河北临漳洪山村南漳河内采集造像

图3-97 日本书道博物馆藏东魏武定二年（544年）半跏思惟菩萨像

① 中国社会科学院考古研究所、河北省文物研究所、河北省临漳县文物旅游局：《邺城文物菁华》，文物出版社，2014年，第127页。

② 〔日〕台東区立書道博物館：《台東区立書道博物館図录》，株式会社二玄社，2007年，第72頁，図版96。

③ 中国社会科学院考古研究所、河北省文物研究所：《邺城北吴庄出土佛教造像》，科学出版社，2019年，第58、184—189页。

图3-98　河北邺城北吴庄窖藏出土东魏半跏思惟菩萨像侧面

图3-99　河北邺城北吴庄窖藏出土北齐半跏思惟菩萨像

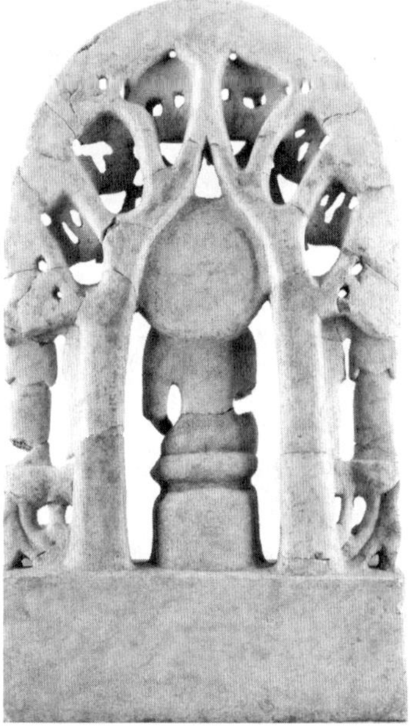

图3-100　河北邺城北吴庄窖藏出土北齐半跏思惟菩萨像

为平整。比较典型的例子有：北吴庄窖藏出土的东魏武定二年（544 年）张景章造观世音像（图 3-101）、东魏武定六年（548 年）仵文贤造释迦像（图 3-102）等造像背面半跏思惟菩萨像所坐的束帛藤座①。

E 型　束帛藤座上下基本对称，侧面表现的束帛褶皱较宽，更加写实，与 D 型束帛藤座侧面的细密阴刻线条有明显区别。有的上部顶面与侧面形成“折沿”的样式，有的则呈圆鼓形。这种束帛藤座的样式，对隋唐时期长安地区的束帛藤座影响较大。比较典型的有：北吴庄出土的东魏天平四年（537 年）法敬造菩萨像背面太子与爱马告别场景中的束帛藤座（图 3-103）、东魏菩萨立像背面半跏思惟菩萨像中的束帛藤座（图 3-104）等②。上海博物馆藏北齐天保四年（553 年）比丘道常造半跏思惟菩萨像中的束帛藤座③（图 3-105），由于是圆雕作品，具有较强的立体感，更能体现这种束帛藤座的特征。

---

① 中国社会科学院考古研究所、河北省文物研究所、河北省临漳县文物旅游局：《邺城文物菁华》，文物出版社，2014年，第144、151页。

② 中国社会科学院考古研究所、河北省文物研究所：《邺城北吴庄出土佛教造像》，科学出版社，2019年，第35—36、42页。

③ 星云大师总监修，罗世平、如常主编：《世界美术图说大典·雕塑①》，湖南美术出版社，2017年，第226页。

图3-101　河北邺城北吴庄窖藏出土东魏武定二年（544年）张景章造观世音像背面

图3-102　河北邺城北吴庄窖藏出土东魏武定六年（548年）仵文贤造释迦像背面

图3-103　河北邺城北吴庄窖藏出土东魏天平四年（537年）法敬造菩萨像背面

图3-104　河北邺城北吴庄窖藏出土东魏菩萨立像背面

图3-105　上海博物馆藏北齐天保四年（553年）比丘道常造半跏思惟菩萨像

特别值得一提的是美国克利夫兰艺术博物馆收藏的北齐时期造像背面半跏思惟菩萨像所坐的束帛藤座[①]（图3-106），其上部圆鼓呈球形，与龟兹式束帛藤座相似。但同时，菩萨的臀部偏离束帛座，这种现象与云冈石窟中菩萨所坐的束帛藤座相似，应该同时也受了云冈石窟的影响。这一些细节，显示了邺城、青州地区与云冈石窟的渊源关系。也就是说，东魏、北齐特别是北齐时期的束帛藤座，在受其他地区影响的同时，也融入了"云冈式束帛藤座"因素，其承袭关系清晰。

F型　束帛藤座上下基本对称，有的束腰部分略偏下，表面光素，束腰部分束缚带子状物。这种样式虽然发端于云冈石窟晚期，但在邺城、青州地区的造像中常见。比较典型的有：北吴庄窖藏出土的东魏武定五年（547年）弄女等造弥勒像，其背面表现与爱马告别的半跏思惟菩萨像所坐的束帛藤座[②]（图3-107）；北吴庄窖藏出土的北齐七尊残像像座中太子与爱马告别场面中的束帛藤座[③]（图3-108）；保利艺术博物馆收藏的一尊北齐半跏思惟菩萨像（图3-109），菩萨所坐的束帛藤座呈束腰状，束腰部位偏下，在束腰部位束缚一宽带状物，上部平整，与侧面形成折沿状，侧面光素无纹[④]；山东青州出土的一尊北齐半跏思惟菩萨像，菩萨所坐束帛藤座上下对称，中部束腰，腰部束缚两条带状物，上部与侧面形成折沿状，侧面光素无纹[⑤]（图3-110）；山东青州龙兴寺遗址出土两尊北齐半跏思惟菩萨像，其束帛藤座的样式与前者相似[⑥]（图3-111、3-112）。

这种形制的束帛藤座形象，还出现在佛教造像以外的石刻上，如山东益都北齐粟特人墓葬出土的屏风石榻上线刻人物所坐者[⑦]（图3-113）。这幅图像是世俗生活的反映，没有宗教属性，应该是现实生活场景的写照。由此可知，这种形制的束帛藤座在北齐的现实生活中已经出现，从图像走向了实用。

此外，在邺城、青州地区还有在束帛藤座下部边沿加饰莲瓣的图像资料，其数量

---

① 星云大师总监修，罗世平、如常主编：《世界佛教美术图说大典·雕塑①》，湖南美术出版社，2017年，第5页。

② 中国社会科学院考古研究所、河北省文物研究所：《邺城北吴庄出土佛教造像》，科学出版社，2019年，第52—55页。

③ 中国社会科学院考古研究所、河北省文物研究所：《邺城北吴庄出土佛教造像》，科学出版社，2019年，第198、199页。

④ 《保利藏珍》编辑委员会：《保利藏珍——石刻佛教造像精品选》，岭南美术出版社，2000年，第154—160页。

⑤ 金维诺：《中国古代佛雕——佛教造像样式与风格》，文物出版社，2002年，第194页，图版三二—三五；常越编：《宝相庄严》，文物出版社，2003年，第42—45页。

⑥ 〔日〕東京国立博物館、朝日新聞社：《中国国宝展》，朝日新聞社，2004年，第134頁，図版99；〔日〕大広：《中国☆美の十字路展》，株式会社東京印書館，2005年，第188页，图版158。

⑦ 夏名采：《益都北齐石室墓线刻画像》，《文物》1985年第10期。

图3-106 美国克利夫兰艺术博物馆藏北齐释迦说法像背面

图3-107 河北邺城北吴庄窖藏出土东魏武定五年（547年）弄女等造弥勒像背面

图3-108 河北邺城北吴庄窖藏出土北齐七尊造像（局部）

图3-109　保利艺术博物馆藏
北齐半跏思惟菩萨像

图3-110　山东青州出土
北齐半跏思惟菩萨像背面

图3-111　山东青州龙兴寺遗址
出土北齐半跏思惟菩萨像

图3-112　山东青州龙兴寺遗址出土
北齐半跏思惟菩萨像

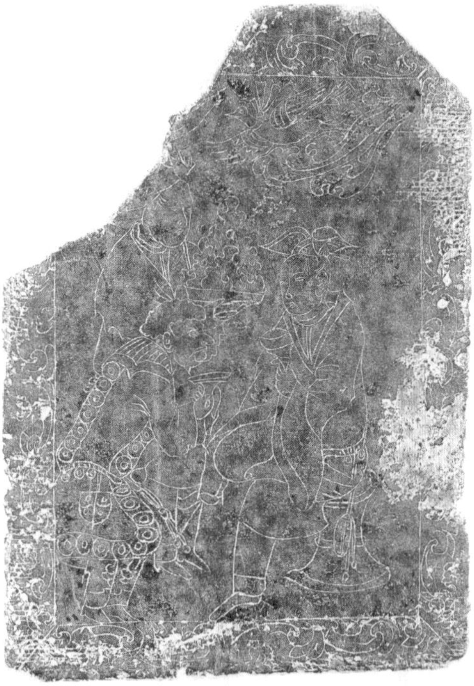

图3-113　山东益都北齐墓葬出土屏风石榻上
线刻图像

较少，在下文讨论相关问题时再进行论述，此不赘述。

通过上述分析，可以看出，在以邺城、青州地区为中心的造像中，束帛藤座的样式多种多样，这显然经历了一个从各种图像粉本到实物摹写的发展过程，而这一过程就是从图像传入变为实物传入。从图像资料来看，大约在东魏、北齐时期特别是北齐时期，束帛座变得规整起来，呈上下对称的样子，犹如捕猎的工具筌蹄，这一时期的文献中才有了“筌蹄”这样的说法[①]。进一步来看，“筌蹄”作为一个比喻用词，仅说明其样式而已。既然采用比喻的说法，也恰恰说明当时的人不知道这是什么东西而采用的权宜之称。这似乎暗示了这样一个重要事实：正是因为东魏、北齐时期出现了规整、上下对称的束帛藤座，人们才自然地想到与“筌蹄”对应，从而可证这种束帛藤座大约是东魏、北齐时期才开始正式传入我国的，特别是前文提到的山东益都北齐粟特人墓葬中出土屏风石榻上反映世俗生活的线刻纹样，出现了坐于束帛藤座上商谈生意的场景，那么，束帛藤座的传入似乎与粟特人有着密不可分的关系，这也自然让人联想起北齐的胡化（粟特化）问题，此不赘述。进一步来说，如果当时传入的是犍陀罗造像中的Ba型（圆筒形）束帛座的话，那怎么可能称为“筌蹄”呢？这也可以作为笔者上述观点的一个反证。

从目前所见的图像资料来看，这种坐具虽然可能以藤编为主，但也不排除使用其他材质来制作，而且由于其上往往束帛，似乎称为“束帛藤座”或者“束帛座”更为确切一些。据孙机先生研究，因为玄应《一切经音义》云“筌蹄”出昆仑，先生因此认为此处的昆仑是指南海昆仑，而且进一步指出它是从东南亚一带传入我国的[②]。但从笔者对图像资料的梳理来看，隋唐以前的传播路线是清晰的，它明显地表现出与佛教传播路线大体相当的一个传播过程：即随着佛教自犍陀罗—新疆—敦煌—云冈、关中、长安、邺城、青州等地区，它的传播路线与北传佛教的传播路线基本上是吻合的。令人惊讶的是，这种束帛座反而罕见于南朝地区的图像资料中，这说明至少在隋唐以前，束帛藤座自东南亚一带传入中国的可能性较小。至于作为解释者的唐代僧人玄应，他没有去过印度等地，对于其具体情况也不了解，他所能看到的也只是流行于这一时期，已经自北齐开始规整化了的束帛藤座，而且他生存的时代是大一统的唐代，原则上而言自东南亚传入是可能的。也就是说，其传播路线至少有两条，一条是沿着丝绸之路的大动脉伴随着佛教、佛教造像一起传入中国，而在隋唐以后，也有自东南亚地区传入者，但较前者的传入路线而言，最多只能算是另一条传播路线而已，而且年代要晚

① 孙机：《中国圣火——中国古文物与东西文化交流的若干问题》，辽宁教育出版社，1996年，第210页。

② 孙机：《中国圣火——中国古文物与东西文化交流的若干问题》，辽宁教育出版社，1996年，第210页。

得多。在隋唐时期，受这种外来器物的影响，在南方地区也能制作出漂亮的束帛藤座了，如《北户录》卷三记载："琼州出五色藤合子、书囊之类。花多织走兽飞禽，细于锦绮，亦藤工之妙手也。""新州（广东新兴）作五色藤筌台，皆一时之精绝。昔梁刘孝仪《谢太子五色藤筌蹄一枚》云：'炎州采藤，丽穷绮褥。'得非筌台与筌蹄语讹与？按侯景篡位，着白钞帽而尚青袍，或牙梳插髻，床上常设胡床及筌蹄。今海丰岁贡五色藤镜匣一、筌台一，是也。"[①] 这段话中，段公路也对"筌台"和"筌蹄"的用词产生了疑惑，至少说明晚唐时期的唐人称其为"筌台"。可见对于其称呼，也随着时代的变化而变化，并不是一成不变的。另外，人们多根据侯景常在床上设"筌蹄"来论证南朝出现筌蹄一事。但侯景在东魏末年叛归梁，他本人又是朔方人，习染胡气，生活中仍然保持着在北方养成的习惯，所以在床上常设胡床及筌蹄，但能被史书如此详细地记载下来，反而说明筌蹄不是南朝梁的日常用品，在南朝人的眼里属于异类。将侯景的北方生活习惯展现得淋漓尽致者，是其篡位时的南郊之事。"于是南郊，柴燎于天，升坛受禅文物，并依旧仪。以辆车床载鼓吹，橐驼负牺牲，辇上置筌蹄，垂脚坐。"[②] 在受禅过程中，前面依据旧仪，后面则一派他在北方的生活景象。同时，侯景叛逃与篡位的时间也在东魏末至北齐初，他在这一段时间能在床上常设胡床及筌蹄、受禅辇上置筌蹄，恰与笔者所推断的筌蹄从图像到实物的输入在东魏、北齐时相吻合。某种程度上而言，所谓"筌蹄"是东魏、北齐影响了同时期的南方地区，可能这才是历史的真实。

至此，还得回答一个前面所遗留的问题。那就是敦煌莫高窟上下沿装饰莲瓣的束帛座来自何处呢？笔者以为，从其自隋代开始流行这一点来看，显然来自敦煌以东，即东魏、北齐时期的邺城和青州地区及西魏、北周时期的关中地区。从时代上而言，其较早出现于东魏时期，如东魏武定元年（543 年）吴易兴造彩绘观世音菩萨像背面朱绘一半跏思惟菩萨像（图 3-114），菩萨坐于束帛藤座上，座下沿绘红色覆莲瓣[③]。韩国国立中央博物馆收藏的 1 尊北齐半跏思惟菩萨像，菩萨坐于 A 型圆筒状束帛藤座上，其下部边沿加饰覆莲瓣[④]（图 3-115）。由此可见，这种加饰莲瓣的束帛藤座的源头在东魏北齐、西魏北周时期，从其开始流行的年代来看，应该是经过统一的隋王朝传播过去的。

---

① （唐）段公路：《北户录》，《丛书集成初编》，商务印书馆，1936年，第41、42页。侯景"自篡立后，时著白纱帽，而尚披青袍，或以牙梳插髻。床上常设胡床及筌蹄，著靴垂脚坐"。事见（唐）姚思廉：《梁书》，中华书局，1973年，第862页。

② （唐）姚思廉：《梁书》，中华书局，1973年，第859页。

③ 《保利藏珍》编辑委员会：《保利藏珍——石刻佛教造像精品选》，岭南美术出版社，2000年，第189—193页。

④ National Museum of Korea, *Masterpieces of Early Buddhist Sculpture, 100BCE-700CE*, National Museum of Korea, 2015, pp. 257, 258.

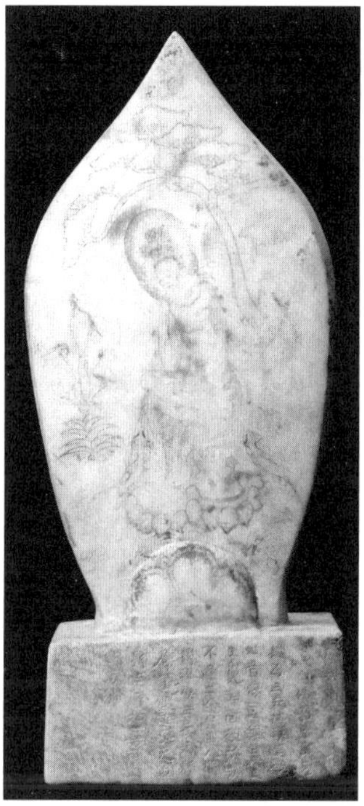

图3-114 保利艺术博物馆藏东魏武定元年（543年）吴易兴造彩绘观世音菩萨像背面

图3-115 韩国国立中央博物馆藏北齐半跏思惟菩萨像

七、天下大一统时期的束帛藤座

前面基本按照佛教的北传路线及束帛藤座样式的变化和影响进行了论述。但进入大一统时代的隋唐时期，束帛藤座不仅样式发生了变化，而且还出现了一些新名称，下面主要根据隋唐时期的政治文化中心——京师长安地区出土的一些实物来进行论述。

陕西西安临潼区博物馆收藏的隋代韩氏等一百人造像碑，碑阳和碑阴上龛主尊、碑左侧上下龛与碑右侧上龛主尊均坐于束帛藤座上，形制特征一致。上束布帛，细腰部雕出一凸起的束腰带[①]。其中碑侧龛主尊的座子，可以看出其上部硕大、束腰、所束布帛及其较宽的褶皱（图 3-116），这些都明显地表现出邺城、青州地区的 E 型束帛座的特征，显然是受其影响的结果。这些主尊虽然已残，但从衣着和龛的位置可以判断是一尊弥勒菩萨。

样子看起来比较挺拔、形制规整的束帛座则多见于唐代造像。例如，药王山南庵院内唐墓出土唐代初年半跏思惟菩萨像（图 3-117）、足踏双狮善跏趺坐菩萨像（图

---

① 陕西省考古研究院、陕西省铜川市药王山管理局编，张燕编著：《陕西药王山碑刻艺术总集》第七卷《临潼、渭南地区造像碑》，上海辞书出版社，2013年，第216—226页，图104—110。

图3-116　陕西西安临潼区博物馆藏隋代韩氏等一百人造像碑侧面

3-118），均坐于束腰的束帛座上，座上部表面雕刻出莲瓣[1]。1972 年，在陕西陇县火烧寨乡寺院遗址出土 1 尊汉白玉半跏思惟菩萨像，现藏保利艺术博物馆，造像圆润，菩萨坐于束帛藤座上[2]（图 3-119），比较真实地反映了唐代束腰藤座的使用情况。这些规整的束帛藤座，与邺城、青州地区造像中所见的 E 型束帛藤座相一致，特别是与上海博物馆藏比丘道常造半跏思惟菩萨像的束帛藤座基本相似，可以看出其承袭关系。

还有一些早期的束帛藤座形象出现在长安地区，如药王山南庵院内唐墓出土的唐代初年结跏趺坐像座，在其八棱形的束腰部彩绘佛传故事，其中两幅彩绘的善跏趺坐

① 陕西省考古研究院、陕西省铜川市药王山管理局编，张燕编著：《陕西药王山碑刻艺术总集》第五卷《唐代造像碑及历代雕塑和壁画》，上海辞书出版社，2013年，第82—91页，图92—98。

② 《保利藏珍》编辑委员会：《保利藏珍——石刻佛教造像精品选》，岭南美术出版社，2000年，第228—231页。

图3-117　陕西铜川耀州区药王山南庵院内唐墓出土唐代初年半跏思惟菩萨像

图3-118　陕西铜川耀州区药王山南庵院内唐墓出土足踏双狮善跏趺坐菩萨像

图3-119 保利艺术博物馆藏陕西陇县火烧寨乡寺院遗址出土唐代半跏思惟菩萨像

菩萨像，即坐于束腰的束帛座上[①]，但显然已经不是主流，可以视之为孑遗。

值得注意的是，在药王山、临潼等地的北朝至隋代造像碑上，博山式香炉的圈足部分也呈束帛藤座的样式，如果以圈足部分的形制称呼这些香炉，几乎可以称其为束帛藤座式香炉了。例如，药王山北周保定三年（563 年）田元族造像碑左侧上部雕刻的香炉[②]（图 3-120）。这与此前的北魏、西魏造像碑上的博山式香炉完全不同。

在隋唐时期的其他载体上，也出现大量形制规整的束帛藤座形象。例如，山西太原隋虞弘墓石椁线刻中的束帛座侧面以红色双线条表示布帛[③]（图 3-121、3-122）。在唐代长安地区的墓葬中，出土了大量坐于规整的束帛藤座上的女俑[④]，如陕西西安南里

---

① 陕西省考古研究院、陕西省铜川市药王山管理局编，张燕编著：《陕西药王山碑刻艺术总集》第五卷《唐代造像碑及历代雕塑和壁画》，上海辞书出版社，2013年，第94、95页，图202。

② 陕西省考古研究院、陕西省铜川市药王山管理局编，张燕编著：《陕西药王山碑刻艺术总集》第三卷《北周造像碑》，上海辞书出版社，2013年，第52—67页，图59、69、71。

③ 山西省考古研究所、太原市文物考古研究所、太原市晋源区文物旅游局：《太原隋虞弘墓》，文物出版社，2005年，图版五〇、图版五一。

④ 考古发掘出土的各类坐姿俑，其中有许多都坐于束帛藤座上，但令人遗憾的是，在多数情况下，资料的公布者只给出正面的图像，而没有给出侧面及背面的图像，使得许多信息无法获得，只能选取其中一部分作为参考。

王村唐墓（M36）出土的汉白玉女俑，高 13.5 厘米[①]（图 3-123）；陕西西安王家坟唐墓出土的唐三彩坐姿女俑[②]（图 3-124）；日本东京国立博物馆收藏的唐三彩坐姿女俑，高

图3-120　陕西铜川耀州区药王山田元族造像碑左侧上部图像

图3-121　山西太原隋虞弘墓石椁图像

图3-122　山西太原隋虞弘墓石椁图像

图3-123　陕西西安南里王村唐墓（M36）出土汉白玉女俑

① 刘云辉编：《北周隋唐京畿玉器》，重庆出版社，2000年，第35页，图38。

② 冀东山主编：《神韵与辉煌——陕西历史博物馆国宝鉴赏·陶俑卷》，三秦出版社，2006年，第96、97页，图版61；〔日〕齋藤龍一：《大唐王朝女性の美》，中日新聞社，2004年，第80、81頁，図版39。

图3-124　陕西西安王家坟唐墓出土唐三彩坐姿女俑

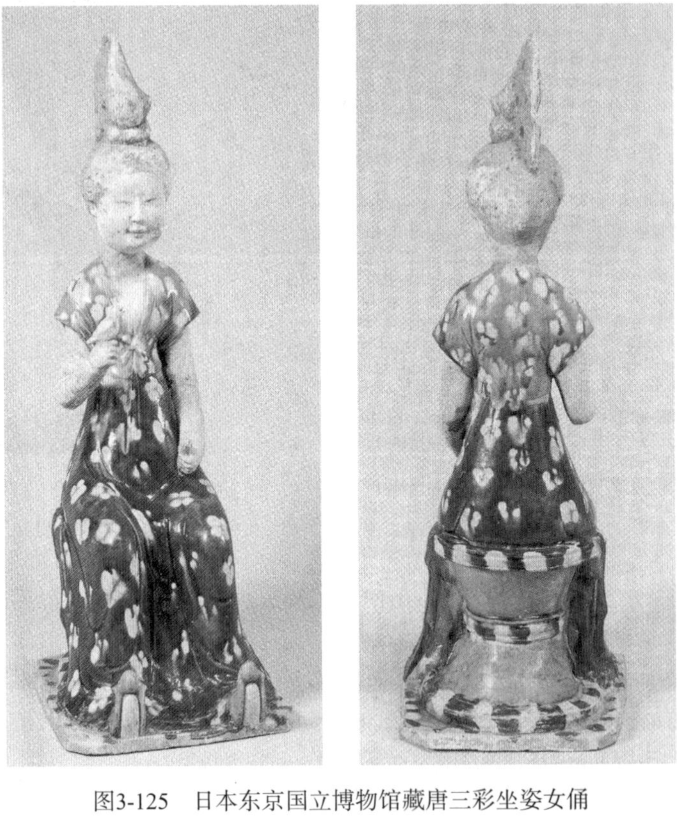

图3-125　日本东京国立博物馆藏唐三彩坐姿女俑

43.7 厘米[1]（图 3-125）；1953 年陕西西安白家口出土的唐三彩坐姿女俑，高 28.5 厘米[2]（图 3-126）；陕西铜川市新区唐墓出土的唐三彩坐姿女俑，高 31.6 厘米[3]（图 3-127）；日本根津美术馆收藏的唐三彩坐姿女俑，高 28 厘米[4]（图 3-128）；河南洛阳北窑出土的唐三彩坐姿女俑，高 27 厘米[5]（图 3-129）；山西长治唐景云元年（710 年）李度墓出土的唐三彩抱鸭形壶坐姿女俑[6]（图 3-130）；《世界陶磁全集》11《隋·唐》收录的唐三彩坐姿女俑，高 32 厘米[7]（图 3-131）等。从隋唐时期世俗图像中的人物及唐三彩女俑等坐于装饰华丽的束帛藤座上这一点来看，这时的束帛藤座已经确实从一个图像样式，发展成为日常生活中的一种坐具，这一变化发生在东魏、北齐时期，大量流行于隋唐时期，反映了唐人由坐榻转向垂足而坐。目前所见的唐代日常生活中使用的束帛藤座

图3-126 陕西西安白家口出土唐三彩坐姿女俑

图3-127 陕西铜川市新区唐墓出土唐三彩坐姿女俑

图3-128 日本根津美术馆藏唐三彩坐姿女俑

图3-129 河南洛阳北窑出土唐三彩坐姿女俑

① 〔日〕東京国立博物館、朝日新聞社：《遣唐使と唐の美術》，朝日新聞社，2005年，第101頁，図版62。

② 中国历史博物馆：《中国历史博物馆——华夏文明史图鉴》，朝华出版社，2002年，第4册，第199页，图版202。

③ 铜川市考古研究所编：《漆沮遗珍——铜川市考古研究所藏文物精品》，三秦出版社，2015年，第31页。

④ 〔日〕根津美術館学芸部：《根津美術館・百華撰》，根津美術館，2013年，第90頁，図版67。

⑤ 王绣主编：《洛阳文物精萃》，河南美术出版社，2001年，第162、163页，图版26。

⑥ 长治市博物馆：《长治市西郊唐代李度、宋嘉进墓》，《文物》1989年第6期；〔日〕齋藤龍一：《大唐王朝女性の美》，中日新聞社，2004年，第78、79頁，図版38。

⑦ 〔日〕座右宝刊行会 後藤茂树：《世界陶磁全集》11《隋・唐》，小学館，1976年，第81頁，彩版61。

装饰华丽，坐于其上者多为女性，而且个别三彩女俑呈左手持镜右手做准备梳妆状，说明其比较适合女性坐着化妆。这似乎从一个侧面反映了当时女性是使用这一时髦的外来坐具的引领者。

从前面的论述来看，在东魏、北齐造像或者其他载体上，出现了比云冈石窟更加规整的束帛座，上下表面均平整，束腰位于束帛座的中部，这种特征为隋唐时期所继承。这一普通的日常坐具的样式，明显地影响到了隋唐长安地区，反映出隋王朝在统一北方之后，造像和绘画中更多地吸收并继承了北齐的某些因素，甚至也接受日常生活的坐具，这似乎与陈寅恪对隋唐政治制度渊源问题的论述不谋而合，或者说是其大论的一个好注脚。

值得注意的是，有些佛教造像中的一些莲花座的造型似乎是在上下边沿添加了莲花瓣的束帛座，不论其形制还是束腰部分，都表现出强烈的束帛藤座的意蕴，甚至有些在其侧面还可以看到束帛的痕迹。例如，甘肃敦煌研究院陈列中心收藏的1件初唐胡跪供养菩萨像的座子即是如此[①]（图3-132），其意匠完全是来自束帛藤座的样式，只是添加了莲花瓣作为装饰而已。

作为束帛座的孑遗，唐代金铜造像上也可以看到为数不少的座子呈束帛座式，以往多以莲花座等来描述，但笔者无论如何也看不出其莲花座的样式，其高瘦束腰的样式，更多地接近束帛藤座。这些都是以后的研究中需要注意的问题。

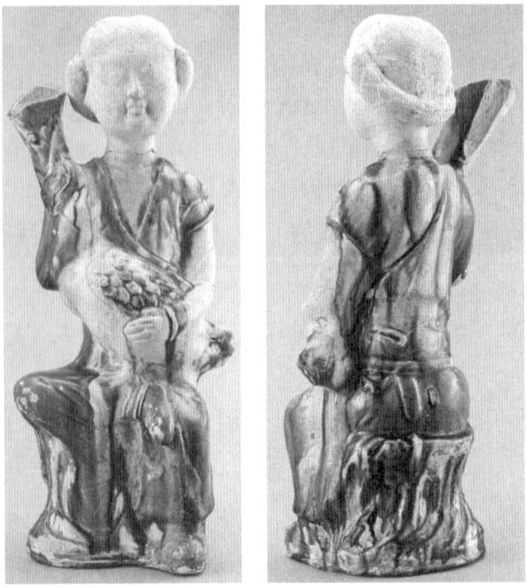
图3-130　山西长治李度墓出土唐三彩抱鸭形壶坐姿女俑

图3-131　《世界陶磁全集》11《隋・唐》收录唐三彩坐姿女俑

图3-132　甘肃敦煌研究院陈列中心藏胡跪供养菩萨像

---

① 敦煌研究院主编：《敦煌石窟艺术全集》8《雕塑卷》，同济大学出版社，2016年，第142页，图版126。

八、坐束帛藤座的尊像身份变化与束帛藤座的传播问题

新疆地区石窟壁画中坐于其上的尊像身份多样，有听法菩萨、金刚力士、外道、仙人、庵摩罗女等，还有本生故事中作为佛的前世的菩萨等形象。但值得注意的是，佛多坐于方形或者横长方形的座子上，也就是佛经中所云的“床”，仅有极个别的佛像坐于这类束帛座上。例如，新疆拜城克孜尔石窟第 38 窟主室顶部的佛传故事图像中，佛坐于龙舟上，但龙舟下部却绘制一个束帛座，座上部呈淡蓝色，下部呈绿色，束腰部分有以赭色勾边的束帛带[①]（图 3-133），这在龟兹石窟中是比较少见的。

图3-133　新疆拜城克孜尔石窟第38窟主室顶部佛像

敦煌莫高窟、永靖炳灵寺石窟等的壁画或塑像中，坐于束帛座之上的尊像的身份主要有半跏思惟菩萨、佛母摩诃摩耶、本生故事中的国王等。

从云冈石窟等地的束帛座来看，敦煌以东地区坐于束帛座之上的尊像身份以思惟菩萨、弥勒菩萨、佛母摩诃摩耶、胁侍菩萨为主，而且越往东，坐于束帛座上的尊像的身份越明确和单一，绝大多数为半跏趺坐的思惟菩萨，少数为占相的阿私陀及鹿头梵志、婆薮仙等，极个别为佛像。

不论在敦煌以东还是敦煌以西的石窟寺雕刻或壁画中，半跏思惟菩萨像和以占相的阿私陀为主的仙人，则是雷打不动的束帛座的“主人”，这种固定的身份的出现，可能与依据粉本而不是依据实物有关，这一点也可以证明前述的推测。

又据《佛本行集经》卷三十《向菩提树品》云：“尔时彼河尼连禅主，有一龙女，名尼连荼耶（隋言不寡），从地踊出，手执庄严天妙筌提，奉献菩萨。菩萨受已，即坐其上。坐其上已，取彼善生村主之女所献乳糜，如意饱食。”[②] 这本隋代翻译的佛经中所用“筌提”一词，应该是定型规整化之后的束帛藤座。但根据犍陀罗造像来看，其本义应该是本文所云的流行于犍陀罗地区的 Ba 型圆筒形束帛藤座。但这段经文中有一个

① 新疆维吾尔自治区文物管理委员会、拜城县克孜尔千佛洞文物保管所、北京大学考古系：《中国石窟·克孜尔石窟（三）》，文物出版社，1997年，图版183。

② （隋）天竺三藏阇那崛多译：《佛本行集经》，《大正藏》，第3册，No.190，第772页。

重要信息值得注意，即悟道成佛前的释迦牟尼坐于束帛藤座之上。那么，前面所云的束帛藤座的图像粉本的源头，应该在犍陀罗地区，只是其样式在传播过程中不断发生变化而已。

九、束帛藤座对朝鲜半岛和日本佛教造像中束帛藤座的影响

在朝鲜半岛的佛教造像中，半跏思惟菩萨像也多采用束帛座的样式，但多为圆筒状，上束布帛，座上部1/3处略加束缚，这种束缚方法与莫高窟、云冈石窟、龙门石窟中束帛藤座的束腰在座子的中部不同，反而更接近于邺城、青州地区为中心的东魏、北齐时期的C型束帛藤座，可知邺城、青州地区的C型束帛藤座是朝鲜半岛束帛藤座的源头，也即朝鲜半岛的束帛藤座受到了邺城、青州地区的影响。当然，束帛藤座传入朝鲜半岛后，也发生了一些变化，即束帛藤座往往在其下部露出藤条编织形成的纹理。既然其样式受到邺城、青州地区的强烈影响，此亦可反证邺城、青州地区的确实是束帛藤座。与邺城、青州等地区相同，坐于这种束帛藤座上的尊像的身份也以半跏思惟菩萨为主。朝鲜半岛这种造像的典型代表，如韩国国立中央博物馆收藏的1尊6世纪后半叶的金铜半跏思惟菩萨像，座子下部露出编织的藤条（图3-134），又其收藏的另1尊7世纪的金铜半跏思惟菩萨像（图3-135），束帛藤座与前者类似[①]；日本东京国立博物馆收藏的1尊6—7世纪海东三国时代的金铜半跏思惟菩萨像[②]（图3-136），束帛藤座与前两者类似。与之类似的金铜半跏思惟菩萨造像，数量较多，而且束帛藤座的样式也基本相似，反映了这种来自邺城、青州地区的C型束帛藤座是朝鲜半岛的主流，进而可以推知朝鲜半岛的同类造像应该是受了邺城、青州地区的深刻影响。

在日本的飞鸟至奈良时期（7—8世纪）的木雕半跏思惟菩萨像中，也有类似邺城、青州地区的E型束帛藤座，如京都广隆寺收藏的1尊半跏思惟菩萨像所坐的束帛藤座[③]（图3-137），在束帛藤座下方添加了莲花座，但莲花座与束帛藤座是分开的。从造像本身的特征来看，明显具有朝鲜半岛同类造像的特征，显然，这种束帛藤座是通过朝鲜半岛传播过去的，但与邺城、青州地区的间接关系是不容否认的。

---

① National Museum of Korea, *Masterpieces of Early Euddhist Sculpture, 100BCE-700CE*, National Museum of Korea, 2015, pp.266-275.

② National Museum of Korea, *Masterpieces of Early Euddhist Sculpture, 100BCE-700CE*, National Museum of Korea, 2015, pp.279-280.

③ 〔日〕奈良国立博物館：《日本仏教美術の源流》，天理時報社，1978年，第51頁，図版50。

图3-134　韩国国立中央博物馆藏金铜半跏思惟菩萨像

图3-135　韩国国立中央博物馆藏金铜半跏思惟菩萨像

图3-136　日本东京国立博物馆藏金铜半跏思惟菩萨像

图3-137　日本京都广隆寺藏木雕半跏思惟菩萨像

十、结　　语

从以上对束帛藤座的分类来看，其传播与演变非常清晰，不同地域不同时代的束帛藤座特征明显，似乎与“筌蹄”无关，只是其形象类似于“筌蹄”，而被人们冠以“筌蹄”的名称而已。笔者通过论述，认为称呼这种坐具为“筌蹄形坐具”是可以的，但不可以一概而论地称为“筌蹄”，因为它们虽然类“筌蹄”而不是“筌蹄”，而且也不是所有的束帛藤座都可以称为“筌蹄”。既然实际的形制差异较大，而且在称呼上存在模糊性和不确定性，让人捉摸不透，还不如根据实际情况——即具体的研究对象所表现出的特征，称之为“藤座”和“束帛藤座”或干脆略称为“束帛座”等，似乎更为准确。

从束帛藤座的传播来看，它最初仅仅出现于佛教造像中。世俗生活的图像资料中，始见于北齐时期的石葬具，隋代的石椁上也有类似的线刻图像。到了唐代，则出现了不少的坐于束帛藤座的三彩女俑，而且制作得非常华丽。这说明束帛藤座从宗教走向世俗、从图像的传播到实物的传播与流行，经历了一个较为漫长过程，而这一过程是伴随着古代人们起居方式的改变而逐渐融入社会生活中的。这一点也反映了文化交流过程中必须适应或者融合才能产生影响。

在以往的论述中，大多认为这种外来的束帛藤座，在南北朝时期已经在中国流行。通过上述论述，笔者以为早期的传播只能视为一种图像的传播，从云冈石窟中尊像坐在其上却不自然的表现来看，说明工匠们对其不甚了解。就考古发掘的资料看，目前也没有具体的实物出土，也许是材质不易保存的缘故。客观而言，完全说束帛藤座是外来器物是不全面的，它从传入到最后定型，有一个发展演变过程。从图像资料可以清晰地看到，其最初的改变是在古龟兹地区，其形制完全变成“筌蹄”样式，从而定型化，则是在东魏、北齐时期。因为没有实物资料可资对比，笔者所云的演变过程也只能是一种图像的演变过程。这一发展演变结果，可以反映出通过丝绸之路传入的外来物品，总是在传入之后，经过不断改造而最终实现中国化的。藤座这类器物虽小，但折射出古代中国人对待外来的文化或者物品时，不仅多采取包容的态度，而且还有很强的选择性，后者主要表现在不断改造，直到符合自己的审美并使用方便为止。

第四章　唐代京师长安墓葬乐舞图中的氍毹及莲花上的舞蹈

至目前为止，在唐代墓葬壁画及敦煌莫高窟经变画的乐舞图中，有不少奏乐者坐在方形或长方形的垫子上进行演奏，舞者也在圆形或方形的垫子上舞蹈。这些图像中或方或圆的垫子，其实就是文献中的“氍毹”。虽然人们多有提及，但在各类简报、报告及研究论著中，它们却常常被赋以各种杂乱的名称，如“方毯”“圆毯”“小圆毯”“毡垫”“毡毯”“地毯”等，甚至还有称为“蒲团”者，不一而足。也有称为“舞筵”者，这种称呼见于文献，尤其是唐代诗歌中，主要强调的是其用途。“舞筵”与传统的起居中坐于席子上有关，可以说是一种比拟的描述，些许道出了其中的文化传统。但严格地来讲，筵是指铺设于地上供人坐的席子，也可以引申为“讲筵”等，从而成为一种泛指，以至现在高校中流行将一些特殊的授课称为“讲席”“讲座”等。例如，《资治通鉴》卷一百九十五记载，贞观十四年（640 年）二月，“四方学者云集京师，乃至高丽、百济、新罗、高昌、吐蕃诸酋长亦遣子弟请入国学，升讲筵者至八千余人”①。但“圆毯”“小圆毯”“毡垫”“地毯”等的描述则显得过于口语化，而且名称众多，抹杀了其中包含的一些文化含义，更无法将考古发现的实物与古代文化交流等相关联，而且容易使人陷入它只是一种普通用品而已的窠臼，从而无法将重要的考古发现与文献记载的氍毹相对应，其结果就是无法再深入探讨。这里主要探讨图像资料中所见的同类物品是不是氍毹的问题，对其功能不做深入探讨。

客观而言，将氍毹称为“地毯”“圆毯”等没有本质上的错误，只是不大确切而已。其实在《辞海》中，对氍毹有很明确的解释。笔者在此借用一下这个常识性的解释。2009 年版《辞海》云：“氍毹，毛织的地毯。古乐府《陇西行》：‘请客北堂上，坐客毡氍毹。’《三辅黄图・未央宫》：‘规地以罽宾氍毹。’罽宾，古西域国名。旧时演戏多用氍毹铺在地上，因此常用‘氍毹’或‘红氍毹’指舞台。李渔《闲情偶寄・声容・鞋袜》：‘使登歌舞之氍毹，则为走盘之珠。’”②1979 版《辞海》云：“氍毹，毛织的地毯。《广韵・十虞》‘氍’下引《风俗通》：‘织毛褥谓之氍毹。’《三辅黄图・未央

① （宋）司马光编著，（元）胡三省音注：《资治通鉴》，中华书局，1956年，第6153页。
② 辞海编辑委员会：《辞海》（第六版彩图本），上海辞书出版社，2009年，第1854页。

宫》：‘规地以罽宾氍毹。’古乐府《陇西行》：‘请客北堂上，坐客毡氍毹。’罽宾，古西域国名，位于今克什米尔一带，手工业以产毛织品著名。约在西汉时，首都长安（今陕西西安））已见使用罽宾氍毹。”[①] 所以，笔者认为，在对这类用品描述时，似乎用氍毹更为妥当一些，也可与古代文献所记载者相契合。在文献资料中，除《辞海》所引用者，还可以举出很多类似的例子，如：

（1）《三国志》卷三十裴松之注引《魏略·西戎传》云，大秦国有“织成氍毹”[②]。

（2）《魏书·西域传》云：“龟兹国，……又出细毡，饶铜、铁、铅、麖皮、氍毹、铙沙、盐绿、雌黄、胡粉、安息香、良马、犎牛等。”[③]

（3）《魏书·西域传》云：“波斯国，……绫、锦、白叠、毾、氍毹……”[④]

（4）《周书·异域传》云：“波斯国，……绫、锦、白叠、毾、氍毹。”[⑤]

（5）《梁书·诸夷传·高昌》云：“大同中，子坚（高昌王）遣使献鸣盐枕、蒲陶、良马、氍毹等物。”[⑥]

（6）《洛阳伽蓝记》卷五记载，宋云等西行至哌哒国，“王居大毡帐，方四十步，周回以氍毹为壁”[⑦]。

从文献记载来看，三国南北朝时期的人们已经非常了解大秦、波斯、龟兹、高昌等地能够生产氍毹，而且中原地区的氍毹也是从这些地区输入的。

但正如前面所述，在研究过程中出现的描述上的差异，是认识上的不统一造成的，所以，笔者认为有统一认识的必要，并在此不厌其烦对其进行简单的概述，并就相关问题进行分析探讨。下面着重以唐代长安地区墓葬壁画中的乐舞图为出发点，对氍毹及莲花上的舞蹈图像两个问题略加讨论。

一、唐长安墓葬乐舞图中的氍毹及其他相关问题

（一）唐长安地区墓葬乐舞图中的氍毹

在唐代都城长安地区发现了为数不少的规模较大的壁画墓，这些壁画墓不仅等级高，而且其中的乐舞图像格外引人注目。它们不仅是研究唐代音乐与舞蹈的重要资料，

① 辞海编辑委员会：《辞海》（1979年版，缩印本），上海辞书出版社，1980年，第1456、1457页。

② （晋）陈寿著，裴松之注：《三国志》，中华书局，1982年，第861页。

③ （北齐）魏收：《魏书》，中华书局，1974年，第2266页。

④ （北齐）魏收：《魏书》，中华书局，1974年，第2270页。

⑤ （唐）令狐德棻等：《周书》，中华书局，1971年，第920页。

⑥ （唐）姚思廉：《梁书》，中华书局，1973年，第812页。

⑦ （魏）杨衒之撰，周祖谟校释：《洛阳伽蓝记校释》，中华书局，2010年，第181、182页。

而且也是研究唐代氍毹的传播、使用的绝佳佐证资料。已知的绘乐舞图而且画面较为清晰的壁画墓主要有：陕西三原高祖献陵陪葬墓之一的贞观五年（631 年）李寿墓、陕西礼泉唐昭陵乾封元年（666 年）韦贵妃墓、陕西富平北吕村开元十五年（727 年）嗣虢王李邕墓、陕西富平朱家道村开元二十六年（738 年）李道坚墓、陕西西安长安区郭庄开元二十八年（740 年）韩休墓、陕西蒲城天宝元年（742 年）让皇帝李宪墓、陕西西安东郊兴庆宫遗址附近天宝四载（745 年）苏思勖墓等。还有陕西西安临潼区庆山寺唐开元二十九年（741 年）塔基地宫东西壁绘制的乐舞图等，也是很重要的参考资料。在这些墓葬及塔基地宫的乐舞图中，均可以看到氍毹的图像。现将其简单地罗列于下。

（1）陕西三原唐李寿墓墓室北壁东侧绘制了乐舞图[①]，其中演奏的乐队坐于一条长方形氍毹上（图 4-1），边缘部分未见连珠及线状边饰。令人惊讶的是，在李寿墓石椁上线刻的乐队演奏者下方却什么坐具都没有雕刻[②]（图 4-2），也就是没有氍毹。但如果全面观察李寿墓石椁上的线刻人物图，其中有两个人物腋下夹着一个方形物，孙机考证其为“茵褥”[③]，但笔者以为称为氍毹更为合适一些。这样，结合壁画中的乐舞图，就可以理解整个线刻图像所要表达的意思，似乎表现的是一个练习演奏的画面，而不是正式演奏的画面。

（2）陕西礼泉唐韦贵妃墓壁画中乐舞图布局较分散[④]，分布于前后室之间后甬道的东西两壁（图 4-3），但奏乐者或者坐于方形、或者坐于长方形的氍毹之上，而且氍毹边缘未见连珠及线条状毛边，仅在每个人物的周围用墨线勾出一个圆圈，比较简单而且粗糙。虽然如此，但它无疑仍然是氍毹，而且也与演奏的乐队有关。

（3）陕西富平唐嗣虢王李邕墓后室东壁绘制了一幅大型的庭院树下乐舞图[⑤]（图 4-4），画面左侧绘制一位坐于榻上欣赏乐舞的贵妇人和一黄衣童子，中部偏左一位站立于饰连珠及线状毛边的方形氍毹上，右侧是演奏的乐队，人物有五六个，前面的奏乐者跽坐于氍毹之上，后面则为站立的奏乐者。

---

① 陕西历史博物馆编：《唐墓壁画集锦》，陕西人民美术出版社，1991年，第29页；张鸿修：《中国唐墓壁画集》，岭南美术出版社，1995年，第29页，图13；梁勉：《试析唐韩休墓乐舞图》，《文物天地》2016年第6期。

② 西安碑林博物馆：《西安碑林博物馆》，陕西人民出版社，2000年，第87页。

③ 孙机：《中国圣火——中国古文物与东西文化交流中的若干问题》，辽宁教育出版社，1996年，第198—250页。

④ 陕西省考古研究院、昭陵博物馆：《唐昭陵韦贵妃墓发掘报告》，科学出版社，2017年，第136、139页，图版三二—三四。

⑤ 陕西省考古研究院：《唐嗣虢王李邕墓发掘报告》，科学出版社，2012年，第78—82页，图版二三。

图4-1　陕西三原唐李寿墓墓室北壁东侧乐舞图（局部）

图4-2　陕西三原唐李寿墓石椁线刻乐舞图像（局部）

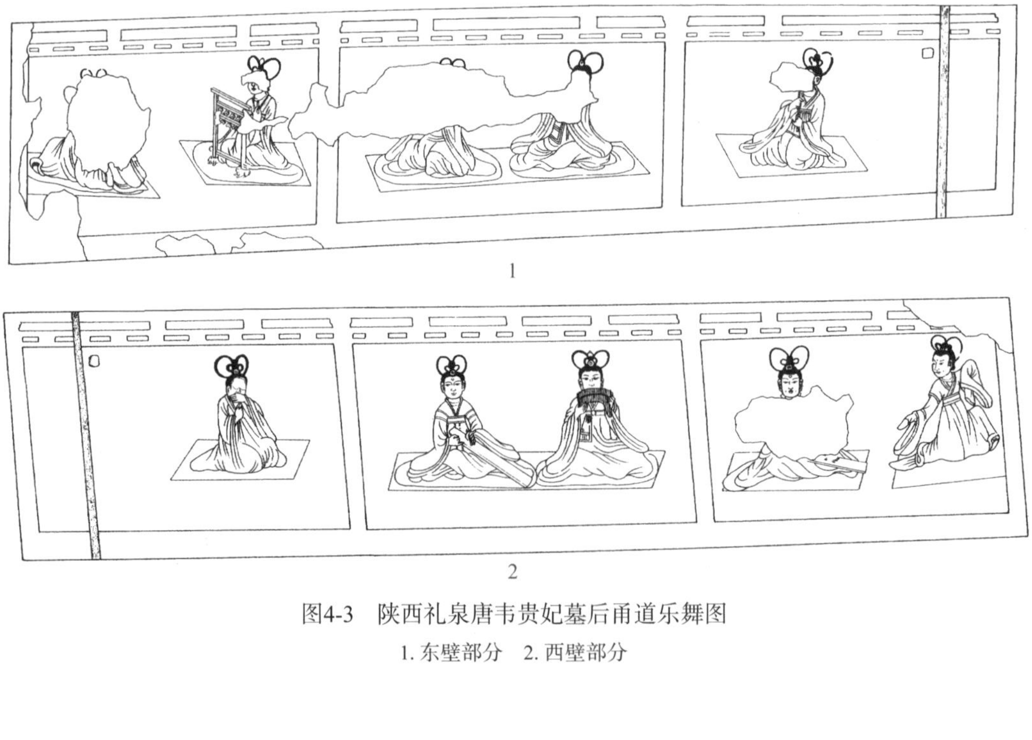

图4-3　陕西礼泉唐韦贵妃墓后甬道乐舞图

1. 东壁部分　2. 西壁部分

图4-4　陕西富平唐嗣虢王李邕墓后室东壁乐舞图

（4）陕西富平唐李道坚墓墓室东壁绘制了一幅坐部伎乐及舞者图像，壁画北侧的乐队及中央舞者或坐或站的氍毹较为清晰，边缘饰连珠圈纹及线条状毛边，演奏的乐队所坐者为方形，舞者所踩踏者为椭圆形（图 4-5）。南侧站立两个装束同于舞者的仕女，或为等待表演的舞者。另外，墓室南壁还有一幅卧狮图（图 4-6），狮子形象栩栩如生，卧于一个椭圆形氍毹上，其边缘装饰同前[①]。狮子卧于氍毹之上的圆雕石像，可以作为上述狮子图像研究的重要参考资料，如陕西西安大明宫含元殿遗址发现的 1 件汉白玉石雕像座，从其上部残留的兽爪及部分上卷的毛发来看，可以推断其为狮子，原雕像表现的是狮子蹲踞于一个长方形氍毹之上，氍毹形象逼真，边缘饰连珠圈纹及线条状毛边，像座侧面还雕刻着海石榴花[②]（图 4-7）。

（5）陕西西安长安区韩休墓壁画中也发现了珍贵的大型乐舞图（图 4-8），两个相对的乐队分别坐于方形氍毹之上，双人舞者则站立在圆形氍毹之上。氍毹不论是方形

① 中国墓室壁画全集编辑委员会编：《中国墓室壁画全集》第二卷《隋唐五代》，河北教育出版社，2011年，第127页，图版一四一，说明文字参见第57页；井增利、王小蒙：《富平县新发现的唐墓壁画》，《考古与文物》1997年第4期。该墓经陕西省考古研究院发掘后，确认是李道坚墓，参见国家文物局编：《2017中国重要考古发现》，文物出版社，2018年，第132—135页。

② 中国社会科学院考古研究所西安唐城工作队：《唐大明宫含元殿遗址1995—1996年发掘报告》，《考古学报》1997年第3期。

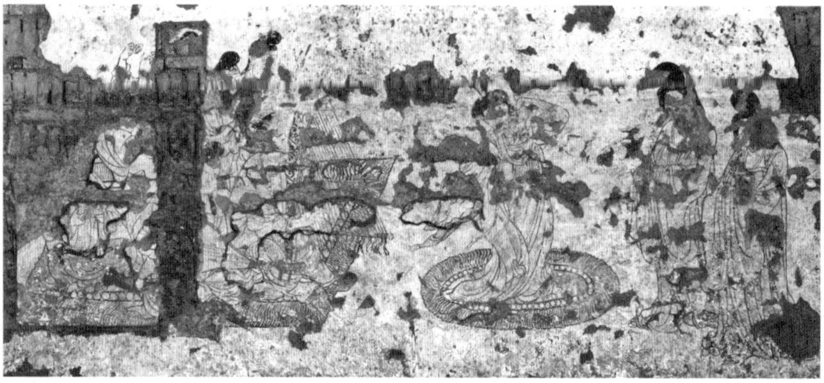

图4-5　陕西富平唐李道坚墓墓室东壁乐舞图及东壁北侧乐队演奏图

图4-6　陕西富平唐李道坚墓墓室南壁卧狮图

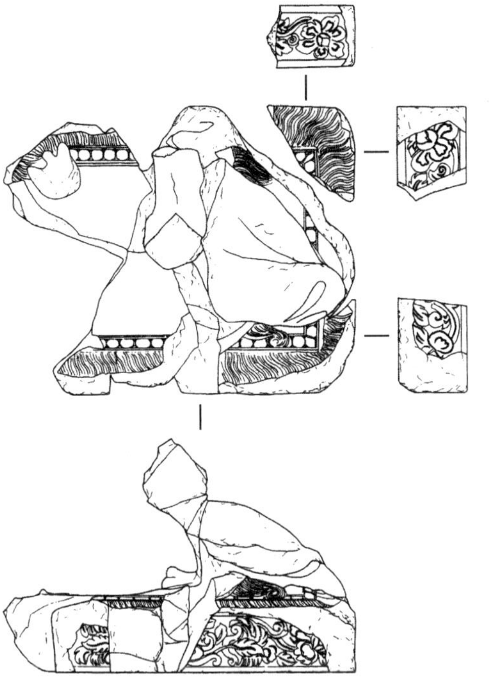

图4-7　陕西西安大明宫含元殿遗址出土汉白玉石雕像座

图4-8　陕西西安长安区唐韩休墓墓室东壁乐舞图

还是圆形，其边缘部分的装饰都是相似的，边缘内侧都饰一周连珠圈纹，外侧则为线条状毛边[①]。

（6）陕西西安临潼区庆山寺塔基地宫的东西两壁分别绘制了一幅乐舞图[②]（图4-9、4-10），壁画中的人物图像比较清晰，坐具虽然较模糊，但仍然残留痕迹。其中东壁乐队所坐者下方露出较宽的氍毹的边缘，画面右侧的舞者脚下明显踩踏一方形氍毹，边缘似乎没有线条状毛边；西壁乐队画面左侧吹奏笛子乐伎右侧后方，露出明显的线条状毛边，画面右侧拍板乐伎的身后，临摹者画出了线条状毛边，但舞者所踩踏者脱落而不清楚。显然，西壁乐舞图中的乐队是坐在饰线条状毛边的氍毹上。这样看来，东西壁乐队所坐者，应该都是饰线条状毛边的氍毹，舞者则踩踏于方形氍毹之上。甚至在同塔基地宫出土的"释迦如来舍利宝帐"腹部雕刻的婆罗门分舍利画面中，等待分配舍利的六个人物（国王）也跪坐于两个长方形的饰连珠及线条状毛边的氍毹上（图4-11）。同时该宝帐上的释迦牟尼涅槃图像中，涅槃台上也雕刻出边缘饰线条状毛边的氍毹[③]（图4-12）。在唐代长安以外的一些晚期佛教造像上也雕刻乐舞及氍毹图像，如河南登封少林寺唐大历六年（771年）同光禅师塔门楣上雕刻者，保存较好，清晰而逼真[④]（图4-13），画面中央的两个舞者站立在饰硕大连珠及线条状毛边的椭圆形氍毹上，翩翩起舞。两侧的坐部伎乐分别坐在一个长方形氍毹上，左侧氍毹饰折线回纹及线条状毛边，右侧氍毹饰连珠及线条状毛边。整个画面雕刻精细，特别是左侧氍毹上的折线回纹则避免了画面的雷同，使得画面对称而不单调。《中国美术全集·绘画编19·石刻线画》收录的1通唐代造像碑碑首下方雕刻一组乐舞图像，其中中央是两个舞者，站立在莲花上舞蹈，两侧的坐部伎乐分别坐在带宽边的圆形或者椭圆形氍毹之上，氍毹的样式些许失真[⑤]（图4-14）。在新疆巴楚脱乌拉塔格佛寺遗址采集的石膏伎乐塑像上，演奏的伎乐也分别坐于边缘饰线状毛边的方形氍毹之上[⑥]（图4-15）。

（7）陕西蒲城唐李宪墓墓室东壁绘制了一幅乐舞图[⑦]（图4-16），其中演奏乐队坐于

① 陕西省考古研究院、陕西历史博物馆、西安市长安区旅游民族宗教文物局：《西安郭庄唐代韩休墓发掘简报》，《文物》2019年第1期。

② 赵康民编著：《武周皇刹庆山寺》，陕西旅游出版社，2014年，第125、127页。

③ 赵康民编著：《武周皇刹庆山寺》，陕西旅游出版社，2014年，第47、49页。

④ 中国画像石全集编辑委员会编：《中国画像石全集》第八卷《石刻线画》，河南美术出版社、山东美术出版社，2000年，图版一六五—一六七，说明文字参见第45页。

⑤ 中国美术全集编辑委员会编：《中国美术全集·绘画编19·石刻线画》，上海人民美术出版社，1988年，第64页，图版五五。

⑥ 新疆维吾尔自治区文物局编：《丝路瑰宝——新疆馆藏文物精品图录》，新疆人民出版社，2011年，第330页。

⑦ 陕西省考古研究所：《唐李宪墓发掘报告》，科学出版社，2005年，第152页，彩版一四，1。

图4-9　陕西西安临潼区唐庆山寺塔基地宫东壁乐舞图

方形氍毹之上，氍毹边缘饰线条状毛边。图像中虽然看不清楚是否有连珠纹，但线条状毛边基本是清晰的。

（8）陕西西安东郊唐苏思勖墓墓室东壁绘制了一幅乐舞图，图中人物手持乐器，或站或坐，坐着的两乐队演奏者分别坐在一条黄色氍毹上，其边缘部分无线条状毛边，

图4-10　陕西西安临潼区唐庆山寺塔基地宫西壁乐舞图

中央的舞者所踩踏的方形氍毹较为清晰，边缘则为线条状毛边[①]（图4-17）。

作为参考，在唐长安以外的石椁上也雕刻了乐舞图像，如河南洛阳伊川昌营唐代

① 陕西考古所唐墓工作组：《西安东郊唐苏思勖墓清理简报》，《考古》1960年第1期；中国墓室壁画全集编辑委员会编：《中国墓室壁画全集》第二卷《隋唐五代》，河北教育出版社，2011年，第116、117页，图版一二九、一三〇，说明文字参见第52、53页；冀东山主编：《神韵与辉煌——陕西历史博物馆国宝鉴赏·唐墓壁画卷》，三秦出版社，2006年，第210—213页，图版128；陕西历史博物馆：《唐墓壁画珍品》，三秦出版社，2011年，第121、122页，图版85。

图4-11　陕西西安临潼区唐庆山寺塔基地宫出土“释迦如来舍利宝帐”图像（局部）

图4-12　陕西西安临潼区庆山寺塔基地宫出土宝帐上的释迦牟尼涅槃图像

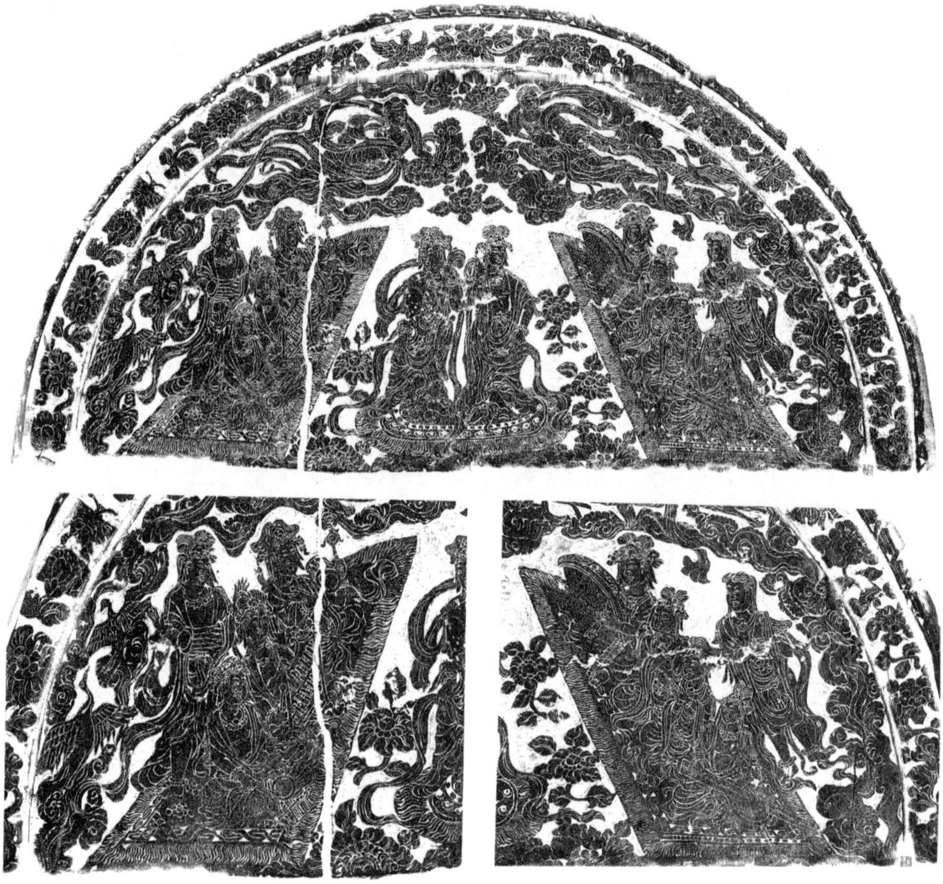

图4-13 河南登封少林寺唐同光禅师塔门楣

图4-14 《中国美术全集·绘画编19·石刻线画》收录唐代造像碑碑首纹饰

图4-15　新疆巴楚脱乌拉塔格佛寺遗址采集石膏伎乐塑像

图4-16　陕西蒲城唐李宪墓墓室东壁南部乐舞图

石椁上线刻一组简单的乐舞图像，舞者居中翩翩起舞，两侧是两个坐着演奏的乐伎，舞者的身后站立两个人物[①]（图 4-18）。从线刻画面来看，所表现的场景是室外的即兴表演，其中坐着的奏乐者坐于两个方形垫子上，边沿未刻出线状毛边，结合前面壁画部分论述，两侧演奏者所坐者也应该是氍毹。

即使到了五代时期，受唐墓壁画乐舞图像的影响，在砖雕壁画墓中仍然有砖雕的乐舞图，其中还有踩踏氍毹的舞者形象。例如，在陕西咸阳五代冯晖墓甬道东壁砖雕彩绘乐舞图的两端，分别雕一个舞蹈者形象，舞者脚下踩踏一椭圆形带线条状毛边的氍毹[②]（图 4-19）。

唐长安地区以外的唐墓中，也有站立在氍毹上舞蹈的舞者图像，如宁夏盐池粟特人墓两扇石门上，各线刻一胡人在圆形氍毹之上舞蹈（图 4-20、4-21），这种舞蹈被认为是文献记载的胡旋舞[③]。胡旋舞舞者下方所踩者也是圆形氍毹。

从目前所知的唐代长安地区墓葬壁画资料来看，生活在京师长安的人们，似乎在奏乐和舞蹈时才使用氍毹，或者说这是氍毹的一个主要用途。因为坐部伎乐需要坐着演奏，所以，壁画中除舞者脚下踩踏氍毹之外，氍毹主要为坐部伎乐的乐队演奏者使用。但在日常生活的其他情况下则似乎不大使用，这也可以从一些墓葬壁画中得到验

① 洛阳市文物考古研究院：《洛阳伊川昌营唐代石椁墓发掘简报》，《文物》2016年第6期。

② 咸阳市文物考古研究所：《五代冯晖墓》，重庆出版社，2001年，第3页，图版四。

③ 宁夏回族自治区博物馆：《宁夏盐池唐墓发掘简报》，《文物》1988年第2期；罗丰：《胡汉之间——“丝绸之路”与西北历史考古》，文物出版社，2004年，第281、282页。

1

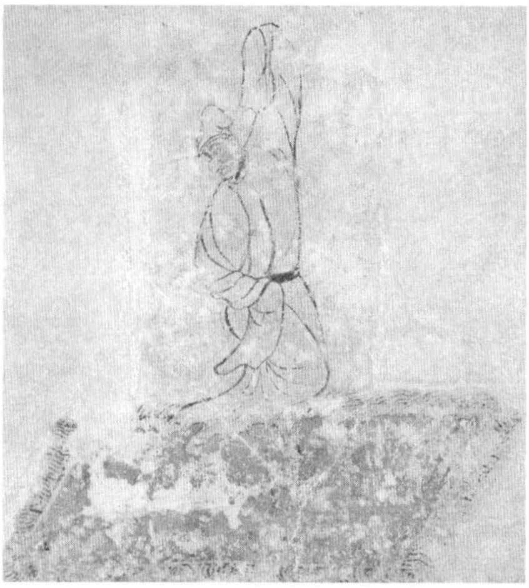

2

3

图4-17　陕西西安唐苏思勖墓墓室东壁乐舞图

1. 北侧　2. 中央　3. 南侧

证。例如，在陕西西安南郊南里王村发现的一座唐韦氏家族墓中绘制一幅场面宏大的宴饮图（图 4-22），其中人物都坐于低矮的榻凳上①。甘肃敦煌莫高窟壁画中也有大量类似的宴饮场景，如中唐第 474 窟西龛北壁绘制的礼席图②（图 4-23）等。又如山东嘉祥

① 中国墓室壁画全集编辑委员会编：《中国墓室壁画全集》第二卷《隋唐五代》，河北教育出版社，2011年，第127页，图版一四一，说明文字参见第57页。

② 敦煌研究院主编：《敦煌石窟艺术全集》24《民俗画卷》，同济大学出版社，2016年，第110页，图版97。

图4-18　河南洛阳伊川昌营唐代石椁线刻

图4-19　陕西咸阳五代冯晖墓甬道东壁砖雕彩绘乐舞图中舞者形象

图4-20　宁夏盐池唐粟特人墓石门线刻胡人舞者

图4-21　宁夏盐池唐粟特人墓石门线刻胡人舞者线图

图4-22　陕西西安南郊南里王村唐墓壁画中的宴饮图

图4-23　甘肃敦煌莫高窟中唐第474窟西龛北壁礼席图

英山发现的隋徐敏行夫妇合葬墓，在墓室北壁有一幅夫妇宴饮乐舞图[①]（图4-24），虽然看不清楚画面中胡旋舞者是否在氍毹上旋转，但作为欣赏者的徐敏行夫妇二人，则坐于高榻之上。这幅壁画虽为隋代之物，但至少证明了当时作为欣赏乐舞的主人是坐于榻上，而不是坐在氍毹之上，为了解榻与氍毹在当时社会的使用状况提供了一定的参考。再从唐代长安地区墓葬壁画及敦煌莫高窟壁画来看，当时一般贵族官僚家庭的日常生活中，是不坐在氍毹上的，而是坐在榻上。特别形象的是唐神龙二年（706年）章怀太子墓第四过洞东西两壁绘制的殿堂侍卫图（图4-25-1、2），侍卫们分别坐于一个较高的长方形榻上，一侧有个坐于榻边、双腿下垂的人物，正好能够反映出榻的高度[②]。在新疆吐鲁番阿斯塔那唐M187中发现的彩绘仕女弈棋图中，一位丰满的仕女即坐于一个装饰华丽的长方形榻上弈棋，榻右侧面还绘制出一个椭圆形壶门，足见仕女

① 山东省博物馆：《山东嘉祥英山一号隋墓清理简报——隋代墓室壁画的首次发现》，《文物》1981年第4期；中国墓室壁画全集编辑委员会编：《中国墓室壁画全集》第二卷《隋唐五代》，河北教育出版社，2011年，第5页，图版五，说明文字参见第3页。

② 冀东山主编：《神韵与辉煌——陕西历史博物馆国宝鉴赏·唐墓壁画卷》，三秦出版社，2006年，第180、181页，图版87、88。

图4-24 山东英山隋徐敏行夫妇合葬墓墓室北壁宴饮乐舞图

所坐者为榻[①]（图 4-25-3）。陕西富平唐上元二年（675 年）李凤墓出土的三彩榻则从实物角度反映了这一生活习惯[②]（图 4-25-4）。

虽然不能说氍毹仅用于乐舞，但从目前长安地区墓葬的图像资料来看，氍毹主要见于乐舞图像中这一点是可以肯定的。文献记载，不论是宫廷还是民间都有坐部伎乐，如《乐府杂录·胡部》记载："遇内宴，即于殿前立奏，乐更番替换。若宫中宴，即坐奏乐。俗乐亦有坐部、立部也。"[③]说明乐舞图中描绘的不单纯是乐舞，而是宴会的一部分，起助兴、娱乐的作用。氍毹与乐舞的关系，也可从文献资料得到证明，尤其是在唐代诗歌中对氍毹多有描述。从诗歌描述的场景来看，多将氍毹称为舞筵，实际上已经说明了其用途。有些则称为地衣，同样也强调的是其用途。有些称为锦筵，则强调其美观或者质地，也是用于舞蹈。为了说明问题，列举其中几首。

（1）岑参《田使君美人舞如莲花北铤歌》云："美人舞如莲花旋，世人有眼应未见。高堂满地红氍毹，试舞一曲天下无。此曲胡人传入汉，诸客见之惊且叹。慢脸娇

① 新疆维吾尔自治区文物局编：《丝路瑰宝——新疆馆藏文物精品图录》，新疆人民出版社，2011年，第27页。

② 冀东山主编：《神韵与辉煌——陕西历史博物馆国宝鉴赏·陶瓷器卷》，三秦出版社，2006年，第63页，图版36。

③ （唐）段安节撰，吴企明点校：《乐府杂录》，中华书局，2012年，第124页。

图4-25　唐墓壁画中的榻与三彩榻

1. 陕西乾县唐乾陵章怀太子墓第四过洞东壁殿堂侍卫图　2. 陕西乾县唐乾陵章怀太子墓第四过洞西壁殿堂侍卫图
3. 新疆吐鲁番阿斯塔那唐 M187 彩绘仕女弈棋图　4. 陕西富平唐李凤墓出土三彩榻

娥纤复秾，轻罗金缕花葱茏。回裾转袖若飞雪，左铤右铤生旋风。琵琶横笛和未匝，花门山头黄云合。忽作出塞入塞声，白草胡沙寒飒飒。翻身入破如有神，前见后见回回新。始知诸曲不可比，采莲落梅徒聒耳。世人学舞只是舞，恣（一作姿）态岂能得如此。”①

（2）杜甫《江畔独步寻花》其四云：“东望少城花满烟，百花高楼更可怜。谁能载酒开金盏，唤取佳人舞绣筵。”②

（3）李商隐《柳》云：“曾逐东风拂舞筵，乐游春苑断肠天。如何肯到清秋日，已

① 《全唐诗》卷一百九十九，上海古籍出版社，1986年，第468页。

② 《全唐诗》卷二百二十七，上海古籍出版社，1986年，第555页。

带斜阳又带蝉。”[①]

（4）李贺《秦宫诗》云：“皇天厄运犹曾裂，秦宫一生花底活。鸾篦夺得不还人，醉睡氍毹满堂月。”[②]

（5）王建《宫词一百首》四十云：“自夸歌舞胜诸人，恨未承恩出内频。连夜宫中修别院，地衣帘额一时新。”[③]

（6）白居易《柘枝妓》云：“平铺一合锦筵开，连击三声画鼓催。红蜡烛移桃叶起，紫罗衫动柘枝来。带垂钿胯花腰重，帽转金铃雪面回。看即曲终留不住，云飘雨送向阳台。”[④]

作为壁画资料的补充资料，最为精彩的是陕西西安西郊南何村唐开元十一年（723年）鲜于庭诲墓出土的1件三彩载伎乐骆驼俑，背部覆搭一边缘呈线条状毛边并装饰一圈硕大连珠纹的氍毹,其上坐着奏乐的伎乐及似乎在舞蹈的舞俑[⑤]（图4-26）。与之相似的骆驼俑，1959年在陕西西安西郊中堡村也发现1件[⑥]（图4-27），骆驼背部也覆搭一装饰菱形格纹、边缘呈线条状的氍毹，其上坐着乐舞伎乐俑，似乎是将地面上的乐队和氍毹移到了骆驼背部一般，不仅耐人寻味，而且更进一步加深了对于氍毹用途的理解。与这件骆驼俑非常接近的图像，还有日本宫内厅正仓院藏两件琵琶捍拨部位装饰的图案[⑦]，其中螺钿紫檀五弦琵琶捍拨部位，以螺钿装饰一胡人伎乐骑骆驼弹奏琵琶图像，骆驼双峰之间为一饰连珠及线条状毛边的氍毹（图4-28-1）；另外1件枫苏芳染螺钿槽琵琶捍拨部位彩绘一头大象，大象背部覆搭一装饰华丽的饰团花、连珠及线条状毛边的红色氍毹，氍毹之上绘制三个奏乐舞蹈的胡人伎乐（图4-28-2）。类似的图像资料也见于唐长安地区的碑刻上，如陕西西安碑林博物馆藏兴福寺残碑侧面装饰的狮子纹样，其背部坐一个呈演奏状的伎乐，伎乐坐于饰连珠圈纹及线条状毛边的椭圆形氍毹上[⑧]（图4-29-1）。在唐李宪墓石椁线刻纹饰中,其中一头大象背部有饰连珠圈纹及

---

① 《全唐诗》卷五百三十九，上海古籍出版社，1986年，第1365页。

② 《全唐诗》卷三百九十二，上海古籍出版社，1986年，第979页，摘录了其中的一部分。

③ 《全唐诗》卷三百三，上海古籍出版社，1986年，第762页。

④ 《全唐诗》卷四百四十六，上海古籍出版社，1986年，第1118页。

⑤ 中国社会科学院考古研究所：《唐长安城郊隋唐墓》，文物出版社，1980年，第56—65页，彩版二。

⑥ 冀东山主编：《神韵与辉煌——陕西历史博物馆国宝鉴赏·陶俑卷》，三秦出版社，2006年，第150、151页，图版99。

⑦ 〔日〕湯原公浩：《別冊太陽 日本のこころ》143《正倉院の世界》，株式会社平凡社，2012年，第30—32頁。

⑧ 赵力光：《风雨沧桑九百年：图说西安碑林·碑石（秦—盛唐）》（珍藏版），西北大学出版社，2017年，第172页。

图4-26　陕西西安西郊南何村唐鲜于庭海墓出土三彩载伎乐骆驼俑

图4-27　陕西西安西郊中堡村唐墓出土三彩载伎乐骆驼俑

线条状毛边的氍毹[①]（图 4-29-2）。更为逼真的氍毹在一些铜造像及圆雕造像上也可以见到，如陕西西安大明宫遗址出土的 1 件鎏金铜狮子背部覆搭的椭圆形氍毹，边缘呈线条状毛边，其上装饰折枝花、菱形格、波浪状纹饰[②]（图 4-30）；大明宫太液池南岸遗址出土的石雕象座（其上原来可能有普贤菩萨像）背部覆搭一椭圆形氍毹，边缘饰连珠圈纹及线条状毛边，其上装饰莲花纹[③]（图 4-31）。

另外，在甘肃敦煌莫高窟壁画中，罕见佛、菩萨等身份的人物坐于氍毹之上者，佛、菩萨等都以各种莲花座等作为坐具。氍毹除出现在乐舞图之外，一些外道人物和世俗的供养人也以氍毹为坐具或踩踏的垫子，如法国巴黎国立图书馆馆藏敦煌莫高窟藏经洞出土的 8—9 世纪的劳度叉斗圣变纸画，其中外道人物坐于一个边缘呈线状的椭

① 陕西省考古研究所：《唐李宪墓发掘报告》，科学出版社，2005年，第180页。

② 西安市文物局：《华夏文明古都 丝绸之路起点》，世界图书出版公司，2005年，第45页。

③ 中国社会科学院考古研究所、日本独立行政法人文化财研究所奈良文化财研究所：《西安唐大明宫太液池南岸遗址发现大型廊院建筑遗存》，《考古》2005年第7期。

1

2

图4-28　骆驼、大象背部的乐舞与氍毹图像

1. 日本宫内厅正仓院藏螺钿紫檀五弦琵琶捍拨部位装饰的骆驼与奏乐者　2. 日本宫内厅正仓院藏枫苏芳染螺钿槽琵琶的捍拨部位装饰的大象与乐舞、氍毹图像

1

2

图4-29　狮子、大象背部的氍毹

1. 陕西西安碑林博物馆藏兴福寺残碑（局部）　2. 陕西蒲城唐李宪墓石椁线刻（局部）

圆形氍毹上[①]（图 4-32）。世俗供养人所坐者，如英国伦敦大英博物馆收藏的敦煌莫高窟藏经洞发现的 8 世纪绢画中绘制的少女供养像（图 4-33），她手持莲花，庄严地坐在

① 〔日〕小野勝年：《世界美術全集》第15卷《中国（4）隋唐》，角川書店，1961年，図版103。

图4-30　陕西西安大明宫遗址出土鎏金铜狮子

图4-31　陕西西安大明宫太液池南岸遗址出土石雕象座

图4-32　法国巴黎国立图书馆藏敦煌莫高窟藏经洞出土纸画

图4-33　英国伦敦大英博物馆藏敦煌莫高窟藏经洞出土绢画

一个方形的没有线条状边饰的氍毹上[①]。值得注意的是，在唐长安城大雁塔门楣上线刻的释迦说法图中[②]，善跏趺坐的佛像坐于须弥座上，从佛像左侧露出的座面及侧面来看，须弥座上部表面铺垫一物，右侧表现不甚明显，但佛像左侧须弥座上部表面所铺垫之物边缘清晰地线刻线条状毛边（图 4-34），这说明须弥座上铺垫的应该是氍毹。虽然图像资料主要为正视，不是俯视，但座面上仍然能够如此清晰地刻画出氍毹的样式，充

① 〔日〕小野勝年：《世界美術全集》第15卷《中国（4）隋唐》，角川書店，1961年，彩版23。

② 王子云编：《中国古代石刻画选集》，中国古典艺术出版社，1957年，图版二五。

分体现了京都长安的佛教艺术水准是第一流的。那么，沿着这个思路，很多其他类似的问题就需要重新考虑。例如，河南安阳大住圣窟中雕刻的“二十四传法圣僧像”[①]（图 4-35），每位圣僧均坐于一个长方形或者方形的垫子上，这些垫子是不是氍毹呢？虽然根据其图像不能贸然断定，但新疆拜城克孜尔石窟第 205 窟绘制的阿阇世王灵梦入浴图中，大臣行雨手中所持的白描四相佛传中初转法轮的五比丘、佛涅槃前所收的最后一位弟子须跋陀罗等（图 4-36、4-37），均坐在周边呈线条状的坐具上[②]。美国火奴鲁鲁美术学院藏“唐贞观三年（629 年）镇海寺僧修善”造浮雕罗汉像，舒相坐的罗汉坐于装饰线条状边饰的氍毹上[③]（图 4-38）。陕西西安临潼区庆山寺唐开元二十九年（741 年）塔基地宫东西两壁分别绘制五个弟子像，合起来为十大弟子像，其中东壁五

图4-34　唐长安城大雁塔门楣线刻释迦说法图（局部）

图4-35　河南安阳大住圣石窟雕刻的“二十四传法圣僧像”

① 河南省古代建筑保护研究所：《河南安阳灵泉寺石窟及小南海石窟》，《文物》1988年第4期；中国画像石全集编辑委员会编：《中国画像石全集》第八卷《石刻线画》，河南美术出版社、山东美术出版社，2000年，图版一三一，说明文字参见第37页。

② 新疆龟兹石窟研究所编：《中国新疆壁画·龟兹》，新疆美术摄影出版社，2008年，第84页，图版七三；霍旭初主编：《曹永军龟兹壁画临摹集》，新疆人民出版社，2004年，第41—45页。

③ 金申：《中国历代纪年佛像图典》，文物出版社，1994年，图版251。

图4-36　新疆拜城克孜尔石窟第205窟阿阇世王灵梦入浴图

图4-37　新疆拜城克孜尔石窟第205窟阿阇世王灵梦入浴图（局部）

图4-38　美国火奴鲁鲁美术学院藏“唐贞观三年（629年）镇海寺僧修善”造浮雕罗汉像

个弟子中，隐约可见居中和右侧弟子分别坐于一个呈方形的垫子上。按照壁画布局的对称性，推测西壁的五个弟子也是如此（图4-39）。虽然线描图中未将其表现出来，但结合同塔基地宫的乐舞图像，可以推测其所坐者为氍毹[①]。又如敦煌莫高窟盛唐时期第148窟礼拜佛舍利的僧和供养人分别跽坐或跪拜在边缘绘成红褐色的氍毹之上[②]。即使在敦煌莫高窟宋代绘画中，仍然绘制出踩踏于氍毹上的供养人像，如法国巴黎吉美美术馆收藏的太平兴国六年（981年）绢画千手千眼观音菩萨像中的供养人樊继寿[③]（图4-40），手持手炉，踩踏于边缘饰线条状毛边的长方形氍毹之上。

特别值得注意的是陕西铜川耀州区仁寿四年（604年）神德寺塔基地宫出土的石

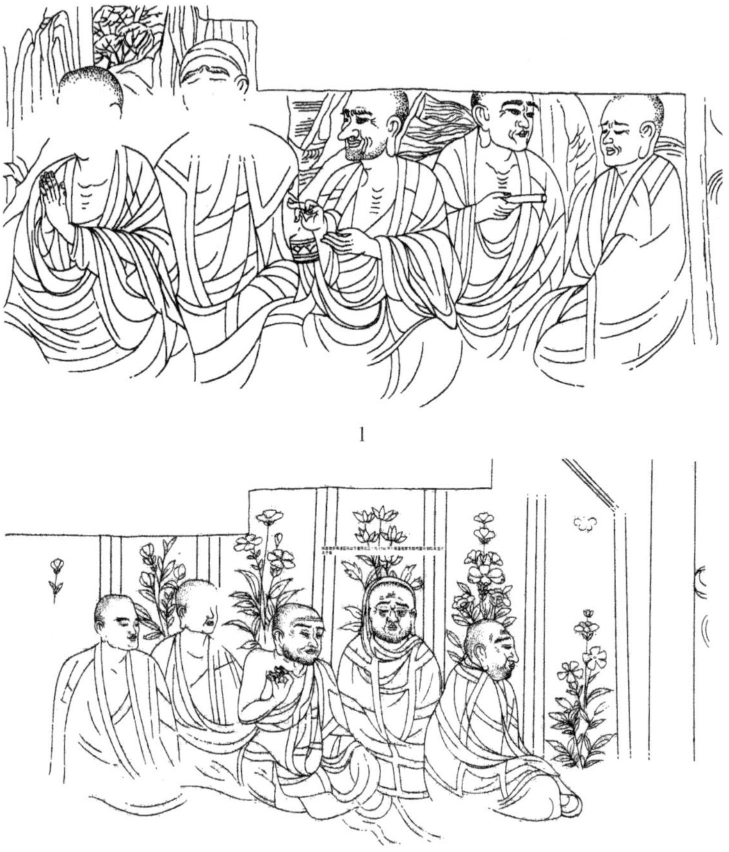

图4-39　陕西西安临潼区庆山寺塔基地宫东西壁的弟子像

1. 东壁　2. 西壁

① 赵康民编著：《武周皇刹庆山寺》，陕西旅游出版社，2014年，第126页。

② 敦煌研究院主编：《敦煌石窟艺术全集》20《建筑画卷》，同济大学出版社，2016年，第150页，图版137。

③ 敦煌研究院主编：《敦煌石窟艺术全集》赠阅卷《藏经洞画卷》，同济大学出版社，2016年，第83页，图版86。

函上雕刻的四大弟子举哀像，四大弟子分别坐在装饰较稀疏的线状毛边近乎圆形的氍毹上[①]（图4-41）。参照德国柏林亚洲艺术馆所收藏的明代（似应为辽代）罗汉像[②]（图4-42），其座前部露出带宽边表面装饰华丽的方形物的一部分，从其侧面观察，其厚薄的比例与氍毹相当，说明罗汉坐于装饰华丽的方形氍毹之上。另外，故宫博物院收藏的释迦苦行像[③]（图4-43），坐于一个带线状毛边的圆形垫子之上，以前往往将这个圆形垫子解释为草垫、草团。尽管佛经上有吉祥（吉利）施草的记载，但对于造像的制作者而言，以氍毹之样式来表现其所坐的垫子是完全有可能的。类似的例子众多，如常见的降魔成道像，给予佛像以莲花座、须弥座等不同的坐具就是如此。退一步来讲，即使所要表现的对象是“草垫”“草团”，但从其将边缘雕刻或者绘制成线条状这一点来看，似乎也应该是以边缘饰线条状毛边的氍毹作为模拟对象的，毕竟现实生活中人们坐于草垫、草团上之上的现象是较为少见的。巴基斯坦西克利出土、现藏拉合尔博物馆的犍陀罗释迦苦行像所坐者[④]（图4-44），即是以氍毹类坐垫为模拟对象雕刻而成。这尊著名的苦行像，在坐垫边缘特意雕刻出两枝下垂的带叶片的折枝花，似乎是在强调其为“草垫”，这恰恰反映了雕刻者在雕刻边缘呈线条状的坐垫时模仿了氍毹类垫子，为了不使人在视觉效果上出错，而不得不以两枝折枝花来强调其性质。这些图像资料可以佐证大住石窟的“传法圣僧像”中圣僧所坐者，似乎应为简单的不加边饰的氍毹，或者说有可能就是氍毹。在晚期的石窟寺绘画中也有类似的现象，如陕西米脂悬空寺石窟绘制的明代观音菩萨像即坐于一块椭圆形的氍毹上，氍毹边缘呈明显的线条状毛边，

图4-40　法国巴黎吉美美术馆藏太平兴国六年（981年）绢画中的供养人樊继寿

① 图中拓片资料系日本友人东北大学文学部教授长冈龙作馈赠，在此深表谢意！神德寺的发掘简报参见朱捷元、秦波：《陕西长安和耀县发现的波斯萨珊朝银币》，《考古》1974年第2期。

② Museums Führer, *Museum für Ostasiatische Kunst Berlin*, Prestel: München, London, New York, 2000, p.41.

③ 星云大师总监修，罗世平、如常主编：《世界佛教美术图说大典・雕塑③》，湖南美术出版社，2017年，第920页。

④ 〔日〕樋口隆康、桑山正進、宮治昭、田辺勝美：《パキスタン・ガンダーラ美術展図録》，日本放送協会，1984年，図版Ⅰ-1。

图4-41　陕西铜川耀州区神德寺塔基地宫出土石函纹饰

图4-42　德国柏林亚洲艺术馆所藏明代（似应为辽代）罗汉像

图4-43　故宫博物院藏明代释迦苦行像

图4-44　巴基斯坦西克利出土、现藏拉合尔博物馆的犍陀罗释迦苦行像

而且其上还装饰白色的珍珠状饰物，可能是用以象征采取的绛毛工艺[①]（图 4-45）。

谈到这里，问题也来了。为什么唐代高等级建筑的地面不铺设氍毹呢？这只要看看唐代长安城遗址中发现的各类模印华丽的花纹方砖就明白了，如唐长安城大明宫遗址出土的葡萄奔狮纹方砖[②]（图 4-46）等各种花纹砖。这些花纹砖已经起到了对建筑物地面的装饰作用。但为什么要给乐队成员铺设氍毹呢？这也许与花纹砖有关。毫无疑问，花纹砖的装饰作用是明显的，但其表面却凹凸不平，特别是其中的莲花纹方砖，凹凸更甚。如果直接坐于其上，或者在其上进行舞蹈、腾跳、旋转等活动，其结果可想而知，身体受到损伤是毫无疑问了。那么乐队演奏时需要坐在氍毹上的原因也就不难理解了。当然，作为一种礼仪或者仪式，也是需要铺设氍毹的一个很重要的原因吧。

图4-45　陕西米脂悬空寺石窟明代观音菩萨像

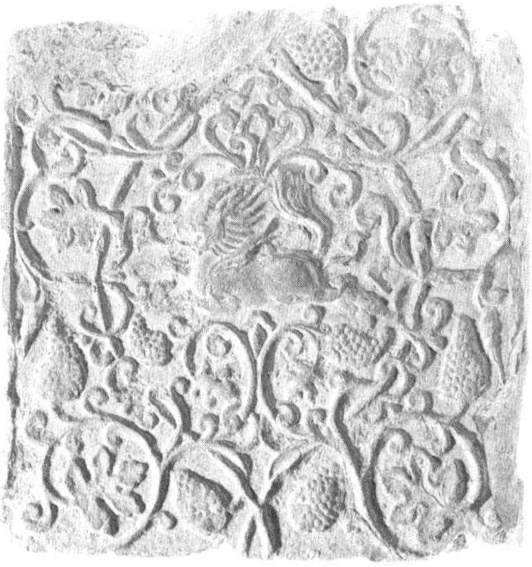

图4-46　唐长安城大明宫遗址出土葡萄奔狮纹方砖

（二）唐代乐舞俑群中的氍毹形象

如果将考古发现的与氍毹相关的资料稍微引申一下，还可以发现很多以往未注意的细节。在考古发现的一些唐代乐舞俑群中，陶工们其实也制作出了氍毹，但被我们忽视了，并未去深究。例如，陕西礼泉唐麟德元年（664 年）郑仁泰墓出土的一组彩绘釉陶乐舞俑群[③]（图 4-47）；河南洛阳北窑湾唐墓出土的一组三彩乐舞俑[④]（图 4-48）；河

① 文中插图系笔者拍摄于悬空寺石窟。

② 中国社会科学院考古研究所：《考古精华——中国社会科学院考古研究所建所四十周年纪念》，科学出版社，1993年，第294页；图版二四三，3。

③ 陕西省博物馆、礼泉县文教局唐墓发掘组：《唐郑仁泰墓发掘简报》，《文物》1972年第7期；冀东山主编：《神韵与辉煌——陕西历史博物馆国宝鉴赏·陶俑卷》，三秦出版社，2006年，第108、109页，图版七七。

④ 郑州市文物考古研究所：《河南唐三彩与唐青花》，科学出版社，2006年，第230、231页，图版298。

南孟津唐墓出土的一组乐舞俑群，包括坐着的女伎乐、站着的男伎乐及站立的女舞者[①]（图4-49）；山西长治北董村唐墓出土的一组乐舞俑群，其中包括演奏者及演唱者[②]（图4-50）等。值得注意的是，这些乐舞俑群均坐在长方形或者方形之物上，以往均将其称为“台板”“底板”“踏板”等。但结合相关绘画资料和“台板”“底板”“踏板”本身或长或方或圆这一点来看，可知这些乐舞俑群下面的所谓“台板”“底板”“踏板”，实际上是陶工们模仿了当时的坐部伎乐坐在氍毹上演奏、站在氍毹上舞蹈的场景，特别是北窑湾唐墓出土的乐舞俑群中三人一组坐着的长方形氍毹，舞者站立的方形氍毹，与唐墓壁画乐舞图中的布局极为相似。这种高度的相似性不是偶然的，更加说明它们就是笔者所认为的氍毹。这四组乐舞俑群中，不论奏乐者所坐者是长是方是圆，都应该是象征氍毹，而不能简单地将其视为台板。至少可以说，是以长方形或方形或圆形台板象征氍毹。如果这样描述，自然就把其中包含的文化传统及交流的一面展现出来了。又从郑仁泰墓出土的一组乐舞俑来看，坐部伎乐坐于氍毹之上，而两个舞者则没有所谓的“踏板”等，如果真是“踏板”的话，那么这两个舞者的脚下也应该存在，显然这是表示舞者没有在氍毹上舞蹈的意思。这类现象也见于河南洛阳邙山徐村唐墓出土的一组彩绘乐舞俑上[③]（图4-51），所表达的应该是与郑仁泰墓乐舞俑同样的意思。类似的单个踩踏方形氍毹的舞俑，在陕西西安万岁通天二年（697年）独孤思贞墓中也有发现[④]（图4-52）。实际上，此类乐舞俑群中还有更直接的证据，如陕西西安西郊制药厂唐墓出土的1件吹笙陶俑[⑤]（图4-53），其下部的坐具就是1件椭圆形氍毹，氍毹饰线条状毛边，它与其他的说唱俑、奏乐俑组成一组奏乐说唱俑群。如果再前推一点，在河南安阳隋开皇十五年（595年）张盛墓出土的乐舞俑群中，演奏者均坐于形如“台

① 310国道孟津考古队：《洛阳孟津西山头唐墓》，《文物》1992年第3期。

② 〔日〕齊藤龍一：《大唐王朝女性の美》，中日新聞社，2004年，第73頁，図版35。

③ 王绣主编：《洛阳文物精萃》，河南美术出版社，2001年，第150、151页，图版18。

④ 中国社会科学院考古研究所：《西安城郊隋唐墓》，文物出版社，1980年，第36页，图版四六。

⑤ 〔日〕セゾン美術館、日本経済新聞社：《シルクロードの都——長安の秘宝》，緑箱社，1992年，第72頁，図版62；冀东山主编：《神韵与辉煌——陕西历史博物馆国宝鉴赏·陶俑卷》，三秦出版社，2006年，第108、109页，图版七七。

图4-47　陕西礼泉唐麟德元年（664年）郑仁泰墓出土乐舞俑

图4-48　河南洛阳北窑湾唐墓出土三彩乐舞俑

图4-49　河南孟津唐墓出土乐舞俑

图4-50　山西长治北董村唐墓出土乐舞俑

图4-51　河南洛阳邙山徐村唐墓出土彩绘乐舞俑

图4-52　陕西西安独孤思贞墓出土舞俑

图4-53　陕西西安西郊制药厂唐墓出土奏乐说唱俑

板”一样的方形氍毹之上[①]（图 4-54）；甘肃天水石马坪隋唐墓葬中出土的奏乐石俑[②]（图

① 考古研究所安阳发掘队：《安阳张盛墓发掘记》，《考古》1959年第10期；〔日〕中日新聞社：《黄河文明展》，大塚巧芸社，1986年，第132、133頁，図版107。

② 天水市博物馆：《天水市发现隋唐屏风石棺床墓》，《考古》1992年第1期；俄军主编：《丝绸之路：对话与交流——十三省市区馆藏文物精品展》，甘肃人民出版社，2017年，第182、183页。原发掘简报认为该墓的年代在隋唐时期，但随着时间的推移，目前逐渐倾向于将其年代定在隋代，参见沈睿文：《天水石马坪石棺床墓的若干问题》，《粟特人在中国：考古发现与出土文献的新印证》，科学出版社，2016年，第462—495页。

图4-54　河南安阳隋张盛墓出土乐舞俑

图4-55　甘肃天水石马坪隋唐墓葬出土奏乐石俑

4-55），也坐于或者跪于形如“台板”一样的方形氍毹之上。由此可见，凡是出现在成组乐舞俑下面的台板，似乎都应该根据具体形象进行推断，从而给出较为精确的解释和说明，它们可能不仅仅是一个台板那么简单，而与氍毹有着密切联系，很值得认真对待。但也不能一概而论，其他的不属于乐舞俑群的单个陶人物俑下面的台板，则不属于这里所言的氍毹之列，它们是真正用于平衡的台板、底板、踏板，或者是受了乐舞俑群中模拟氍毹形象的影响，因为陶动物俑足下的踏板在北朝时期已经大量出现，但人物俑足下的踏板却罕见，因此，笔者推测唐代流行的在人物俑足下的踏板，似乎与模拟氍毹形象的乐舞俑群相关。作为一个非常重要的参考，在河北宣化唐乾符四年（877年）张庆宗墓中发现3件跽坐奏乐俑[①]（图4-56），其下部制作出逼真的边缘饰线条状毛边的圆角方形氍毹，虽然年代属于晚唐时期，但也为笔者前面的推断提供了一个重要的支撑材料。当然了，也不是所有的伎乐俑都制作出了象征氍毹的“台板”，如

① 张家口宣化区文物保管所：《河北宣化纪年唐墓发掘简报》，《文物》2008年第7期。

图4-56　河北宣化唐乾符四年（877年）张庆宗墓出土奏乐俑

陕西西安西郊唐开元二十七年（739 年）俾失十囊墓出土的一组奏乐俑[①]（图 4-57）、中国国家博物馆收藏的陕西西安唐墓出土的一组奏乐俑[②]（图 4-58），就没有制作出象征氍毹的“台板”。

如果再往前追溯一下，在汉至十六国时期墓葬出土的乐舞俑群中就看不到氍毹的形象。例如，河南洛阳涧西七里河东汉墓中出土的乐舞俑群[③]（图 4-59），陕西咸阳机场二期工程十六国时期 M298 出土的一组女乐俑群[④]（图 4-60），山西大同雁北师范学院北

① 李域铮：《西安西郊唐俾失十囊墓清理简报》，《文博》1985年第6期；《丝绸之路——大西北遗珍》编辑委员会编：《丝绸之路——大西北遗珍》，文物出版社，2010年，第124页，图版124。

② 中国历史博物馆：《中国历史博物馆——华夏文明史图鉴》，朝花出版社，2002年，第190页，图版190。

③ 王绣主编：《洛阳文物精粹》，湖南美术出版社，2001年，第142页，图版11。

④ 陕西省考古研究院隋唐考古研究室：《2008～2017年陕西三国隋唐宋元明清考古综述》，《考古与文物》2018年第5期。

图4-57　陕西西安西郊唐俾失十囊墓出土奏乐俑

图4-58　中国国家博物馆藏陕西西安唐墓出土奏乐俑

图4-59　河南洛阳涧西七里河东汉墓出土乐舞俑

魏墓出土的乐舞俑群[①]（图 4-61、4-62），山西大同北魏太和八年（484 年）司马金龙墓出土的伎乐俑[②]（图 4-63），河南洛阳北魏杨机墓出土的奏乐及舞蹈俑[③]等，这些或演奏或舞蹈的俑群，身躯下部均没有象征氍毹的方形或者长方形之物。从这些年代较早的发现也可以看出，当时现实生活中奏乐舞蹈之时使用氍毹还不是很普遍。而在唐代上

图4-60　陕西咸阳机场二期工程十六国时期M298出土女乐俑

图4-61　山西大同雁北师范学院北魏墓出土乐舞俑

① 〔日〕大広：《中国☆美の十字路展》，株式会社東京印書館，2005年，第88頁，図版56。

② 山西省大同市博物馆、山西省文物工作委员会：《山西大同石家寨北魏司马金龙墓》，《文物》1972年第3期；〔日〕大広：《中国☆美の十字路展》，株式会社東京印書館，2005年，第89頁，図版58。

③ 洛阳博物馆：《洛阳北魏杨机墓出土文物》，《文物》2007年第11期。

层社会，奏乐舞蹈之时普遍使用氍毹，正是因为唐代的坐部伎乐多用氍毹，从而使得当时的工匠创造性地模拟出了方形、长方形或者圆形的被称为“踏板”等的象征氍毹之物。

作为乐舞俑群上出现氍毹的重要参照物，在一些唐代玉带銙或者蚌器上也雕刻着单独的演奏伎乐及舞者，演奏的伎乐坐于氍毹之上，舞者站立于氍毹之上。因为雕刻细的缘故，氍毹图像较清晰，可以看到其形状和线条状毛边。这些雕刻乐舞纹样的玉带銙也是单个雕刻，但将其装饰于革带上之后，自然形成一组乐舞图像，与乐舞俑群中的演奏者及舞者的组合方式基本一致，这似乎也反过来证明了乐舞俑群中的“台板”“底板”“踏板”等，确实表现的是乐舞进行中所使用的氍毹。这类雕刻乐舞纹样的玉带銙，在唐代长安地区的墓葬、窖藏尤其是后者中常见，与唐代长安地区墓葬中发现的乐舞图、乐舞俑群等，共同组成了唐代京师长安歌舞升平的景象。刘云辉先生曾经对雕刻乐舞图像的玉带銙进行过梳理，这里借用一下先生的研究成果。在陕西礼泉唐昭陵陵园出土的1件玉铊尾①（图4-64），其上雕刻一翩翩起舞的舞者脚下踩踏一饰线条状毛边的圆形氍毹，与墓葬壁画中的氍毹接近。西安西郊丈八沟唐代窖藏中出土一组玉带銙和铊尾，方形带銙12件、铊尾1件②。其中方形玉带銙上雕刻坐于氍毹上的奏乐者（图4-65），铊尾上雕刻踩踏于氍毹上的舞者（图4-66）。带銙上的氍毹呈方形或者椭圆形，边缘饰线条状毛边，与墓葬壁画中的氍毹基本接近。西安关庙小学基建工地出土一组玉带銙③，其中5件方形玉带銙上分别雕刻演奏乐器的胡人形象，均坐于方形氍毹上，氍毹特征同前。西安西郊唐墓出土的1件方形玉带銙上雕刻一吹笙胡人

图4-62 山西大同雁北师范学院北魏墓出土舞俑

图4-63 山西大同北魏太和八年（484年）司马金龙墓出土伎乐俑

图4-64 陕西礼泉唐昭陵陵园出土玉铊尾

① 刘云辉编：《北周隋唐京畿玉器》，重庆出版社，2000年，第51、52页，图版61、62。
② 刘云辉编：《北周隋唐京畿玉器》，重庆出版社，2000年，第55—58页，图版63—78。
③ 刘云辉编：《北周隋唐京畿玉器》，重庆出版社，2000年，第59—64页，图版63—94。

图4-65　陕西西安西郊丈八沟唐代窖藏出土玉带銙（部分）

图4-66　陕西西安西郊丈八沟唐代窖藏出土玉铊尾

图4-67　陕西西安西郊唐墓出土玉带銙

像（图 4-67），坐于椭圆形氍毹上，氍毹特征同前[①]。

陕西历史博物馆收藏的 1 件蚌器上雕刻着舞蹈图像，这件蚌器原来被称为“胡旋舞蚌饰片”[②]（图 4-68），笔者观察到其上不呈圆弧形，下部平直而且带一个圆孔，颇与唐代主要用于装饰的玉梳、金梳背相类似，因此，笔者推断其为梳子的梳背，可以称为蚌梳背。一面高浮雕一个女性舞蹈者，身披长巾，翩翩起舞，与前述壁画中的巾舞相似。舞者脚下踩踏一个边缘饰线条状毛边的近长方形氍毹，其上还雕刻一些小圆圈作为装饰。

① 刘云辉编：《北周隋唐京畿玉器》，重庆出版社，2000年，第71页，图版107。

② 赵荣主编：《长安丝路东西风》，三秦出版社，2018年，第125页，图版十。

图4-68　陕西历史博物馆藏蚌饰

不仅在玉带銙上出现胡人与氍毹的图像，湖南长沙望城区长沙窑瓷器上也常见各类舞蹈人物图像，多站立在饰连珠及线条状边缘的氍毹上[①]（图4-69），可见乐舞与氍毹之间关系密切。长沙窑瓷器上的装饰，可以看到京师长安地区乐舞及其图像的影子，显然是受京师长安地区宫廷、贵族生活的流风所影响。在新疆吐鲁番曾经发现一块年代在9世纪的木板彩绘[②]（图4-70），一个裸体男童站立在边缘饰线状毛边的椭圆形氍毹之上翩翩起舞。根据前面叙述的乐舞图像，推测与其相连的两侧可能还有演奏的乐队，与其组成一幅完整的乐舞图像。

至此，可以说画家用神来之笔将现实生活中的乐舞场景浓缩为艺术形象，给我们留下了宝贵的精神财富；而陶工们则用其灵巧的双手，采用写实（演奏者、舞者）加抽象（方形或长方形的氍毹）的技艺，给我们留下了一组组珍贵的雕塑群像。从乐舞图像资料和乐舞俑群来看，后代将舞台称为“氍毹”或“红氍毹”，其实自隋唐时期已经开始了。从这一点也可以看出，一个“九天阊阖开宫殿，万国衣冠拜冕旒”的伟大时代，其所创造的物质和精神财富影响之巨。

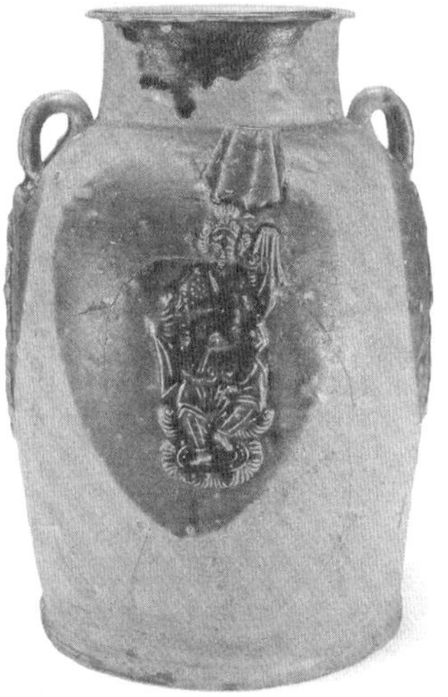

图4-69　湖南长沙望城区长沙窑遗址出土瓷执壶

图4-70　新疆吐鲁番发现的木板彩绘

① 李效伟：《长沙窑——大唐文化辉煌之焦点》，湖南美术出版社，2003年，第41页，图73。

② 〔日〕東京国立博物館、京都国立博物館、朝日新聞社：《西域美術展——ドイツ・トルファン探検隊》，便利堂，1991年，第172頁，図版118。

（三）氍毹的其他用途

作为一种日常生活用具，氍毹也绝对不是仅用于乐队的。唐代以前的人们是有以氍毹铺地的习惯的，这不仅见于文献记载，还可以从考古发现及石窟寺的资料中得到验证，如河北湾漳北朝壁画墓墓道就绘制着地画①（图4-71），可能就是模拟铺设于地面的氍毹而绘制的。山西大同云冈石窟第9、10窟前庭地面雕刻的龟甲纹及周围饰连珠圈纹、莲瓣纹的莲花纹方砖形装饰②（图4-72），应该是对地面铺设氍毹或者方砖的模仿。河南洛阳龙门石窟皇甫公洞（窟）（图4-73）、宾阳三洞的中洞和北洞（图4-74）地面上雕刻着硕大的莲花纹③，也应该模仿的是氍毹或者铺地方砖。甘肃武山水帘洞石窟第4号泥塑彩绘说法图中，佛坐于狮子之上，狮子背上铺垫着边缘饰线状毛边的方形氍毹④（图4-75）。值得注意的是，在陕西西安北周康业墓围屏上雕刻表现野外场景的画面⑤（图4-76、4-77），其中两幅的画面构成相同，一个人物坐于榻上，其前方是一群人物在跪拜，这些跪拜人物似乎都坐在氍毹或席子上，这是北周时期长安地区的人们在野外使用氍毹或席子情况的图像化再现。比上述资料更早的是故宫博物院收藏、相

图4-71　河北湾漳北朝壁画墓墓道地画

① 中国社会科学院考古研究所、河北省文物研究所：《磁县湾漳北朝壁画墓》，科学出版社，2003年，第168页，图版60。关于此，报告编写者认为是地衣。但笔者以为，直接叫氍毹似乎更接近于文献的记载。地衣只是一种比拟，说的是其用途。唐代人还将装饰于墙壁上的氍毹称为壁衣。不论地衣还是壁衣，其实也都是氍毹。

② 文中插图系山西大同云冈石窟研究院王雁卿女士提供，谨此表示感谢。

③ 中国石窟雕塑全集编辑委员会编：《中国石窟雕塑全集》4《龙门》，重庆出版社，2001年，第73页，图版七二；龙门文物保管所、北京大学考古系：《中国石窟·龙门石窟（一）》，文物出版社、株式会社平凡社，1991年，实测图。

④ 甘肃省文物考古研究所、麦积山石窟艺术研究所、水帘洞石窟保护研究所：《水帘洞石窟群》，科学出版社，2009年，第23、24页；彩版七，2。

⑤ 西安市文物保护考古所：《西安北周康业墓发掘简报》，《文物》2008年第6期。

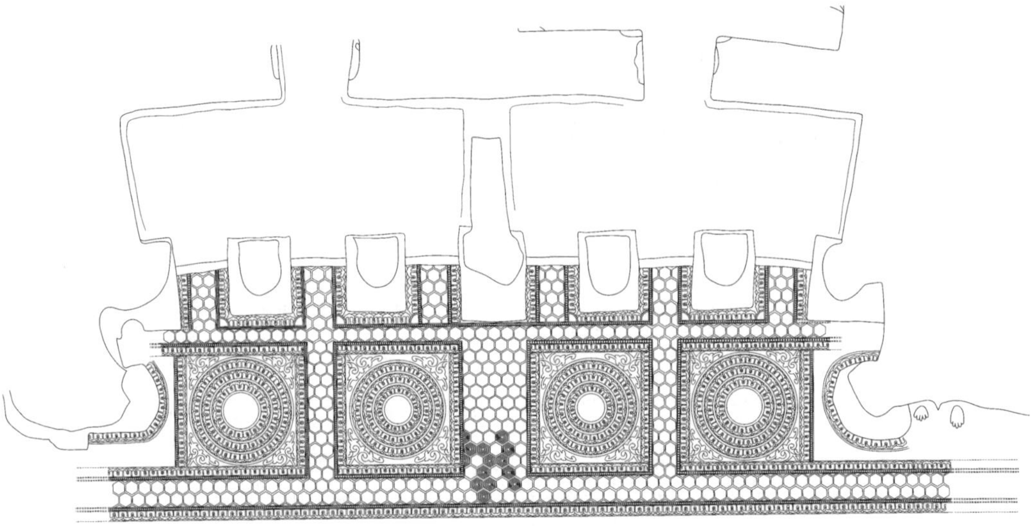

图4-72 山西大同云冈石窟第9、10窟前庭地面装饰

图4-73 河南洛阳龙门石窟皇甫公洞（窟）地面雕刻的莲花图案

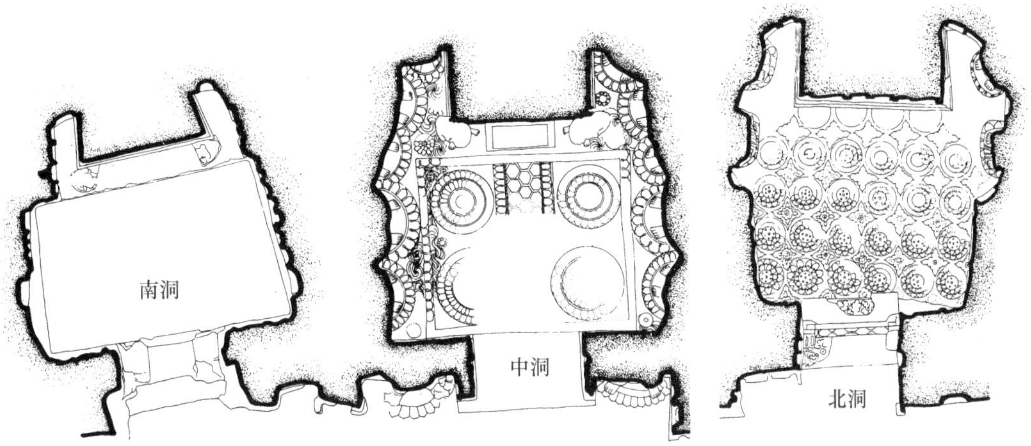

图4-74　河南洛阳龙门石窟宾阳三洞的中洞、北洞地面雕刻的莲花图案

图 4-75　甘肃武山县水帘洞石窟第4号泥塑彩绘说法图

图4-76　陕西西安北周康业墓石椁北侧围屏自西向东第一幅线描图

图4-77　陕西西安北周康业墓西侧围屏自南向北第二幅线描图

传为东晋顾恺之作绘的绢本着色《斫琴图》，其中的持琴者坐于饰线条状毛边的椭圆形氍毹上[①]（图 4-78）。

在前文已经说过，唐人在日常生活中室内一般不铺设氍毹，并且简单地阐明了其原因。除了乐队演奏之外，氍毹还在一些骆驼、马匹等及室外活动中大量使用。唐代长安及洛阳地区墓葬中出土大量骆驼俑，特别是在一些三彩骆驼俑背部相当于马的鞍

① 〔日〕曾布川寛、岡田健：《世界美術大全集・東洋編》第3巻《三国・南北朝》，小学館，2003年，第104頁，図版83。

图4-78　故宫博物院藏传东晋顾恺之《斲（斫）琴图》（局部）

鞯部分往往覆搭以一个椭圆形“垫子”[①]，“垫子”中央露出两个洞正好与骆驼的双峰相套合，有的驼峰处的“垫子”还有花边，似乎说明是专门为骆驼而织的。这类“垫子”应该也是以氍毹为模型制作而成，主要是防止骆驼驮载的物品与骆驼背部相互摩擦而伤害骆驼，河南洛阳安菩墓出土的三彩骆驼俑[②]（图4-79-1）就是这样，这类骆驼俑在唐墓中常见。更有趣的是河南巩义常庄出土的1件彩绘骆驼俑背部的氍毹边上还绘制出一圈硕大的连珠纹[③]（图4-79-2）。一些三彩马俑的鞍鞯或者障泥，其样式也分长方形、椭圆形两种，从其表现形式来看，显得非常厚重而且观感上比较僵硬，显然模仿的是毛织物即氍毹，如陕西西安南郊郭杜镇唐墓（M31）中出土两匹三彩马俑上的鞍鞯和障泥即是如此[④]（图4-80、4-81）。还可以敦煌石窟壁画中常见的狮子、大象等动物身上的氍毹作为参照，如甘肃安西榆林窟第25窟壁画中绘制的文殊菩萨变相中的狮子

① 关于马俑、骆驼俑等背部的鞍鞯或者相当于鞍鞯部分的所垫之物，前人已经初步提出了是毡毯的概念，只是分散于墓葬发掘报告中，参见中国社会科学院考古研究所：《唐长安城郊隋唐墓》，文物出版社，1980年，其中唐代墓葬部分有马俑、骆驼俑等。

② 郑州市文物考古研究所：《河南唐三彩与唐青花》，科学出版社，2006年，第312页，图版405。

③ 河南博物院：《汉唐中原——河南文物精品展》，科学出版社，2015年，第78页。

④ 西安市文物保护考古所：《西安文物精华·三彩》，世界图书出版公司，2011年，第89—91页，图版99、100。

1

2

图4-79　骆驼俑

1. 河南洛阳唐安菩墓出土的三彩骆驼俑　2. 河南巩义常庄出土彩绘骆驼俑

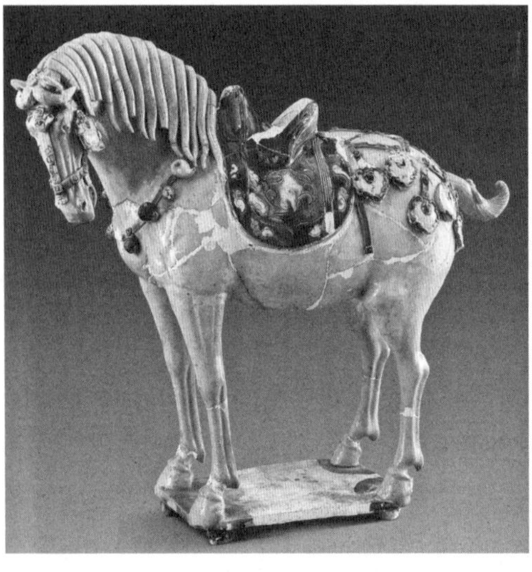

图4-80　陕西西安南郊唐墓（M31）出土三彩马

图4-81　陕西西安南郊唐墓（M31）出土三彩马

（图4-82）、普贤菩萨变相中的大象（图4-83）、弥勒菩萨变相七宝供养之象宝背部[①]（图4-84），都在相当于鞍鞯的部位覆搭有连珠圈纹及线条状饰的椭圆形氍毹，色彩鲜明，对比明显。值得注意的是，这种用于鞍鞯和障泥的氍毹，在新疆也发现了实物。例如，新疆和田洛浦县山普拉84LSⅠM01的陪葬坑K2中出土了1件方形“树叶纹鞍毯”（图4-85），笔者认为其边缘纹饰为“无花果树叶纹”，其年代属于山普拉墓地的早期阶段（公元前1世纪至公元3世纪中叶）即西汉晚期—东汉末期至三国时期[②]。

从一些唐代的图像资料来看，氍毹在室外活动时也大量使用。例如，唐代铜镜中有一类神仙人物故事镜——真子飞霜铜镜（日本学界多称其为伯牙弹琴镜）上装饰的弹琴人物坐于氍毹之上。虽然这类铜镜的大部分画面模糊，不够清晰，但仍然在一部分铜镜背面可以清晰地看到氍毹的边缘纹饰。例如，英国伦敦大英博物馆收藏的一面方形真子飞霜铜镜[③]（图4-86），镜背上方中央铸有三字“侯瑾之”，其中的弹琴人物坐于一个椭圆形氍毹之上，边缘部分饰连珠圈纹及线条状毛边；日本泉屋博古馆收藏的一

图4-82　甘肃安西榆林窟第25窟文殊菩萨变相

图4-83　甘肃安西榆林窟第25窟普贤菩萨变相

① 星云大师总监修，罗世平、如常主编：《世界佛教美术图说大典·石窟⑤》，湖南美术出版社，2017年，第2116、2123、2131页。

② 新疆维吾尔自治区博物馆、新疆文物考古研究所：《中国山普拉——古代于阗文明的揭示与研究》，新疆人民出版社，2001年，第12页，彩版14。

③ 〔日〕百橋明穗、中野徹：《世界美術大全集·東洋編》第4卷《隋·唐》，小学館，1997年，第295页，插图173。

图4-84　甘肃安西榆林窟第25窟弥勒菩萨变相七宝供养中的象宝

图4-85　新疆和田洛浦县山普拉84LSⅠM01陪葬坑K2出土鞍毯及局部

面八出葵花形真子飞霜铜镜[①]（图 4-87），画面与上述方形镜相似，但氍毹边缘的连珠圈纹硕大，似乎是在刻意强调其存在；陕西西安新城区东方机械厂出土的一面委角方形真子飞霜铜镜[②]（图 4-88），镜背上方中央铸田字格，其中铭文为“真子飞霜”，其余纹饰与前两者相似。作为唐代真子飞霜镜上人物所坐氍毹的参照物，上海博物馆收藏的晚唐画家孙位绘制的绢质《高逸图》[③]（图 4-89），表现的也是野外场景，高士分别坐于方形氍毹上，氍毹边缘或无线条状毛边或饰线条状毛边。这种高士野外活动的画面，对后世影响也很大，如敦煌莫高窟宋代第 454 窟东壁门绘制的野外弈棋图（图 4-90），对弈人物均坐于饰线条状毛边的方形氍毹上[④]。

参照甘肃敦煌莫高窟壁画中所表现的世俗生活场景来看，在举行婚礼、野外念经、

---

① 〔日〕财团法人泉屋博古館：《泉屋博古・鏡鑑編》，株式会社便利堂，第79頁，図版147。

② 西安市文物保护考古所：《西安文物精华・铜镜》，世界图书出版公司，2008年，第125页，图版112。

③ 上海博物馆官网：https://www.shanghaimuseum.net/mu/frontend/pg/article/id/CI00001007。

④ 敦煌研究院主编：《敦煌石窟艺术全集》24《民俗画卷》，同济大学出版社，2016年，第51页，图版36。

图4-86　英国伦敦大英博物馆藏方形真子飞霜铜镜

图4-87　日本泉屋博古馆藏真子飞霜铜镜

图4-88　陕西西安新城区东方机械厂出土真子飞霜铜镜

图4-89　上海博物馆藏唐孙位《高逸图》（局部）

剃度、室外自由活动等情况下也使用氍毹，毕竟它是一种便于携带的坐具，但这些氍毹边缘的线条状毛边或有或无，与经变画中绘制的豪华氍毹相比，应该是普通的氍毹。例如，莫高窟晚唐第 9 窟窟顶东坡奠雁之礼图（图 4-91）、中唐第 186 窟窟顶北坡绘制的青庐图（图 4-92）等与婚礼有关的情景[①]及盛唐第 217 窟南壁绘制的念经祈愿图（图

① 敦煌研究院主编：《敦煌石窟艺术全集》24《民俗画卷》，同济大学出版社，2016年，第110、130页，图版96、116。

图4-90　甘肃敦煌莫高窟宋代第454窟东壁门弈棋图

图4-91　甘肃敦煌莫高窟第9窟窟顶东坡奠雁之礼图

图4-92　甘肃敦煌莫高窟第186窟窟顶北坡青庐图

图4-93　甘肃敦煌莫高窟第217窟南壁念经祈愿图

4-93）、盛唐第 103 窟南壁绘制的念经治病图[①]（图 4-94）、唐第 76 窟南壁绘制的外道治病图[②]（图 4-95）等，大多与室外或者野外活动有关。莫高窟壁画中还绘制了大型的室外说法图，如初唐第 331 窟东壁南门上部的法华经变中，听法的国王、天王、龙王等均坐于氍毹之上[③]（图 4-96-1）。与莫高窟第 331 窟法华经变的听法图相似的图像，在更早的南朝已经出现，如四川博物院收藏的 1 号造像碑的背面上部雕刻着一组释迦说法图[④]（图 4-96-2），听法众弟子在佛的前方分左右两列，分别坐在庭院中的两行树木之下的一个长方形物上，从其铺设于庭院中来看，应该是可移动之物，可能是硕大的长方形氍毹，每个氍毹之上分别坐着十三个听法弟子。同类图像也见于前文所引的陕西西安临潼区庆山寺塔基地宫出土的释迦如来舍利宝帐的分舍利图。在河南登封唐天宝

图4-94　甘肃敦煌莫高窟第103窟南壁念经治病图

图4-95　甘肃敦煌莫高窟第76窟南壁外道治病图

① 敦煌研究院主编：《敦煌石窟艺术全集》24《民俗画卷》，同济大学出版社，2016年，第197、198页，图版175、177。

② 敦煌研究院主编：《敦煌石窟艺术全集》24《民俗画卷》，同济大学出版社，2016年，第243、244页，图版218。

③ 敦煌研究院主编：《敦煌石窟艺术全集》7《法华经画卷》，同济大学出版社，2016年，第44页，图版31。

④ 四川博物院、成都文物考古研究所、四川大学博物馆：《四川出土南朝佛教造像》，中华书局，2013年，第102—107页。

1

2

图4-96　听法图中的氍毹

1. 甘肃敦煌莫高窟第 331 窟东壁南门上部法华经变（局部）　2. 四川博物院藏 1 号造像碑背面上部图像

十一载（752 年）永泰寺碑上的释迦说法图中[①]（图 4-97），也可以看到氍毹的形象，在香案之前的地面上铺设一块饰连珠及线条状毛边的长方形氍毹，其上有三个童子，两侧的童子均双手合十胡跪在氍毹上，中央的童子匍匐于氍毹上呈跪拜之姿。

① 中国画像石全集编辑委员会编：《中国画像石全集》第八卷《石刻线画》，河南美术出版社、山东美术出版社，2000年，图版一六四，说明文字参见第44、45页。

上述画面主要表现的是室外或者野外活动时氍毹的使用情况。除上述场合使用氍毹之外，有些特殊的室内活动也使用氍毹。特别值得一提的是甘肃敦煌莫高窟壁画中的斋僧图像，在房屋走廊上给每人铺设一个方形氍毹，作为僧人用斋时的坐具，其前面放置斋饭，如莫高窟中唐第236窟东壁门绘制的斋僧图[①]（图4-98）等；莫高窟中唐第159窟南壁[②]、榆林窟中唐第25窟北壁[③]（图4-99—4-101）绘制的剃度图中也使用氍毹。在礼佛时也使用氍毹，如敦煌莫高窟盛唐第130窟北壁绘制的礼佛官员脚下均踩踏氍毹[④]（图4-102）。诸如此类的壁画还有很多，此不赘述。

图4-97　河南登封永泰寺碑上的释迦说法图

图4-98　甘肃敦煌莫高窟第236窟东壁门斋僧图

① 敦煌研究院主编：《敦煌石窟艺术全集》24《民俗画卷》，同济大学出版社，2016年，第201页，图版181。

② 敦煌研究院主编：《敦煌石窟艺术全集》24《民俗画卷》，同济大学出版社，2016年，第206页，图版184。

③ 敦煌研究院主编：《敦煌石窟艺术全集》23《服饰画卷》，同济大学出版社，2016年，第165页，图版150；敦煌研究院编：《中国石窟艺术·榆林窟》，江苏凤凰美术出版社，2014年，第55页，图版18。

④ 敦煌研究院主编：《敦煌石窟艺术全集》23《服饰画卷》，同济大学出版社，2016年，第93页，图版77。

图4-99　甘肃敦煌莫高窟第159窟南壁剜度图

图4-100　甘肃安西榆林窟第25窟北壁剜度图

图4-101　甘肃安西榆林窟第25窟北壁剜度图

图4-102　甘肃敦煌莫高窟第130窟北壁官员礼佛图（段文杰临摹）

总的来看，在唐代的敦煌地区，氍毹是一种普遍使用的日常生活用品，因其便于携带，主要用于野外等活动中。这一带流行氍毹的情景，还可以从边塞诗人岑参《玉门关盖将军歌》中得到佐证，其诗云："五千甲兵胆力粗，军中无事但欢娱。暖屋绣帘红地炉，织成壁衣花氍毹。"① 说明当时当地还以氍毹装饰墙壁。

唐人的室外或者野外活动中，不仅使用氍毹作为坐具，还有以豹皮为之者。例如，河南洛阳出土的一面唐代高士宴乐螺钿铜镜上装饰的奏乐和饮酒人物②（图 4-103），均坐在有圆圈的豹皮之上，饮酒人物所坐者尤其清晰，不仅刻画出豹皮上斑点，还将豹的面部也刻画出来。在日本宫内厅正仓院收藏的唐琴上面装饰着一幅弈棋图（图 4-104-1），棋盘两侧的人物分别坐在豹皮之上，山林高士图中的高士所坐者也为豹皮③（图 4-104-2）。山西太原唐开元四年（716 年）赫连山墓屏风画 4、6 中，也绘制着坐于兽皮之上的树下人物图④（图 4-105、4-106）。这种高士坐于豹皮之上在野外宴乐的场景，显然受到南朝拼镶砖画中荣启期与竹林七贤图像的影响，如南京西善桥发现的

图4-103　河南洛阳出土高士宴乐螺钿铜镜

① 《全唐诗》卷一百九十九，上海古籍出版社，1986年，第469页。

② 中国历史博物馆：《中国历史博物馆——华夏文明史图鉴》，朝华出版社，2002年，第126、127页，图版125。

③ 〔日〕大阪市立美術館：《隋唐の美術》，平凡社，1976年，彩色図版53；〔日〕松本保：《太阳正倉院シリ-ズ》Ⅱ《正倉院と唐朝工芸》，平凡社，1981年，第32頁。

④ 太原市文物考古研究所：《山西太原唐代赫连山、赫连简墓发掘简报》，《文物》2019年第5期。

1

2

图4-104　日本宫内厅正仓院藏唐琴上装饰的人物图像

1. 弈棋图　2. 山林高士图

图4-105　山西太原唐代赫连山墓壁画

图4-106　山西太原唐代赫连山墓壁画

图4-107　江苏南京西善桥发现的南朝拼镶砖画

南朝拼镶砖画上的阮咸即坐于豹皮之上，模印的图案清晰可见豹皮的斑点、尖状头部、面部及四肢部分的皮毛[①]（图4-107）。如果再往前追溯，在相传为东晋顾恺之所绘的《斫琴图》中，就有坐于兽皮（虎皮等）等之上的高士图像[②]（图4-108）。其绘作思想的源头，则在战国时期道家代表人物列子的著作中已经出现。据《列子·天瑞》云："孔子游于太山，见荣启期行乎郕之野，鹿裘带索，鼓琴而歌。孔子问曰：'先生所以乐，何也？'对曰：'吾乐甚多：天生万物，唯人为贵。而吾得为人，是一乐也。男女之别，男尊女卑，故以男为贵；吾既得为男矣，是二乐也。人生有不见日月、不免襁褓者，吾既已行年九十矣，是三乐也。贫者士之常也，死者人之终也，处常得终，当何忧哉？'孔子曰：'善乎！能自宽者也。'"[③]尽管解释者认为"鹿裘乃裘之麤者，非以鹿为裘也"，但唐代铜镜中

图4-108　故宫博物院藏传东晋顾恺之《斫琴图》（局部）

① 〔日〕長広敏雄：《世界美術全集》第14巻《中国（3）六朝》，角川書店，1963年，黑白図版5。

② 金维诺总主编：《中国美术全集·卷轴画（一）》，黄山书社，2010年，第30、31页。

③ 杨伯峻：《列子集释》，《新编诸子集成》，中华书局，1979年，第22、23页。

的"荣启奇（期）问曰答孔夫子"铜镜[①]（图4-109）中，荣启期左手执琴、右手上举、身着装饰带斑点的裘皮衣服，似乎象征的是鹿皮或者豹皮？不管怎么样，《列子》将在郊野、"鹿裘带索，鼓琴而歌"看作是道家思想中的高士的基本形象。如此一来，则唐代图像资料中坐于豹皮上的高士形象的发展脉络一下子清晰起来，即东晋—南朝—唐代，其表现手法及思想内涵是一致的，而《列子》中对于荣启期的描述，则是其思想起源，这也是南朝拼镶砖画中将荣启期与竹林七贤并列的原因，显然将其视为高士郊野而乐的鼻祖，更是道家融于自然、无为思想的图像化体现。在古印度，修行的婆罗门也身穿鹿皮衣服。例如，《六度集经》卷八《儒童受决经》云："(儒童）解身鹿皮衣着其湿地，以五华散佛上，华罗空中，若手布种根着地生也。"[②]但值得注意的是，这种高士图像所表现出来的精神本质上是颓废的、遁世的，逃避现实以求自保的行为，与8世纪中叶以前的唐代精神不吻合，如初唐杨炯的《从军行》云："烽火照西京，心中自不平。牙璋辞凤阙，铁骑绕龙城。雪暗凋旗画，风多杂鼓声。宁为百夫长，胜作一书生。"[③]从装饰这种图像的铜镜来看，其流行大体上在8世纪中叶以后，与当时社会发生巨大的转折——由积极进取而变得保守——相一致，这一转折唤醒了人们对历史——所谓魏晋风度的记忆，但也只是取其抚琴而歌，荣启期图像也只取其与孔子的对答这一点。除了一些绘画，如晚唐画家孙位的《高逸图》，其他比较完整地表现竹林七贤的图像是比较罕见的。虽然在湖南长沙望城区的长沙窑瓷器上也偶然一见其图像，但图像的表现显得拙劣，其上题诗也明显对其消极而颓废的思想有所警示："须饮三杯万士（事）休，眼前花发四枝柔。不知酒是龙泉剑，吃入肠中别何愁。"[④]（图4-110）而且这种纹饰在整个长沙窑瓷器的装饰纹样中也不占主流。

图4-109　唐代"荣启奇（期）问曰答孔夫子"铜镜

---

① 孔祥星、刘一曼：《中国铜镜图典》，文物出版社，1992年，第637页。在有的著录或者报告中，将这类铜镜上的铭文称为"孔夫子问曰答荣启奇"，但根据带铭文的"真子飞霜"铜镜，以及古代人的书写习惯，应该是自右向左来读，正确的读法应该是"荣启奇问曰答孔夫子"。

② （吴）康居国沙门康僧会译：《六度集经》，《大正藏》，第3册，No.152，第47页。

③ 《全唐诗》卷五十，上海古籍出版社，1986年，第153页。

④ 湖南省文物考古研究所、湖南省博物馆、长沙市文物工作队合著：《长沙窑》，紫禁城出版社，1996年，第141页，图版103。

从唐代长安地区窖藏或墓葬中出土的玉带銙上的图像来看，往往将胡人与氍毹结合起来，除前文引用的胡人乐舞图像之外，在西安西郊丈八沟唐代窖藏出土的玉带銙上雕刻的胡人斟酒、胡人献宝图像中也雕刻出氍毹图像①（图 4-111）；在西安新城区韩森寨唐墓出土的 1 件玉带銙上雕刻一胡人呈胡跪状，怀抱酒囊，下方有一几近方形的氍毹②（图 4-112），表现的是“胡人岁献葡萄酒”的场景③。这类图像资料较为丰富，说明生活在唐代京师长安的胡人仍然保持着使用氍毹的生活习惯，工匠们将其真实地雕刻在了玉带銙上。关于胡人与氍毹的关系，除玉带銙上的乐舞等图像之外，在早于唐代的山西太原隋虞弘墓石椁椁壁上也可见胡人在氍毹上演奏乐舞的宏大场景④（图 4-113）。

图4-110　湖南望城县长沙窑双耳罐

图4-111　陕西西安西郊丈八沟唐代窖藏出土玉带銙

① 刘云辉编：《北周隋唐京畿玉器》，重庆出版社，2000年，第56、57页，图版75、76。

② 西安文物保护考古所：《西安文物精华·玉器》，世界图书出版公司，2004年，第69页。

③ 葛承雍：《“胡人岁献葡萄酒”的诗歌艺术与文物印证》，《故宫博物院院刊》2008年第6期。

④ 山西省考古研究所、太原市文物考古研究所、太原市晋源区文物旅游局：《太原隋虞弘墓》，文物出版社，2005年，图版三六。

氍毹也常见于游牧民族的壁画及绘画中，如青海海西州郭里木棺板上绘制的宴饮图和客射牦牛图，宴饮者坐于一个长方形氍毹之上，射牦牛者脚下踩踏一个饰线条状毛边的方形氍毹[①]（图 4-114）。这种客射牦牛图表现的是吐蕃接待客人的一种重要礼仪[②]，在《新唐书・吐蕃传》中也有记载："其宴大宾客，必驱牦牛，使客自射，乃敢馈。"[③] 从棺板画来看，脚下踩踏方形氍毹射牦牛者的身份应该就是文献中的"大宾客"[④]。

图4-112　陕西西安新城区韩森寨唐墓出土玉带銙

图4-113　山西太原隋虞弘墓石椁胡人乐舞图像

① 许新国：《郭里木乡吐蕃棺板画研究》，《西陲之地与东西文明》，北京燕山出版社，2006年，第300—322页，图版十五。

② 许新国：《郭里木乡吐蕃棺板画研究》，《西陲之地与东西文明》，北京燕山出版社，2006年，第300—322页；罗世平：《天堂喜宴——青海海西州郭里木吐蕃棺板画笺证》，《文物》2006年第7期。

③ （宋）欧阳修、宋祁：《新唐书》，中华书局，1975年，第6072页。

④ 许新国：《郭里木乡吐蕃棺板画研究》，《西陲之地与东西文明》，北京燕山出版社，2006年，第300—322页；罗世平：《天堂喜宴——青海海西州郭里木吐蕃棺板画笺证》，《文物》2006年第7期。

图4-114　青海海西州郭里木棺板绘画（局部）

（四）唐代长安乐舞及氍毹图像的影响

敦煌莫高窟经变画中阵容豪华的演奏乐队和舞者图像与京师长安地区墓葬中发现的乐舞俑群及壁画资料中的乐舞图像基本上是同步的，它们应该是模仿宫廷或者贵族官僚家庭的乐舞演奏、舞蹈场景。同时，在敦煌莫高窟各类经变画的乐队演奏和舞者题材中，乐队演奏者大都坐在方形或者长方形的氍毹上，而舞者则以圆形氍毹为主。例如，初唐第 220 窟北壁药师经变壁画中乐队演奏图[①]（图 4-115）及北壁、南壁的舞者图像[②]（图 4-116、4-117），其中乐队演奏者坐于边缘饰线条状毛边的方形氍毹上，舞者脚下则踩踏圆形氍毹，氍毹边缘则饰连珠圈纹和线条状边饰。还有其他各种各样的氍毹图像出现在莫高窟、榆林窟壁画中，如莫高窟盛唐第 148 窟东壁两幅双人舞蹈图中

① 星云大师总监修，罗世平、如常主编：《世界美术图说大典・石窟④》，湖南美术出版社，2017年，第1707页。

② 敦煌研究院主编：《敦煌石窟艺术全集》23《舞蹈画卷》，同济大学出版社，2016年，第81、82页，图版52、53。

图4-115　甘肃敦煌莫高窟第220窟北壁药师经变中的乐队演奏图

饰连珠圈纹的长方形氍毹（图 4-118），以及饰硕大的连珠纹带毛边的长方形氍毹[①]（图 4-119）；盛唐第 205 窟北壁双人舞蹈图中无毛边的长方形氍毹[②]（图 4-120）；中唐第 180 窟南壁舞蹈图中的圆形氍毹[③]（图 4-121）；中唐第 201 窟北壁舞蹈图中饰连珠圈纹的长方形氍毹[④]（图 4-122）及安西榆林窟中唐第 25 窟观无量寿佛经变中的乐舞图[⑤]（图 4-123）等。这些乐舞图像中的氍毹，与唐代京师长安地区墓葬壁画中的氍毹非常相似，反映了它们之间的密切关系。如果再具体地将其与陕西西安临潼区唐庆山寺塔基地宫东西壁绘制的乐舞图进行对比，两者都绘制在宗教建筑上，性质相同，相似度也很高，这都充分证明了唐代京师长安艺术的范式意义。从另一个角度来看，人们心中理想的佛国净土世界，既然以唐代京师长安的宫殿建筑来表示，反映了人们就是以现实的唐代京师长安作为佛国净土世界的。甚至在敦煌莫高窟壁画中还绘出了以唐代京师长安为模型的华严世界，如莫高窟晚唐时期第 85 窟北顶绘制的莲花藏世界的华严城[⑥]（图 4-124），虽然赋予了其浓郁的宗教气息，但是却是现实生活中封闭式里坊制的唐代京师长安城（图 4-125）的摹写[⑦]。这也正是马克思在《〈黑格尔法哲学批判〉导言》中指

① 敦煌研究院主编：《敦煌石窟艺术全集》17《舞蹈画卷》，同济大学出版社，2016年，第91、93页，图版61、63。

② 敦煌研究院主编：《敦煌石窟艺术全集》17《舞蹈画卷》，同济大学出版社，2016年，第94页，图版65。

③ 敦煌研究院主编：《敦煌石窟艺术全集》17《舞蹈画卷》，同济大学出版社，2016年，第95页，图版66。

④ 敦煌研究院主编：《敦煌石窟艺术全集》17《舞蹈画卷》，同济大学出版社，2016年，第95页，图版67。

⑤ 星云大师总监修，罗世平、如常主编：《世界美术图说大典·石窟⑤》，湖南美术出版社，2017年，第2121页。

⑥ 敦煌研究院主编：《敦煌石窟艺术全集》1《再现敦煌》，同济大学出版社，2016年，第125页，图版145。

⑦ 中国大百科全书总编辑委员会《考古学》编辑委员会、中国大百科全书出版社编辑部编：《中国大百科全书·考古学》，中国大百科全书出版社，1986年，第497页。

图4-116　甘肃敦煌莫高窟第220窟北壁舞蹈图

图4-117　甘肃敦煌莫高窟第220窟南壁舞蹈图

图4-118　甘肃敦煌莫高窟第148窟东壁舞蹈图

图4-119　甘肃敦煌莫高窟第148窟东壁舞蹈图

图4-120　甘肃敦煌莫高窟第205窟北壁舞蹈图（摹本）

图4-121　甘肃敦煌莫高窟第180窟南壁舞蹈图

图4-122　甘肃敦煌莫高窟第201窟北壁舞蹈图

图4-123　甘肃安西榆林窟第25窟观无量寿佛经变中的乐舞图

出的那样："人不是抽象地蛰居于世界之外的存在物。人就是人的世界，就是国家、社会。这个国家、社会产生了宗教，一种颠倒的世界意识，因为它们就是颠倒的世界。"①

将唐代京师长安和敦煌莫高窟经变画中的氍毹相比较就会发现，敦煌莫高窟壁画中的普通人在日常生活中虽然也坐氍毹，但远远没有长安墓葬壁画及莫高窟经变画中的氍毹华丽，很多都没有绘制出线条状毛边或者连珠圈纹，画面中缺少连珠圈纹及毛边等，恰恰说明这是一种普通氍毹。由此看来，在当时氍毹的贸易中，似乎分为高级和普通两种，高级者进了京师长安的宫廷及贵族官僚家庭，普通的则被一般民众所使用。而一些方形没有边饰的方形氍毹，笔者疑其为敦煌当地的产品。敦煌莫高窟大型

① 《马列著作选编》（修订本），中共中央党校出版社，2011年，第25页。

图4-124　甘肃敦煌莫高窟第85窟北顶莲花藏世界的华严城

经变画中的乐队，不仅是对长安宫廷及贵族官僚家庭乐队的模仿，而且氍毹的样式竟然也与长安地区乐舞图中的氍毹一致，可见唐代京师长安地区绘画的范式意义及其影响之巨。另外，从一个细节也可以看出长安地区绘画的范式意义。例如，陕西礼泉唐昭陵李震墓第三过洞东壁绘制的两个少女相拥嬉戏的画面①（图 4-126），竟然也出现在莫高窟壁画中，如莫高窟盛唐时期第 217 窟东壁绘制的两个少女嬉戏的画面②（图 4-127），生动形象。两者的构图方式高度相似，而且人物身躯均较修长，其惟妙惟肖的表现形式，暗示了唐长安与敦煌两地之间的密切关系。从唐长安的历史地位来看，显然是唐代长安的京师文化传播到了敦煌一带，并对其产生了深刻影响。这又从一个侧面反映了当时京师文化的范式意义。

总的来看，敦煌莫高窟壁画中的氍毹多见于乐舞图，这些乐队及氍毹的图像明显受到京师长安风气及绘画的影响。在京师长安地区墓葬壁画中，有乐舞图者必有氍毹，可以说是比比皆是。如果说氍毹的图像尚属写实，那么，艺术家更是创造出了下面要

① 中国墓室壁画全集编辑委员会编：《中国墓室壁画全集》第二卷《隋唐五代》，河北教育出版社，2011年，第33页，图版三七，说明文字参见第18页。

② 敦煌研究院主编：《敦煌石窟艺术全集》23《服饰画卷》，同济大学出版社，2016年，第142页，图版131。

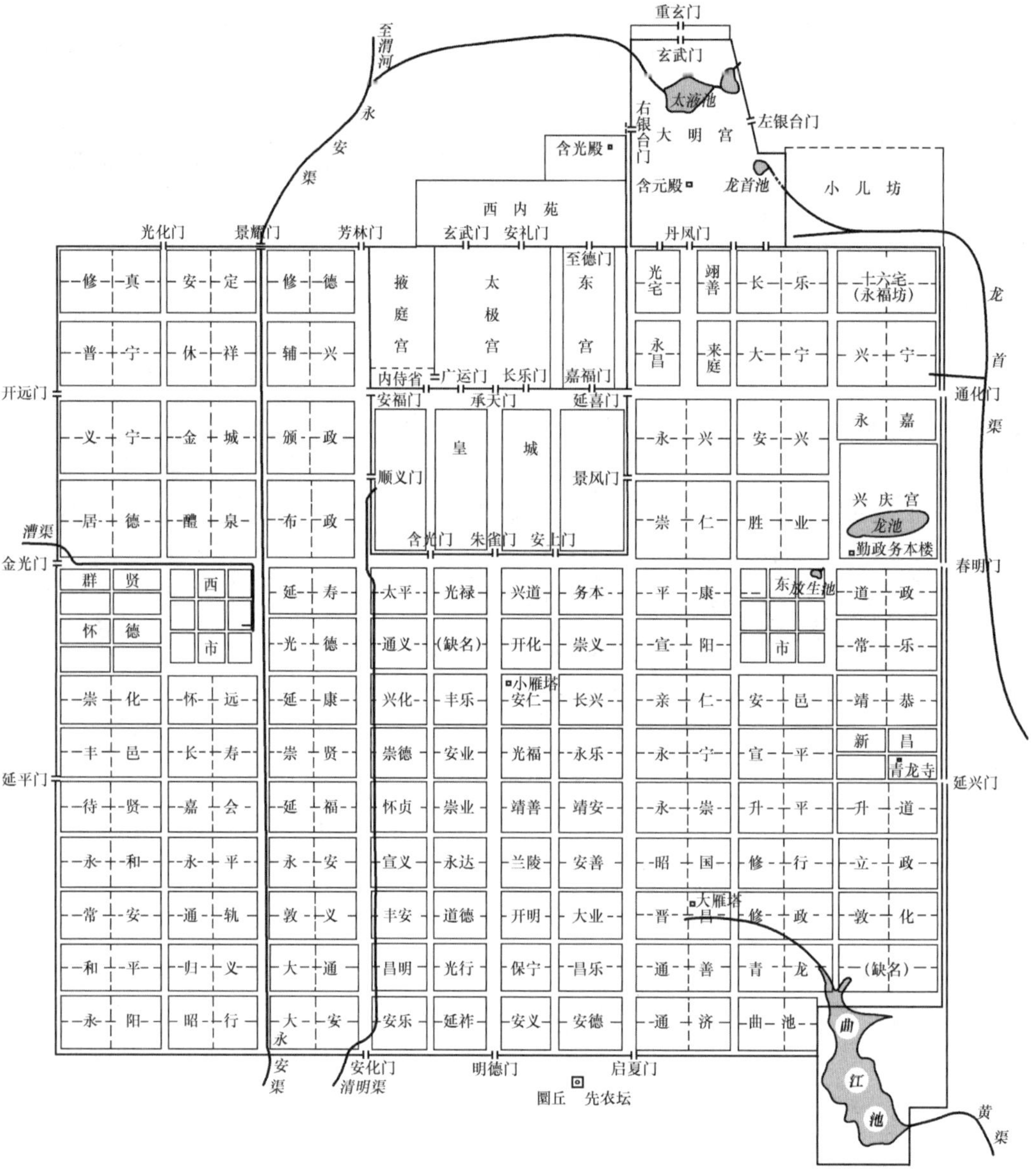

图4-125 唐长安城平面复原图

谈的抽象或者说写意的莲上舞蹈、舞马踏莲的情景。这种创造也不是偶然的，是得益于佛教造像中莲花座的启示。佛、菩萨等为什么能够坐在或者站立莲花上？据《大智度论》卷八云："问曰：'诸床可坐，何必莲华？'答曰：'床为世界白衣[①]坐法。又以莲华软净，欲现神力，能坐其上，令花不坏故；又以庄严妙法座故；又以诸华皆小，无如此华香净大者；人中莲华大不过尺，漫陀耆尼池及阿那婆达多池中莲华，大如车盖；

① 白衣，古代印度平民着白衣；也指给官府当差的人。

图4-126　陕西礼泉唐昭陵李震墓第三过洞东壁少女嬉戏图

图4-127　甘肃敦煌莫高窟第217窟东壁少女嬉戏图

天上宝莲华，复大于此，是则可容结跏趺坐。佛所坐华，复胜于此百千万倍，又如此华华台，严净香妙可坐……佛转法轮，或名法轮，或名梵轮。是梵天王坐莲华上。是故诸佛随世俗故，于宝华上结跏趺坐，说六波罗蜜。闻此法者，毕至阿耨多罗三藐三菩提。'"[①] 在一些佛经中，则更有动物行走于莲花上的说法，如《太子须大拏经》云："叶波国王有行莲华上白象，名须檀延，多力健斗，每与诸国共相攻伐，此象常胜。"[②] 所以，京师长安地区的艺术属于创新的第一集团，是范式的创立者，而其他地区则属于第二集团即充当发扬光大的角色，这从乐舞图及氍毹的表现方式上可见一斑。

但令人遗憾的是，曾经风靡京师长安的氍毹，只能从图像资料中去欣赏了。虽然如此，但其上鲜明的连珠及线条状的毛边，似乎提醒其源头是在波斯，或者说至少是受了波斯文化的影响吧。值得庆幸的是，在新疆和田洛浦征集到了一批共 5 件毛织栽

① 龙树菩萨造，（后秦）龟兹国三藏法师鸠摩罗什奉诏译：《大智度论》，《大正藏》，第25册，No.1509，第115页。

② （西秦）沙门圣坚奉诏译：《太子须大拏经》，《大正藏》，第3册，No.171，第419页。

绒毯[①]（图 4-128—4-132），保存较好，而且非常精美，学界对其多有研究，认为是 4—6 世纪的氍毹。此外，在新疆鄯善米兰佛寺遗址也曾经采集到一片氍毹[②]（图 4-133）。这些是虽见于文献记载和图像资料，但难得一见实物的氍毹。这批氍毹大小不一，有长方形和方形两种，与我们在壁画中所见者基本一致，只是周边没有线条状边饰，这一点与长安地区墓葬壁画中所见者不一样，反而与敦煌莫高窟壁画中没有线状饰的氍毹相似。

最后，再谈一下氍毹在唐代长安地区墓葬壁画中样式的变化及其所反映的问题。氍毹作为一种外来物品，在汉代已经输入中国。从文献记载来看，地中海沿岸的罗马、西亚的波斯及我国的古龟兹地区（今以库车为中心）、古高昌（今吐鲁番地区）及河西走廊的陇西等地，都盛产氍毹而且有朝贡氍毹的记载，这些地区应该是中原地区输入氍毹的重要货源地。又从唐代长安地区墓葬及敦煌莫高窟壁画中的氍毹来看，大约自唐太宗贞观至唐高宗乾封时期，壁画中的氍毹多未见连珠圈纹及线条状毛边，这类氍毹大约来自古龟兹、古高昌及陇西一带。大约自唐高宗以后即 7 世纪末期开始，边缘饰连珠圈纹及线状毛边者在墓葬壁画中成了主流，特别是在 8 世纪前半叶墓葬壁画的乐舞图中常见，连珠圈纹虽然不能简单地看作全都属于波斯文化，但受波斯的影响是毫无疑问的。这种连珠圈纹在北周至隋唐时期广为流传，在各类遗物中都可以看到其形象，如西安北周安伽墓屏风石榻上雕刻的连珠圈纹[③]（图 4-134-1）、陕西三原隋李和墓石棺盖上线刻连珠圈纹[④]（图 4-134-2）、陕西潼关税村隋墓石棺棺盖及底座上线刻连珠边饰（图 4-134-3）及鎏金铜提手边缘铸造的连珠圈纹[⑤]（图 4-135）等。在甘肃敦煌莫高窟隋代石窟壁画中，也出现了连珠圈纹，如莫高窟隋代第 420 窟、第 425 窟、第 417 窟、第 401 窟等壁画中的各类连珠圈纹[⑥]，包括连珠翼马纹（图 4-136-1、2）、连珠狩猎纹（图 4-136-3）、连珠四叶纹、连珠对马纹、连珠莲花纹等。到了唐代，装饰

① 祁小山、王博编著：《丝绸之路·新疆古代文化（续）》，新疆人民出版社，2016年，第54—59页。在该图录中，用了较大篇幅详细介绍了这批氍毹的发现和研究状况，并列举了段晴、张禾等学者的研究成果，可以参阅。段晴女士的论文参见段晴：《山普鲁氍毹上的希腊神话、苏美尔神话——见于6世纪的毛毯》，《丝绸之路研究》（第1辑），生活·读书·新知三联书店，2017年，第1—16页。

② 祁小山、王博编著：《丝绸之路·新疆古代文化（续）》，新疆人民出版社，2016年，第100页，图版④。

③ 陕西省考古研究所：《西安北周安伽墓》，文物出版社，2001年，第41页。

④ 陕西省文物管理委员会：《陕西省三原县双盛村隋李和墓清理简报》，《文物》1966年第1期。

⑤ 陕西省考古研究院：《潼关税村隋代壁画墓》，文物出版社，2013年，附图七，6。

⑥ 敦煌研究院主编：《敦煌石窟艺术全集》13《图案画卷（上）》，同济大学出版社，2016年，第217—224页，图版197—207。

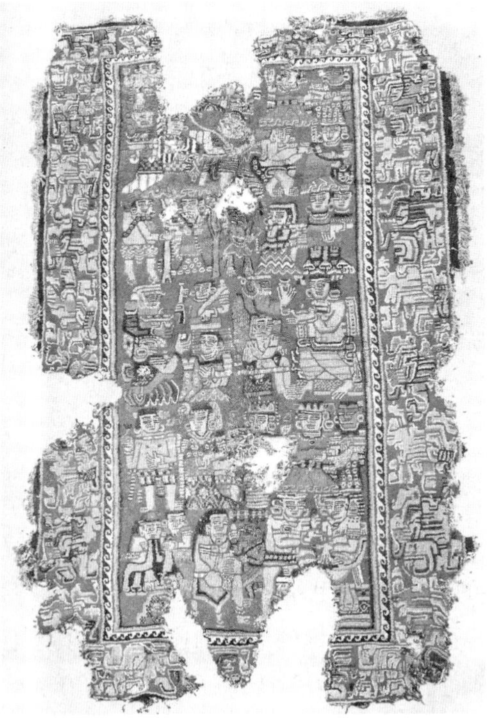

图4-128　新疆和田洛浦征集1号氍毹

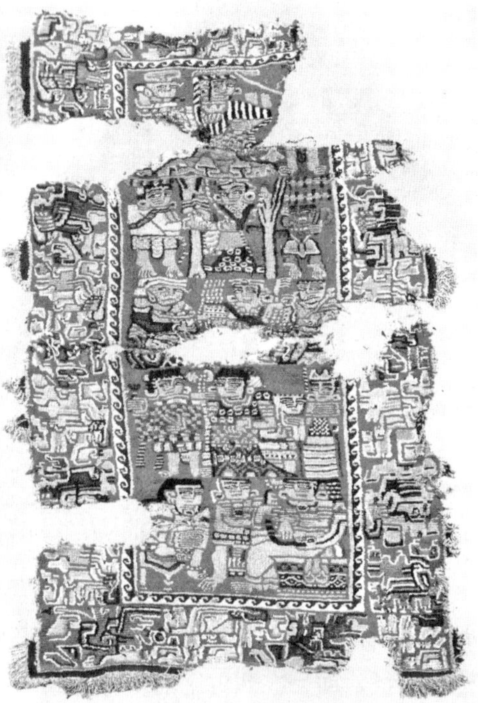

图4-129　新疆和田洛浦征集2号氍毹

图4-130　新疆和田洛浦征集3号氍毹

图4-131　新疆和田洛浦征集4号氍毹

图4-132　新疆和田洛浦征集5号氍毹

图4-133　新疆鄯善米兰佛寺遗址采集氍毹

连珠圈纹的遗物种类更是丰富多彩，如唐新城长公主墓门门楣上线刻的连珠圈纹[①]（图4-134-4）。又据《旧唐书·西戎传·波斯》记载："自开元十年至天宝六载，凡十遣使来朝，并献方物。四月，遣使献玛瑙床；九年四月，献火毛绣舞筵、长毛绣舞筵、无孔真珠。"[②]文献中的"长毛绣舞筵"，笔者疑其就是这里所说的边缘饰连珠及线条状毛边的氍毹，而且在8世纪前半叶不到50年的时间里，前后来朝十次，如果再加上贸易品，就不难理解8世纪前半叶京师长安地区的墓葬壁画中屡见波斯氍毹的原因了。因此，笔者推测大约自8世纪前半叶，大量装饰连珠圈纹及线条状毛边的波斯氍毹被运到了长安地区。如果说边缘饰连珠圈纹及线条状毛边的氍毹就是波斯的"火毛绣舞筵、长毛绣舞筵"，那么说明京师长安地区宫廷、贵族官僚所使用的氍毹就是来自西亚波斯的高级货。波斯商人（或者说来自波斯的商人，因为其时波斯萨珊王朝已经灭亡了）在长安是非常有名的，其后裔来到唐王朝或做官或经商，如文献中的波斯邸、"穷波斯"（唐代语言中的"不相称"，意思与词语表象相反，实际是指波斯贾是富商的同义语）等都是一个重要的话题[③]。根据图像的认识也许有偏颇之处，但反过来讲，如果一种东西不盛行，也不会以如此高的频率出现在高等级墓葬的壁画中。

在以波斯氍毹为主的外来氍毹的影响下，唐代还模仿氍毹，劳民伤财地以蚕丝织出了昂贵的"红线毯"，但其仍然用于乐舞。这种用丝织成的"红线毯"，费用高昂，白居易在其《红线毯》的诗题中就明确指出"忧蚕桑之费也"[④]。据白居易《红线毯》云："红线毯，择茧缫丝清水煮，拣丝练线红蓝染。染为红线红于蓝，织作披香殿

① 陕西省考古研究所、陕西历史博物馆、礼泉县昭陵博物馆：《唐新城长公主墓发掘报告》，科学出版社，2004年，第117页。

② （后晋）刘昫等：《旧唐书》，中华书局，1975年，第5313页。

③ 夏鼐：《夏鼐文集》，社会科学文献出版社，2017年，第3册，第429—438页。

④ 《全唐诗》卷四百二十七，上海古籍出版社，1986年，第1048页。

1

2

3

4

图4-134　连珠圈纹及连珠纹

1. 陕西西安北周安伽墓屏风石榻上的连珠圈纹　2. 陕西三原隋李和墓石棺盖拓片　3. 陕西潼关税村隋墓石棺底座线刻图　4. 唐新城长公主墓门门楣线刻图

上毯。披香殿广十丈余，红线织成可殿铺。彩丝茸茸香拂拂，线软花虚不胜物。美人蹋上歌舞来，罗袜绣鞋随步没。太原毯涩毳缕硬，蜀都褥薄锦花冷。不如此毯温且柔，年年十月来宣州。宣城太守加样织，自谓为臣能竭力。百夫同担进宫中，线厚丝多卷不得。宣城太守知不知，一丈毯，千两丝。地不知寒人要暖，少夺人衣作地衣（贞元

图4-135　陕西潼关税村隋墓出土鎏金铜提手

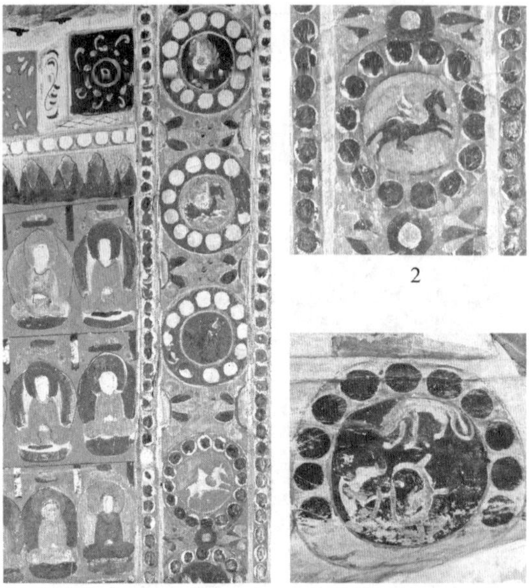

图4-136　甘肃敦煌莫高窟壁画中的连珠圈纹
1、2. 第 420 窟西壁龛沿壁画　3. 第 425 窟西壁龛内壁画

中，宣州进开样加丝毯）。”[①] 诗中明确地强调了其原料、产地、用途，并将其比作“地衣”，同时还提及了太原一带也产氍毹，但质量不高。前文提到的在唐三彩马俑的鞍鞯上使用的氍毹，其观感较僵硬，大概就是诗中所云的“太原毯涩毳缕硬”吧。

那么，为什么乐舞及氍毹图像盛行于 8 世纪前半叶的唐中宗至唐玄宗时期呢？这与唐王朝从法令上允许私家蓄养伎乐有关。据《唐会要》卷三十四《诸乐 · 杂录》记载，唐中宗神龙二年（706 年），“九月敕：‘三品已上，听有女乐一部；五品已上，女乐不过三人，皆不得有钟磬’”。又云：“天宝十载（751 年）九月二日敕：‘五品已上正员清官、诸道节度使及太守等，并听当家畜丝竹，以展欢娱，行乐盛时，覃及中外’”[②]。虽然 8 世纪以前也有私家伎乐，如前文提到的李寿墓壁画及石椁上的乐舞图，但从考古发现的墓葬壁画来看，尚不普遍，或者说还没有被朝廷认可，是一种私下的行为。周伟洲先生认为，唐中宗及玄宗之所以下达诏令，允许贵族官僚私蓄伎乐，是“唐朝在达官显宦普遍私蓄乐舞伎的情况下，不得不以皇帝敕令承认其合法性的结果”[③]。这一说法是很精确的。

其实，与唐代类似的乐舞图像，在更早的北周时期的佛教造像座上也可以看到，

① 《全唐诗》卷四百二十七，上海古籍出版社，1986年，第1048页。
② （宋）王溥：《唐会要》，上海古籍出版社，1991年，第733、735页。
③ 周伟洲：《唐韩休墓“乐舞图”探析》，《考古与文物》2015年第6期。

如陕西礼泉出土的 1 件北周时期像座上雕刻两个乐队及一男一女两个舞蹈人物，乐队坐于长方形氍毹之上，舞者没有踩踏氍毹[①]（图 4-137）。但饶有趣味的是其中的两个狮子却卧于椭圆形氍毹之上，而且饰线条状毛边，这很容易让人联想起前文提到的富平朱家道村李道坚墓壁画中的卧狮图像。还有一点值得注意，就是氍毹上蹲狮的表现方式，也是中原地区艺术家的一个创造，如在新疆尉犁营盘墓地汉晋时期的 M15 中出土的 1 件狮子纹氍毹，出土时覆盖在棺盖上，其上饰一卧狮[②]（图 4-138）。可能这种图案的氍毹也曾输入中原地区，当艺术家们看到这种氍毹图像时可能受到一定的启发，在图像中将平面化的狮子“立体化”，即让其蹲或卧于氍毹之上，从而一个新的艺术形象就诞生了。另外，陕西西安北周安伽墓石榻屏风上雕刻多幅与氍毹有关的图像[③]，这些氍毹饰一圈硕大的连珠纹及线条状毛边，包括帐内商谈图、乐舞图（图 4-139）、乐舞宴饮狩猎图（图 4-140）等。陕西西安北周史君墓石堂（椁）上雕刻的葡萄架下乐舞宴饮图中,雕刻着一个硕大的饰线条状毛边的圆形氍毹[④]（图 4-141）等。从这些粟特人石葬具上的图像资料来看，粟特人的日常生活与氍毹密切相关，他们不仅自己使用氍毹，而且也将其作为重要的贸易品，从连珠圈纹及线条状毛边来看，波斯氍毹或者说波斯风格的氍毹，也是粟特人喜用之物，并广泛使用于野外活动中，包括狩猎、宴饮、奏乐等。这种胡风可能也熏染了北周长安（汉长安城）地区，礼泉北周像座上的装饰即是一个证据。由此可见，京师长安地区乐舞图的范式意义是有其深厚的历史渊源和历史沉淀的，不是偶然发生的。

狮子蹲踞于氍毹上的图像，还见于长沙窑遗址。在遗址中曾经发现一些狮子纹印

图4-137　陕西礼泉出土北周时期像座纹饰

① 王子云编：《中国古代石刻画选集》，中国古典艺术出版社，1957年，图版一五。

② 新疆文物考古研究所：《新疆尉犁县营盘墓地15号墓发掘简报》，《文物》1999年第1期；祁小山、王博编著：《丝绸之路·新疆古代文化》，新疆人民出版社，2008年，第37页，图版⑧。

③ 陕西省考古研究所：《西安北周安伽墓》，文物出版社，2003年，图版三九、四四；西安市文物保护考古研究院：《北周史君墓》，文物出版社，2014年，第131页。

④ 西安市文物保护考古研究院：《北周史君墓》，文物出版社，2014年，第131页。

图4-138　新疆尉犁营盘墓地汉晋时期M15出土狮子纹氍毹

模，狮子蹲踞于饰连珠纹及线条状边的圆形氍毹之上[①]。更为神奇的是，唐代狮了卧于氍毹图像中所见的意匠，也出现在辽代金银器上，如辽宁彰武朝阳沟辽墓出土1件双鹿纹鎏金银牌饰[②]（图4-142），其制作工艺、装饰纹样（包括鱼子纹等）等都表现出明显的唐代金银器风格，特别是其上装饰的双鹿卧于饰连珠纹及线条状毛边的椭圆形氍毹之上的造型特征，明显地吸

图4-139　陕西西安北周安伽墓石榻屏风乐舞图

图4-140　陕西西安北周安伽墓石榻屏风乐舞宴饮狩猎图

① 李效伟：《长沙窑——大唐文化辉煌之焦点》，湖南美术出版社，2003年，第128页，图243。

② 辽宁省文物考古研究所：《辽宁省文物考古研究所藏文物精华》，科学出版社，2012年，第199页。

图4-141　陕西西安北周史君墓石堂（椁）线刻图

图4-142　辽宁彰武朝阳沟辽墓出土双鹿纹鎏金银牌饰

收了唐代狮子卧于氍毹之上图像的创意，充分显示了辽代文化对唐代文化的吸收，特别是在器物造型艺术及其装饰艺术方面，表现得尤其突出。

随着长安城里贵族官僚家庭蓄养伎乐被朝廷允许，并成为一种风气，乐队演奏及舞蹈所用氍毹的数量自然大增，成为一种刚性市场需求。所以，笔者以为，在8世纪前半叶的墓葬壁画中出现大量乐舞图及氍毹图像绝不是偶然的，与唐代长安地区的宫廷乐舞及贵族官僚家庭乐舞演奏的需要密切相关。又从壁画中的氍毹图像来看，宫廷及贵族官僚家庭中所用的氍毹应该都是比较高级的波斯氍毹或者受波斯文化影响的氍毹，氍毹的边缘装饰大都为连珠纹及线条状毛边，这样的氍毹也就成为宫廷及贵族官僚家族的标配并成为其身份的象征。这也是在唐代墓葬的乐舞图中，这种氍毹的图像不断被复制的原因。与之相对应，敦煌莫高窟盛唐时期经变画的乐舞图也以边缘饰连珠圈纹及线条状毛边的氍毹为主，这也不是偶然的，显然是受长安地区的流风影响所致。

二、莲花上的舞蹈

莲花上舞蹈比较容易理解，因为大家见多了佛教造像中的莲花座。在唐代铜镜上，特别是在 8 世纪前半叶唐玄宗时期的一些铜镜上，出现了以前所未见的装饰纹样。比较有代表性的就是人物舞蹈纹铜镜、舞马踩踏莲花的铜镜。在石椁、冠饰及石碑、陶器等上也可以看到这类莲花上的舞蹈图像。

装饰这种纹样的铜镜目前还不多见，如日本根津美术馆收藏的一面唐代铜镜上，装饰两个头戴荷叶童子在盛开的覆莲上舞蹈的画面，形象可爱生动①（图 4-143）。在陕西西安长安区大兆乡庞留村贞顺皇后（武惠妃）石椁立柱线刻中，也有在硕大的莲花上舞蹈的童子图像②（图 4-144）。这类莲花童子图像，既可以理解为儿童嬉戏，也可以理解为莲花化生场景。例如，甘肃敦煌莫高窟初唐第 329 窟西龛外侧绘制的汉装化生童子图像③（图 4-145），童子站在盛开的莲花上作舞蹈状。又如甘肃敦煌莫高窟藏经洞发现的一幅绢本设色莲花化生童子图④（图 4-146），画面上方三个童子站立在盛开的莲花上奏乐，下方三个童子则站立在莲花上牵手舞蹈，表现出化生后的喜庆场景。这种图像资料对后世也产生了重要影响，例如，甘肃安西榆林窟宋代第 15 窟南壁绘制的莲花化生童子图像⑤（图 4-147），裸体童子手持莲蕾，在硕大的莲花上舞蹈。虽然其年代晚一些，但化生童子站立在盛开的莲花上舞蹈的姿态，与唐代铜镜上纹饰如出一辙，可见这种来自唐代京师长安的纹样影响之深远。同时从这一细节也可以看出中华文明的一脉相承性。在新疆和田策勒达玛沟北部区域曾经出土一块狩猎舞蹈纹丝织品，其中两个童子在硕大的莲花上舞蹈⑥（图 4-148），其花朵的样式与下文要谈的兴福寺残碑上的花朵非常相似，所以，其年代应该不是原来认为的晚唐五代，而应该在 8 世纪前半叶。

在一些唐墓出土的头饰上也发现了为数不少的个体极小的莲花舞蹈形象。例如，开元二十四年（736 年）李倕墓中出土的冠上装饰牙雕舞蹈人物，其中有些舞蹈者明显

---

① 〔日〕根津美術館学芸部：《村上コレクション受贈記念——中国の古鏡》，根津美術館，2011年，第50頁，図版69。

② 程旭：《唐武惠妃石椁纹饰初探》，《考古与文物》2012年第3期。

③ 敦煌研究院主编：《敦煌石窟艺术全集》24《民俗画卷》，同济大学出版社，2016年，第98页，图版85。

④ 金维诺总主编：《中国美术全集·卷轴画（一）》，黄山书社，2010年，第95页。

⑤ 敦煌研究院主编：《敦煌石窟艺术全集》24《舞蹈画卷》，同济大学出版社，2016年，第210、211页，图版168—171。

⑥ 中共策勒县委、策勒县人民政府：《策勒达玛沟——佛法汇集之地》，大成图书有限公司，2012年，第76页。

图4-143　日本根津美术馆藏莲花童子舞蹈纹铜镜

图4-144　陕西西安长安区庞留村贞顺皇后（武惠妃）石椁立柱上的莲花童子图像

图4-145　甘肃敦煌莫高窟初唐第329窟西龛外侧莲花化生童子图像

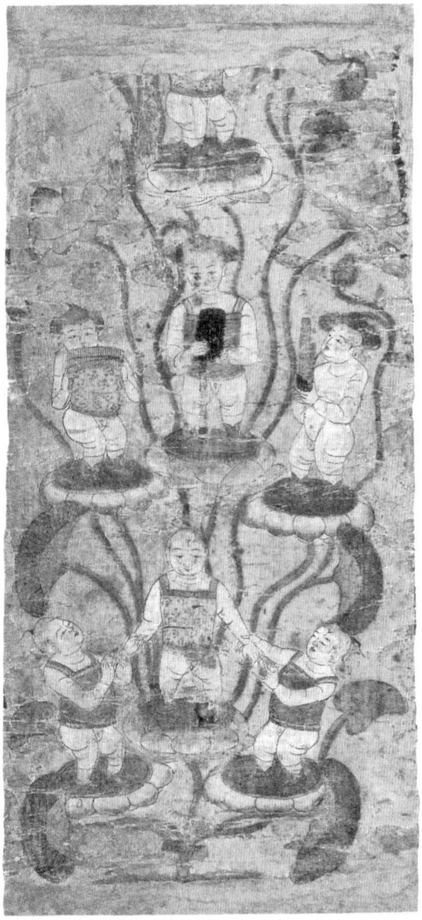

图4-146　甘肃敦煌莫高窟藏经洞出土绢本设色莲花化生童子图像

图4-147　甘肃安西榆林窟第15窟南壁莲花化生童子图像

1

2

图4-148　新疆和田策勒达玛沟北部区域出土狩猎舞蹈纹丝织品

1. 正面　2. 背面

为童子，其足下踩踏一朵断面呈上平下弧的仰莲①。类似者在洛阳伊川鸦岭唐齐国太夫人墓中也有发现②，似乎也是冠上的装饰。不论是李倕墓还是齐国太夫人墓，其中出土的冠上装饰舞蹈童子，明显具有希望逝者早日往生的含义在内。

在一些造像碑上也可以看到莲花上的舞蹈图像，如前文所引用的《中国美术全

① 陕西省考古研究院：《唐李倕墓发掘简报》，《考古与文物》2015年第6期。

② 洛阳市第二文物工作队：《伊川鸦岭唐齐国太夫人墓》，《文物》1995年第11期。

集·绘画编 19·石刻线画》收录的唐代造像碑碑首下方，雕刻一组乐舞图像，中央是两个舞者，左侧舞者脚下所踩踏之物已经残缺，但右侧舞者脚下明显地踩踏一朵盛开的莲花[①]。

图4-149　甘肃山丹县博物馆藏胡人莲花舞蹈铜像

还有一些罕见的跳胡旋舞的胡人铜造像。例如，甘肃山丹县博物馆收藏的1件胡人乐舞铜造像[②]（图4-149），胡人踩踏于覆莲花上翩翩起舞。在陕西西安长安区庞留村贞顺皇后（武惠妃）石椁立柱线刻中有六个胡人乐伎手持乐器站在莲花上演奏，姿态夸张，生动活泼（图4-150）。陕西咸阳五代冯晖墓也曾出土一件鎏金铜舞蹈人物像（图4-151），造型为一舞蹈人物在莲花上翩翩起舞[③]。在一些陶瓷器上也有装饰，如在英国伦敦维多利亚与阿尔伯特博物馆（Victoria and Albert Museum, London）收藏的1件唐初高温釉陶扁壶上，两面模印有相同的胡人乐舞纹样，左侧胡人站立在硕大的莲花上奏乐，周围是写意的莲花蔓草纹[④]（图4-152）。陕西合阳甘井镇出土一件三彩扁壶，两面模印相同的纹样，其中的人物虽然面目不甚清楚，但可以看出是一位披着长巾的舞者站在一朵仰莲上翩翩起舞[⑤]（图4-153）。类似在莲花上翩翩起舞的胡人图像，也见于陕西西安碑林博物馆藏兴福寺残碑（俗称半截碑），其上雕刻着两个在莲花上跳胡旋舞的人物，还有骑着狮子的人物行走在莲花之上[⑥]（图4-154），不论是舞蹈人物还是狮子都显得姿态轻盈。在个别的马具上也装饰着胡人踩莲奏乐的图像，如日本私人收藏的1件唐代鎏金铜杏叶上装饰一弹奏琵琶的胡人形象，

① 中国美术全集编辑委员会编：《中国美术全集·绘画编19·石刻线画》，上海人民美术出版社，1988年，第64页，图版五五。

② 甘肃省博物馆：《甘肃丝绸之路文明》，科学出版社，2008年，第143页，图版125。这件器物是路易·艾黎在西安收集，后转赠给山丹县博物馆，所以这件器物极有可能是西安地区唐代墓葬中的出土物。

③ 咸阳市文物考古研究所：《五代冯晖墓》，重庆出版社，2001年，第74页，图版八十一。

④ 〔日〕座右宝刊行会 後藤茂樹：《世界陶磁全集》11《隋·唐》，小学館，1976年，第39頁，彩版26。

⑤ 〔日〕NHK、NHKプロモーション、産経新聞社：《新シルクロード展：幻の都 楼蘭から永遠の都 西安へ》，NHK、NHKプロモーション、産経新聞社，2005年，第167頁，図版107。

⑥ 赵力光：《风雨沧桑九百年：图说西安碑林·碑石（秦—盛唐）》（珍藏版），西北大学出版社，2017年，第172页。

图4-150　陕西西安长安区庞留村贞顺皇后（武惠妃）石椁立柱上的莲花乐伎图

图4-151　陕西咸阳五代冯晖墓出土鎏金铜莲花舞蹈人物像

图4-152　英国伦敦维多利亚与阿尔伯特博物馆藏高温釉陶扁壶

图4-153　陕西合阳甘井镇出土三彩扁壶

图4-154　陕西西安碑林博物馆藏唐兴福寺残碑纹饰拓片

其脚下踩踏一朵莲花[①]（图4-155）。

在日本宫内厅正仓院中仓收藏的1件苏芳地金银绘箱盖上，绘制出一个硕大的宝相莲花，其上是一个双手执巾的舞蹈者，在其下方两侧也同样绘制出硕大的宝相莲花，分别绘制一演奏乐器的人物，左侧人物在吹奏箫，右侧人物在击鼓[②]（图4-156）。画面生动活泼，是一幅深受唐文化影响的莲花舞蹈图像。

图4-155　日本私人藏鎏金铜杏叶

① 〔日〕ロンドンギャラリー株式会社、福井県立美術馆、株式会社生活の友社：《遥かなる時空こえて——シルクロードと東アジアの仏教美術》，ロンドンギャラリー株式会社，2010年，第29頁，図版18。

② 〔日〕奈良国立博物館：《第六十回正倉院展》，株式会社大伸社，2008年，第40—43頁，図版17。

但如果对这种莲花上的舞蹈图像追根溯源，会发现一个有趣的现象。就目前所见资料而言，年代确切的较早者是河南安阳北齐武平六年（575 年）范粹墓出土的胡人乐舞褐釉壶[①]（图 4-157），两面模制相同的纹样，两侧是奏乐胡人，中央是在一朵硕大的莲花上舞蹈的胡人。另外，在宁夏固原粮食局家属院工地也曾经发现 1 件胡人乐舞绿釉扁壶[②]（图 4-158），两面模制相同的纹样，两侧分别为跪在硕大的莲花上弹奏箜篌和琵琶的胡人，而中央则是在一朵硕大的莲花上舞蹈的胡人。原来认为其年代在北魏，但参照范粹墓所出及山西太原出土的北齐胡人狮子扁壶[③]（图 4-159），其年代似乎应该晚一些，大约相当于北齐，或许可晚至北周灭北齐之后。上述维多利亚与阿尔伯特博

图4-156　日本宫内厅正仓院中仓藏苏芳地金银绘箱盖

① 〔日〕大広：《中国☆美の十字路展》，株式会社東京印書館，2005年，第148頁，図版130。

② 《丝绸之路——大西北遗珍》编辑委员会编：《丝绸之路——大西北遗珍》，文物出版社，2010年，第96页，图版86。

③ 〔日〕大広：《中国☆美の十字路展》，株式会社東京印書館，2005年，第149頁，図版131。

图4-157　河南安阳北齐武平六年（575年）范粹墓出土胡人乐舞褐釉壶

图4-158　宁夏固原粮食局家属院工地出土胡人乐舞绿釉扁壶

图4-159　山西太原出土北齐胡人狮子扁壶

物馆收藏的扁壶，应该是对北齐同类器物的继承和发展，特别是其中站在莲花上舞蹈的意匠，被完美地继承了下来，在介绍这件扁壶时日本学者后藤茂树已经敏锐地指出了它与范粹墓所出扁壶的关系[①]。不仅如此，据《教坊记》记载："大面出北齐。兰陵王长恭性胆勇，而貌若妇人，自嫌不足以威敌，乃刻木为假面，临阵著之。因为此戏，亦入歌曲。"[②]说明唐代流行的大面舞，也受了北齐的影响。那么，据上所述，此后的胡人在莲花上的舞蹈图像，应该是在北齐的基础上不断发展而来，也就是说，隋唐时期的这种纹样经历了北齐—隋—唐这样一个发展演变过程，这又一次证明了北齐文化是后来的隋唐文化的重要源头。

唐代铜镜的纹样中，还有在莲花上起舞的舞马纹。装饰舞马纹的唐代铜镜主要有：上海博物馆收藏一面[③]（图4-160）、西安东郊韩森寨唐墓出土一面[④]（图4-161）、日本京都泉屋博古馆收藏一面[⑤]（图4-162）。这种纹样的流行，主要与唐玄宗时热爱这类杂戏有着密切的关系，如西安南郊何家村窖藏曾经出土一件装饰舞马衔杯的银壶[⑥]（图

① 〔日〕座右宝刊行会 後藤茂樹：《世界陶磁全集》11《隋・唐》，小学館，1976年，第39頁，彩版26。

② （唐）崔令钦撰，吴企明点校：《教坊记》，中华书局，2012年，第23页。

③ 孔祥星、刘一曼：《中国铜镜图典》，文物出版社，1992年，第545页。

④ 西安市文物保护考古所：《西安文物精华・铜镜》，世界图书出版公司，2008年，第94页，图版88。

⑤ 〔日〕財団法人泉屋博古館：《泉屋博古・鏡鑑編》，株式会社便利堂，第78頁，図版145。

⑥ 韩伟编著：《海内外唐代金银器萃编》，三秦出版社，1989年，第35页线图103。

图4-160 上海博物馆藏舞马荷花纹铜镜

4-163），银壶上装饰的舞马衔杯纹样，就是唐玄宗时期歌舞升平生活的写照。

其实舞马也是一种外来的杂戏。据《宋书·孝武帝本纪》云，大明三年（459年）十一月己巳，“西域献舞马”[①]。张说《舞马千秋万岁乐府词》三首，其一云：“金天诞圣千秋节，玉醴还分万寿觞。试听紫骝歌乐府，何如騄骥舞华冈。连骞势出鱼龙变，蹀躞骄生鸟兽行。岁岁相传指树日，翩翩来伴庆云翔。”其二云：“圣皇至德与天齐，天马来仪自海西。腕足齐行拜两膝，繁骄不进蹈千蹄。髤髵奋鬣时蹲踏，鼓怒骧身忽上跻。更有衔杯终宴曲，垂头掉尾醉如泥。”其三云：“远听明君爱逸才，玉鞭金翅引龙媒。不因兹白人间有，定是飞黄天上来。影弄日华相照耀，喷含云色且徘徊。莫言阙下桃花舞，别有河中兰叶开”[②]。其中的“圣皇至德与天齐，天马来仪自海西”一句明确指出舞马是从西方而来，说明舞马与外来文化有密切关系。

舞马得以扬名天下，是唐玄宗将其发扬光大而广为人知的。据《明皇杂录·补遗》记载：“玄宗尝命教舞马四百蹄各为左右，分为部目，为某家宠、某家骄。时塞外亦有善马来贡者，上俾之教习，无不曲尽其妙。因命衣以文绣，络以金银，饰其鬃鬣，间

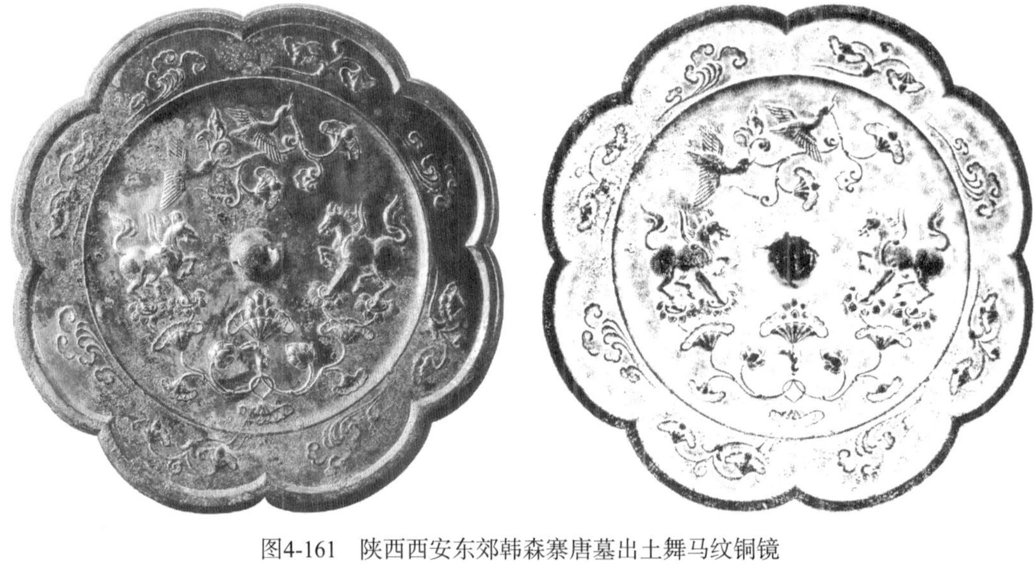

图4-161 陕西西安东郊韩森寨唐墓出土舞马纹铜镜

① （梁）沈约：《宋书》，中华书局，2018年，第135页。
② 《全唐诗》卷八十七，上海古籍出版社，1986年，第226页。

图4-162 日本京都泉屋博古馆藏舞马纹铜镜

图4-163 陕西西安何家村窖藏出土皮囊式银壶

杂珠玉。其曲谓之《倾杯乐》者数十回，奋首鼓尾，纵横应节。又施三层板床，乘马而上，旋转如飞。或命壮士举一榻，马舞于榻上，乐工数人立左右前后，皆衣淡黄衫、文玉带，必求少年而姿貌美秀者。每千秋节，命舞于勤政楼下。其后上既幸蜀，舞马亦散在人间。禄山常观其舞而心爱之，自是因以数匹置于范阳。其后转为田承嗣所得，不之知也，杂之战马，置之外栈。忽一日，军中享士，乐作，马舞不能已。厮养皆谓其为妖，拥彗以击之。马谓其舞不中节，抑扬顿挫，犹存故态。吏遽以马怪白承嗣，命箠之甚酷。马舞甚整，而鞭挞愈加，竟毙于枥下。时人亦有知其舞马者，惧暴而终不敢言。”①

在多种因素促成之下，特别是在佛教因素的影响下，唐代京师长安地区各种图像资料中都出现了将各类动物绘制或雕刻于莲花之上的装饰图案，如陕西蒲城唐李宪墓石椁上线刻的大象、羊、骑着翼马的人物等，都自然地站立在盛开的莲花之上（图4-164），与各类器物上装饰的站立在莲花上的鸟雀一样，组成了繁花似锦的盛唐艺术景象：或点缀于波浪状卷草之间，或补白于抱合式花卉之内，极显唐风尚新样；凤踏莲花翩翩舞，象踩莲花待菩萨，尽展盛唐之气象。又如，陕西乾县唐永泰公主墓石椁上

① （唐）郑处诲撰，丁如明校点：《明皇杂录》，《唐五代笔记小说大观》，上海古籍出版社，2000年，上册，第972页。

线刻多幅站立在硕大莲花上的对鸟图[①]（图 4-165）等。如果说这种表现还不够自然，稍嫌规整而程式化的话，那稍晚一点以边鸾为代表的画家所绘制的唐代花鸟画，则是真正的生机盎然的花鸟世界，鸟或飞翔于花、树之间，或站立枝头，或写实或写意，或抽象或逼真，真正实现了中国式的花鸟世界。如陕西西安东郊王家坟唐兴元元年（784年）唐安公主墓墓室西壁绘制的盆边花鸟图[②]（图 4-166）。该墓葬的年代与花鸟画家边鸾在长安的活动时间相一致，故墓室西壁所绘盆边花鸟图，有可能受到边鸾的影响，是边鸾绘画风格的反映。正如《唐朝名画录》所云："（边鸾）少攻丹青，最长于花鸟，折枝草木之妙，未之有也。……近代折枝花居其第一，凡草木、蜂蝶、雀蝉，并居妙品。"[③]

图 4-164　陕西蒲城唐李宪墓石椁线刻图

图4-165　陕西乾县唐永泰公主墓石椁线刻图（部分）

① 樊英峰、王双怀：《线条艺术的遗产——唐乾陵陪葬墓石椁线刻画》，文物出版社，2013年，第210页。

② 中国墓室壁画全集编辑委员会：《中国墓室壁画全集》2《隋唐五代》，河北教育出版社，2011年，第126页，图版一四〇，说明文字参见第57页。

③ （唐）朱景玄撰，温肇桐注：《唐朝名画录》，四川美术出版社，1985年，第23页。

图4-166　陕西西安东郊王家坟唐兴元元年（784年）唐安公主墓墓室西壁绘制的盆边花鸟图

三、结　语

这里所谈的都是壁画或者器物上不为人注意的细节。从氍毹之上的舞蹈，发展到莲花上的舞蹈，也即从写实到抽象，显然经历了一个重要的发展历程。在这个发展历程中，对外来文化的吸收、借鉴功不可没。写实就不用说了，去客观地描绘就罢了。但将人物、马、狮子放到莲花上去舞蹈，却不是一蹴而就的，这需要艺术家对佛教有一定的理解，实际上就是佛教的影响起了决定作用。氍毹作为重要的贸易品及胡人的日常生活用品，在唐代京师长安地区贵族墓葬的乐舞图中反复出现，说明它已经渗透到京师长安地区宫廷、贵族官僚家庭的日常生活，成为一种时尚，可以视为胡风的熏染。同时，又将氍毹上的奏乐及舞蹈移植到另一个外来文化——佛教的相关题材中去，使得京师长安地区的乐舞成为人们所追求的理想佛国世界的乐舞配置，从而使之出现新气象。而莲花上的舞蹈则是对佛教因素的一个转移，从佛教向世俗转化，这又是一个新气象。这些正是唐代京师长安的艺术家，在吸收外来文化因素的基础上所完成的一次创新和飞跃。从图像资料看，又是那么的自然，这也许就是唐文化的魅力之所在！这也许就是丝绸之路的魅力之所在！“丝绸之路”的相关问题，不仅表现在大的宏观方面，而且也融于生活或者装饰的细节中，如润物细无声的春雨一般，这种感觉让人更能感受到唐人对待外来文化的态度和取舍，犹如触及了唐文化的脉动。但与大的方面相比较，这些细节问题不容易发现，也比较繁琐，但却是生动活泼的，余味似乎也更深长。

第五章　唐长安名刹西明寺补正
——兼论西明寺学派的特征及形成原因

有唐一代，佛教发展到了高峰并完成了中国化，其标志就是出现并形成了各种不同的宗教派别。同时，天下著名寺院林立，其中位于唐代京师长安的西明寺因其规模宏大，加上许多高僧如玄奘、道宣、义净、怀素、道世、善无畏等都曾在此驻锡（亦作住锡），或于该寺从事译经活动，从而格外引人注目。与此同时，也正是这些高僧的原因，使得与西明寺相关的存世资料比较丰富，学界对其也比较关注。同时，以驻锡这座皇家寺院南山律宗的创立者道宣为首，西明寺形成了一支强大而且绵延不断的佛学研究团队，他们借助于皇家寺院的便利条件，勤奋著述，著作等身者不在少数，这些高僧流传下来的各类著作，对后世产生了深远影响，笔者在这里将其称为西明寺学派。

有关西明寺研究的学术史梳理，可参见湛如之论文[①]，此处所列举者仅是与本文有直接关系或者受其影响较大者。历史地看，对西明寺史料的钩沉和研究，以清代大儒徐松为先，以其所著《两京城坊考》为代表，其后张穆、阎文儒、阎万钧、李健超等先生多有增订，而以李健超先生为集大成者[②]。对西明寺进行专题研究者以中日两国学者为主，如日本学者小野胜年先生论述了唐代入住西明寺的日本僧侣[③]；安家瑶先生借助考古发掘资料对西明寺的布局、佛殿建筑及对外交流等进行了探讨[④]；史红帅先生对西明寺改名福寿寺的时间进行了辨正，并认为是在同一地点的二次造寺[⑤]；罗小红先生对西明寺的沿革、环境、僧侣的宗教活动及其历史地位等进行了较为详细而全面的探讨[⑥]。另外，一些综合性的论著也对西明寺有所涉及，如韩保全先生在论述唐长安佛教

---

① 湛如：《唐代长安西明寺与日本佛教》，《佛学研究》总第24期，2015年，第57—63页。

② （清）徐松撰，李健超增订：《增订唐两京城坊考（修订版）》，三秦出版社，2006年，第208—211页。

③ 〔日〕小野勝年：《長安の西明寺とわが入唐僧》，《佛教芸术》第二十九號，1956年，第28—45頁。

④ 中国社会科学院考古研究所西安唐城工作队：《唐长安西明寺遗址发掘简报》，《考古》1990年第1期；马得志：《唐长安城发掘新收获》，《考古》1987年第4期；安家瑶：《唐长安西明寺遗址的考古发现》，《唐研究》第六卷，北京大学出版社，2000年，第337—352页。

⑤ 史红帅：《〈唐两京城坊考〉西明寺校误》，《中国历史地理论丛》1999年第1期。

⑥ 罗小红：《唐长安西明寺考》，《考古与文物》2006年第2期。

寺院的概况时就对西明寺略有涉及[①]，孙昌武先生的《唐代长安佛寺考》对西明寺也有涉及[②]，龚国强先生的博士学位论文及专著《隋唐长安佛寺研究》中的多个章节内容都涉及西明寺，并论述了西明寺的布局、遗物等问题[③]。此外，还有许多从佛教教义、经藏、僧俗互动等方面探讨西明寺的论文，在此不一一列举。上述所列举的研究成果，主要借助史料和发掘成果重点探讨西明寺的布局与规模、佛经翻译、西明寺的地位与中外文化的交流等问题。本文在前人研究的基础上，主要补正了西明寺的平面布局特征、与皇室的关系、国际性、毁灭的时间等相关问题，提出西明寺学派这一概念并初步分析了其特征和形成原因。其中研究重点在于对寺院布局的补正、西明寺学派概念的提出及其特征的总结、西明寺学派形成原因的分析等。

一、皇家寺院的崇高地位

据《两京新记》记载："延康坊，西南隅西明寺。"[④]1985 年，对西明寺遗址的东端进行了发掘，发现了佛殿、回廊、水井等遗迹，并出土 1 件刻"西明寺石茶碾"字样的石茶碾（图 5-1），非常精准地证实了西明寺确如文献所载位于延康坊，并占据了该坊的西南隅，即全坊的 1/4，在布局上则初步确认了这座寺院是一座多重院落式的寺院[⑤]（图 5-2）。

图5-1 唐长安城西明寺遗址出土石茶碾

① 韩保全：《唐长安佛寺纪略》，《陕西省考古学会第一届年会论文集》，《考古与文物》丛刊第三号，1983年，第222—229页。

② 孙昌武：《唐代长安佛寺考》，《唐研究》第二卷，北京大学出版社，1996年，第1—49页。

③ 龚国强：《隋唐长安佛寺研究》，中国社会科学院研究生院博士学位论文，2002年，第72—78、86、88、89页。后又于文物出版社仍以同样的题目和内容于2006年正式出版。

④ （唐）韦述撰，辛德勇辑校：《两京新记辑校》，三秦出版社，2006年，第38页。

⑤ 中国社会科学院考古研究所西安唐城工作队：《唐长安西明寺遗址发掘简报》，《考古》1990年第1期；中国社会科学院考古研究所：《青龙寺与西明寺》，文物出版社，2015年，第213—220页。

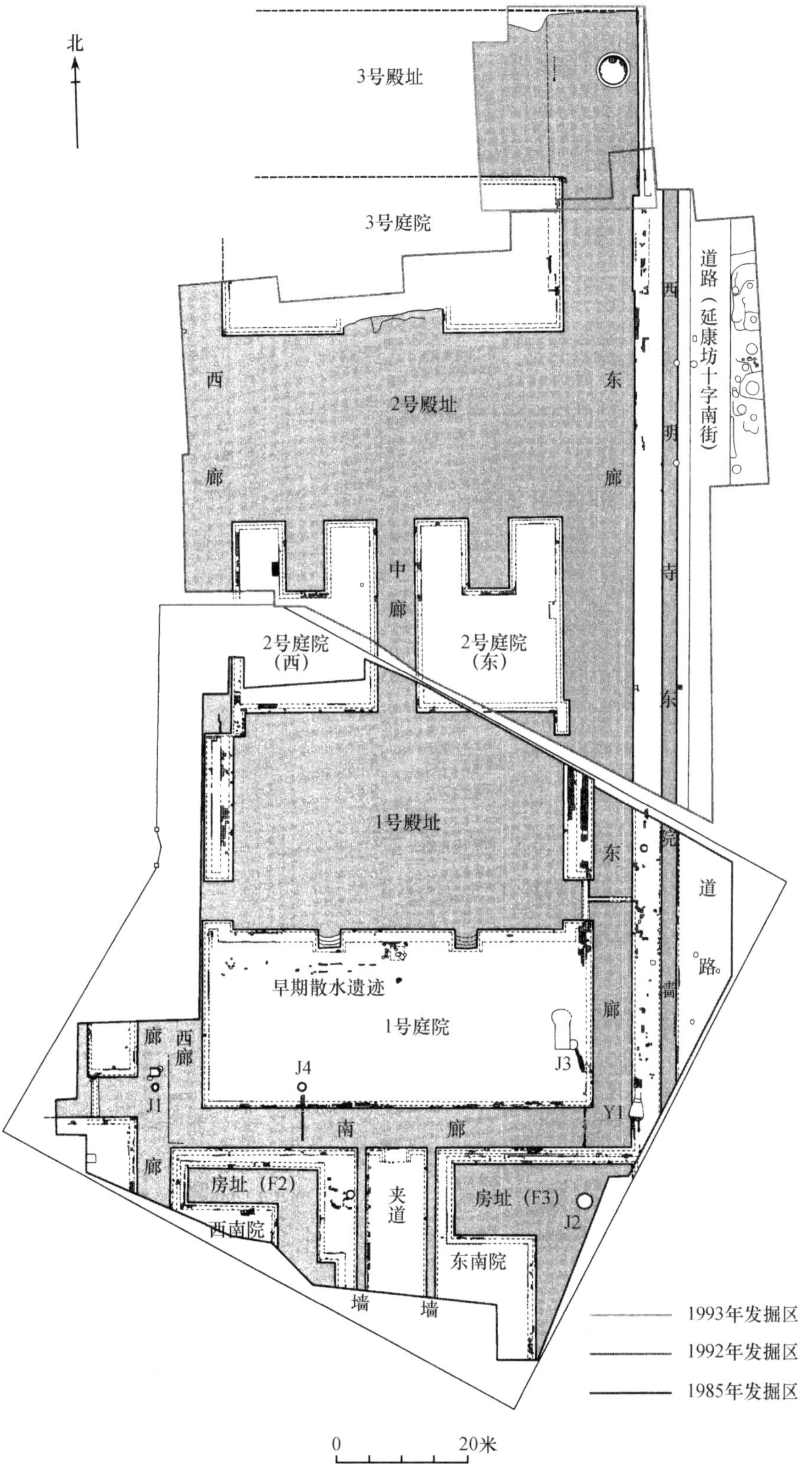

图5-2　唐长安城西明寺遗址平面布局图

1. 创建时间与缘由

据苏頲《唐长安西明寺塔碑》云："显庆元年（656年）仲秋癸酉，诏于京兆延康里置西明寺。"[①]《法苑珠林》卷一百记载，唐高宗"出诏为皇太子西京造西明寺"[②]。《长安志》卷十则记载更为详细，"西明寺，显庆元年，高宗为孝敬太子病愈所立"[③]。《大慈恩寺三藏法师传》（以下简称《三藏法师传》）卷十记载："显庆三年（658年）正月，驾自东都还西京，法师亦随还。秋七月，再有敕，法师徙居西明寺。寺以（显庆）元年秋八月戊子十九日造。"[④]孝敬太子即孝敬皇帝李弘，显庆元年立为太子，上元二年（675年）遇酖薨[⑤]。显庆三年（658年）秋七月玄奘法师即能够徙居西明寺，说明这时西明寺已经建成。又《三藏法师传》卷十记载："（显庆三年）秋七月十四日，迎僧入寺，其威仪、幢盖、音乐等一如入慈恩及迎碑之则。敕遣西明寺给法师上房一口，新度沙弥十人充弟子。"[⑥]《开元释教录》卷八记载："（显庆三年）秋七月，西明寺成，敕法师居之，令给上房一口，新度沙弥海会等十人充弟子。"[⑦]由此可知，西明寺修建于唐高宗显庆元年（656年），并于显庆三年（658年）建成。但《佛祖统纪》卷三十九则云："（显庆）二年（657年），敕建西明寺，大殿十三所，楼台廊庑四千区。诏道宣律师为上座，神泰法师为寺主，怀素为维那。"[⑧]参照普宁坊东明观的修时间也在显庆元年[⑨]，则可证《佛祖统纪》所记时间有误。

西明寺建成之日举行了盛大的入寺仪式。据《集古今佛道论衡》卷丁记载，"西明寺成，道俗云合，幢盖严华，明晨良日，将欲入寺，箫鼓振地，香花乱空。自北城之达南寺十余里，十街衢阗。至十三日清旦，帝（唐高宗）御安福门上，郡公僚佐备列于下，内出绣像长幡，高广惊于视听。从于大街沿路南往，并皆御览，事讫方还。"[⑩]

---

① （清）董诰等：《全唐文》，中华书局，1983年，第2597页。

② （唐）道世撰，周叔迦、苏晋仁校注：《法苑珠林校注》，中华书局，2003年，第2898页。

③ （宋）宋敏求：《长安志》，《宋元地方志丛书》，中国地志研究会印行，清乾隆五十二年（1787年）版，第1册，第54页。

④ （唐）慧立、彦悰著，孙毓棠、谢方点校：《大慈恩寺三藏法师传》，中华书局，2000年，第214页。

⑤ （宋）欧阳修、宋祁：《新唐书》，中华书局，1975年，第3588—3590页。

⑥ （唐）慧立、彦悰著，孙毓棠、谢方点校：《大慈恩寺三藏法师传》，中华书局，2000年，第215页。

⑦ （唐）智升：《开元释教录》，《大正藏》，第55册，No. 2154，第562页。

⑧ （宋）志磐：《佛祖统纪》，《大正藏》，第49册，No. 2035，第367页。

⑨ （宋）王溥：《唐会要》，上海古籍出版社，1991年，第1018页；（清）徐松撰，李健超增订：《增订唐两京城坊考（修订版）》，三秦出版社，2006年，第208—211、244页。

⑩ （唐）道宣：《集古今佛道论衡》，《大正藏》，第52册，No.2104，第388页。

又据《三藏法师传》卷十记载："先有敕曰：'以延康坊濮王故宅，为皇太子分造观、寺各一，命法师案行其处。还奏地窄不容两所，于是总用营寺，其观改就普宁坊。仍先造寺，以其年夏六月营造功毕。"①唐高宗最初计划在延康坊为太子李弘分别造一座佛寺和道观，但由于土地狭窄，仅修建了西明寺，而道观则另迁普宁坊，即后来在该坊东南隅修建的东明观，该观"显庆元年，孝敬升储后所立。规度仿西明之制，长廊广殿，图画雕刻，道家馆舍，无以为比"②。这说明高僧玄奘不仅是西明寺营建的策划营运者，而且东明观的设计也出自玄奘之手，更进一步而言，虽然佛道之间存在争论，但两者在寺观建筑上却并无差异。玄奘作为一代高僧，于显庆三年（658 年）秋七月移居西明寺，一直居住至显庆四年（659 年）冬十月自京师出发前往玉华宫为止，在西明寺前后居住了一年又三个月。

2. 与唐皇室的关系

西明寺作为一座皇家寺院，自然与皇室有着千丝万缕的联系，而且经济上也得到朝廷的支持。据《法苑珠林》卷六十二记载："若是国家大寺，如似长安西明、慈恩等寺，除口分地外，别有敕赐田庄。所有供给，并是国家供养。所以每年送盆献供种种杂物，及举盆音乐人等，并有送盆官人，来者非一。"③

（1）唐高宗与西明寺

在《广弘明集》卷二十八载有皇太子《京师西明寺钟铭》，内容为："维大唐麟德二年（665 年），岁缠星纪，月次降娄，二月癸酉朔八日庚辰，皇太子奉为二圣于西明寺造铜钟一口，可一万斤。"④同一铭文，《全唐文》卷九十九也有记载，内容基本相同，但被列在章怀太子名下⑤。依钟铭所云"麟德二年"，此时的皇太子是谁呢？据《新唐书》卷八十一《三宗诸子》记载，李弘于显庆元年（656 年）被立为皇太子，上元二年（675 年）四月被武则天酖杀，同年六月李贤被立为皇太子（死后追赠章怀太子）⑥。也即麟德二年时太子仍是李弘，而非李贤，将这一钟铭列在章怀太子名下是错误的。

据《大唐贞元续开元释教录》卷中记载，唐高宗不仅为孝敬太子李弘修建了西明寺，此后还发布了一系列有关西明寺的制令。在贞元年间（785—805 年）由西明寺僧

① （唐）慧立、彦悰著，孙毓棠、谢方点校：《大慈恩寺三藏法师传》，中华书局，2000年，第214页。

② （宋）王溥：《唐会要》，上海古籍出版社，1991年，第1018页；（清）徐松撰，李健超增订：《增订唐两京城坊考（修订版）》，三秦出版社，2006年，第244页。

③ （唐）道世撰，周叔迦、苏晋仁校注：《法苑珠林校注》，中华书局，2003年，第1826页。

④ （唐）道宣：《广弘明集》，《大正藏》，第52册，No.2103，第330页。

⑤ （清）董诰等编：《全唐文》，中华书局，1983年，第1019页。

⑥ （宋）欧阳修、宋祁：《新唐书》，中华书局，1975年，第3588—3590页。

圆照将其编辑成《高宗置京师西明寺制令集》二卷，其中附录有碑记[①]。

据《集神州三宝感通录》卷上记载，显庆五年（660年）春二月，唐高宗敕取法门寺舍利往洛阳供养，“皇后舍所寝衣帐直绢一千匹，为舍利造金棺银椁，数有九重，雕镂穷奇”[②]。又据《佛祖统纪》卷三十九记载：“（显庆）五年，诏迎岐州法门寺护国真身释迦佛指骨至洛阳大内供养，皇后（武则天）施金函九重，命宣律师送还法门寺”[③]。西明寺高僧道宣也参与了这次供养佛指舍利的活动。这也就是道宣在其著作中，能够准确记录法门寺塔基地宫佛指舍利的原因。道宣在《集神州三宝感通录》卷上记载为：“其舍利，开头如小指初骨，长寸二分，内空方正，外楞亦尔，下平上圆，内外光净。”[④]

在唐代佛道辩论之时，西明寺高僧也屡屡参加。据《集古今佛道论衡》卷丁记载：“（龙朔）三年四月十四日，于蓬莱宫月陂北亭，与道士姚义玄等五人，西明寺僧子立等四人讲论。”[⑤]

（2）武则天与西明寺

《太平广记》卷四百二引《广异记》记载，武则天时，“西国献毗娄博叉天王下颌骨及辟支佛舌，并青泥珠一枚，则天悬额（当为颌）及舌，以示百姓。额（当为颌）大如胡床。舌青色，大如牛舌。珠类拇指，微青，后不知贵，以施西明寺僧，布金刚额中”[⑥]。又据《唐大荐福寺故寺主翻经大德法藏和尚传》记载，垂拱三年（687年），武则天为了求雨，“诏（法）藏于西明寺立坛祈之，长安邑尹张鲁客为请主，每夕斋戒，未七日雨沾洽”[⑦]。

（3）唐睿宗与西明寺

《宋高僧传》卷十四《唐京兆西明寺崇业传》记载：唐睿宗曾经“诏业入承明熏修别殿，为帝授菩萨戒，施物优渥”[⑧]。

（4）唐代宗、宪宗与西明寺

在中晚唐时期，唐王朝的一些重大活动往往在西明寺、资圣寺这样的国家大寺举行。据《大宋僧史略》卷中记载，唐代宗时，“每西蕃入寇，必令群僧讲诵《仁王经》，

---

① （唐）圆照：《大唐贞元续开元释教录》，《大正藏》，第55册，No.2156，第764页。

② （唐）道宣：《集神州三宝感通录》，《大正藏》，第52册，No.2106，第407页。

③ （宋）志磐：《佛祖统纪》，《大正藏》，第49册，No.2035，第367页。

④ （唐）道宣：《集神州三宝感通录》，《大正藏》，第52册，No.2106，第406页。

⑤ （唐）道宣：《集古今佛道论衡》，《大正藏》，第52册，No.2104，第388、389、389页。

⑥ （宋）李昉等编：《太平广记》，中华书局，1961年，第3237页。

⑦ （新罗）崔致远：《唐大荐福寺故寺主翻经大德法藏和尚传》，《大正藏》，第50册，No.2054，第283页。

⑧ （宋）赞宁撰，范祥雍点校：《宋高僧传》，中华书局，1987年，上册，第342页。

以攘寇虏”[①]。《册府元龟》卷五十二《帝王部・崇释氏》记载：“永泰元年九月，于京城资圣、西明两寺置百高座，讲《仁王经》。内出二宝舆，中命有力者衣金甲舁出。又结彩为菩萨、神王及八部、鬼神、羊车、鹿车、牛车。内侍鱼朝恩获送，宰臣及百官列班于光顺门观礼。宰臣等表请依班序节级率钱以资僧供。二七日而罢。又诏宰臣及两省五品已上官，尚书省四品已上官，御史大夫、中丞、诸司长官，并于西明寺行香。修斋奏乐，竟日而罢”[②]。这一年，恰逢吐蕃入侵，于是便有讲《仁王经》之举，可见皇室对西明寺相当重视。该书又云：“（宪宗元和）十年三月甲申，西明佛寺僧迁寺中之毗沙门神像于开业寺，帝命假之骑军，前后翼卫，其徒以幢盖引侍，凡数里不绝，观者倾都”[③]。

通过上述记载，可知西明寺与唐代皇室有着密切的关系，是长安城内非常重要的国家大寺之一。

二、西明寺的规模与布局

西明寺作为长安城中规模较大的寺院之一，据《三藏法师传》卷十记载：“其（西明）寺面三百五十步，周围数里。左右通衢，腹背廛落。青槐列其外，渌水亘其间，亹亹耽耽，都邑仁祠此为最也。而廊殿楼台，飞惊接汉，金铺藻栋，眩目晖霞。凡有十院，屋四千余间。庄严之盛，虽梁之同泰、魏之永宁，所不能及也。”[④]即使与慈恩寺的“凡十余院，总一千八百九十七间”[⑤]相比较，也毫不逊色。日本《扶桑略记》记载，天平元年（719年），“大唐西明寺，以祇园精舍为规模焉。本朝大安寺，以唐西明寺为规模焉。”[⑥]这段话不仅点明了西明寺布局形式的渊源，也是西明寺布局样式对日本大安

① （宋）赞宁：《大宋僧史略》，《大正藏》，第54册，No.2126，第247页。

② （宋）王钦若等编：《册府元龟》卷五十二《帝王部・崇释氏》，中华书局，1960年，第576页；同一事，《资治通鉴》卷二百二十三《唐纪三十九》也有记载，其文云：“（永泰元年）九月，庚寅朔，置百高座于资圣、西明两寺，讲《仁王经》，内出经二宝舆，以人为菩萨、鬼神之状，导以音乐卤薄，百官迎于光顺门外，从至寺。”“吐蕃至邠州，白孝德婴城自守。甲辰，上命宰相及诸司长官于西明寺行香设素馔，奏乐。”参见（宋）司马光编著，（元）胡三省音注：《资治通鉴》，中华书局，1956年，第7176、7177页。

③ （宋）王钦若等编：《册府元龟》，中华书局，1960年，第579页。

④ （唐）慧立、彦悰著，孙毓棠、谢方点校：《大慈恩寺三藏法师传》，中华书局，2010年，第214页。

⑤ （唐）段成式撰，曹中孚校点：《酉阳杂俎》续集卷六《寺塔记（下）》，《唐五代笔记小说大观》，上海古籍出版社，2000年，上册，第765页。

⑥ 〔日〕黑板勝美、国史体系編修会編：《新訂增补国史大系》第十二卷《扶桑略記・帝王編年記》，吉川弘文館，1965年，第89頁。

寺产生影响的证据。模仿祇园精舍的布局样式来修建西明寺，这显然与负责营造西明寺的玄奘曾往印度求法取经的经历有密切关系。

祇园精舍是佛教发展和传播过程中一座重要的寺院，关于其建立，充满故事性。据《大唐西域记》卷六“室罗伐悉底国”条云：“城南五六里有逝多林（唐言胜林。旧曰祇陁，讹也），是给孤独园，胜军王大臣善施为佛建精舍。昔为伽蓝，今已荒废。东门左右各建石柱，高七十余尺，左柱镂轮相于其端，右柱刻牛形于其上，并无忧王之所建也。室宇倾圮，唯余故基，独一砖室岿然独在，中有佛像。昔者如来升三十三天，为母说法之后，胜军王闻出爰王刻檀佛像，乃造此像。善施长者仁而聪敏，积而能散，拯乏济贫，哀孤恤老，时美其德，号给孤独焉。闻佛功德，深生尊敬，愿建精舍，请佛降临。世尊命舍利子随瞻揆焉，唯太子逝多园地爽垲。寻诣太子，具以情告。太子戏言：‘金遍乃卖。’善施闻之，心豁如也，即出藏金，随言布地。有少未满，太子请留，曰：‘佛诚良田，宜植善种。’即于空地，建立精舍。世尊即之，告阿难曰：‘园地善施所买，林树逝多所施，二人同心，式崇功业。自今已去，应谓此地为逝多林给孤独园。’”①祇园布施这一题材多见于古印度的佛塔雕刻，说明了其在佛教史上的重要地位。

西明寺“凡有十院，屋四千余间”，说明它是一座以庭院为单位组成的多重院落的建筑群。这些院落名称经过考证目前所知的有僧院、僧厨院、菩提院、菩提院东阁、翻经院、道宣律师堂、永忠法师古院、温（浴）室等，附属设施有灯台、水井、窖藏井、渗井②。在此基础上，笔者通过钩沉文献，也对一些院落或者建筑物进行了考证，有的是直接钩沉文献所得，有的则是根据唐代寺院建筑的基本布局进行的推测，新增的院落名称或对已知建筑所做内容补充者主要有：“文殊菩萨院”“别院”“道宣律师（影）堂”“禅府”“钟楼”“藏经楼或经藏阁”“山亭院”“东、西禅院”“讲堂”“食堂”“库院”“佛塔与净池”“僧造玄院”等。

（一）文殊菩萨院

唐代宗大历七年（772年）十月，“敕京城及天下僧尼寺内，各简一胜处置大圣文殊师利菩萨院，仍各委本州岛府长官即句当修葺，并素文殊像装饰彩画，功毕，各画图其状闻奏，不得更于寺外别造”③。不空在其《谢敕置天下寺文殊院表》也郑重地谈到

① （唐）玄奘、辩机原著，季羡林等校注：《大唐西域记校注》，中华书局，2000年，上册，第488、489页。

② 安家瑶：《唐长安西明寺遗址的考古发现》，《唐研究》第六卷，北京大学出版社，2000年，第337—352页；龚国强：《隋唐长安佛寺研究》，中国社会科学院研究生院博士学位论文，2002年，第72—78、86、88、89页。后又于文物出版社仍以同样的题目和内容于2006年出版。

③ （唐）圆照集：《代宗朝赠司空大辨正广智三藏和尚上表制集》卷三，《大正藏》，第52册，No.2120，第841页。

了此事："伏见今月十六日特敕，京城及天下僧尼寺内各简一胜处，置大圣文殊师利菩萨院，并素文殊像装饰彩画者"[①]。西明寺这样的寺院也应当修建了文殊菩萨院。

（二）别院

《宋高僧传》卷十五《唐京师西明寺圆照传》记载："（释法照）肃代二朝，尤为杰立，累朝应奉，赐紫，充临坛两街十望大德、内供奉、检校鸿胪少卿，食封一百户。后终于别院，春秋八十二，法腊五十八云"[②]。

（三）道宣律师（影）堂

道宣律师（影）堂为纪念道宣而立。据《宋高僧传》卷十四《唐京兆西明寺道宣传》记载，道宣于乾封二年（667年）圆寂，唐高宗当时即下诏书，"令崇饰图写宣之真相。匠韩伯通塑缋之，盖追仰道风也"。至唐代宗大历时，"敕每年内中出香一合，送西明寺故道宣律师堂，为国焚之祷祝"[③]。又据《释氏稽古略》卷三记载："乾封二年十月初三日，（道宣）律师入灭于长安西明寺。……高宗有诏伤悼，敕天下寺图形塑像，以为标范奉祀。"[④]为圆寂高僧建立影堂在唐代较为盛行，据《寺塔记》记载，西明寺以外的长安寺院中，长乐坊的安国寺有"禅师法空影堂""利涉塑堂"，光宅坊的光宅寺有"中禅师影堂"[⑤]。又如王建的《柏严禅师影堂》云："山中砖塔闭，松下影堂新，恨不生前识，今朝礼画身。"[⑥]又据《东城老父传》云："建中三年，僧运平人寿尽。服礼毕，奉舍利塔于长安东门（春明门——据下文，笔者注）外镇国寺东偏，手植松柏百株。构小舍，居于塔下，朝夕焚香洒扫，事师如生。顺宗在东宫，舍钱三十万，为（贾）昌立大师影堂及斋舍。又立外屋，居游民，取佣给。昌因日食粥一杯，浆水一升，卧草席，絮衣。过是，悉归于佛"[⑦]。

（四）禅府

据《续高僧传》卷二十《京师西明寺释静之传》记载："释静之，姓赵，雍州高陵

① （唐）圆照集：《代宗朝赠司空大辨正广智三藏和尚上表制集》卷三，《大正藏》，第52册，No.2120，第841页。

② （宋）赞宁撰，范祥雍点校：《宋高僧传》，中华书局，1987年，上册，第379页。

③ （宋）赞宁撰，范祥雍点校：《宋高僧传》，中华书局，1987年，上册，第329、330页。

④ （元）觉岸：《释氏稽古略》，《大正藏》，第49册，No. 2037，第818页。

⑤ （唐）段成式撰，曹中孚校点：《酉阳杂俎》续集卷五、卷六《寺塔记（上、下）》，《唐五代笔记小说大观》，上海古籍出版社，2000年，上册，第753、760页。

⑥ 《全唐诗》卷三百一，上海古籍出版社，1986年，第756页。

⑦ （宋）李昉等编：《太平广记》卷四百八十五，中华书局，1961年，第3994页。

人。……撰《诸家观门》以为一卷，要约精最，后学重之。显庆三年（658年），召入西明，别立禅府。利州本寺，桂树忽凋胡桃自拔，佛殿无故北面仰地尊仪不损，斯亦德动幽灵为若此也。以显庆五年春三月二十七日，右胁而终于西明，春秋五十七矣。”[①]

（五）钟楼

据《寺塔记（上）》记载：“平康坊菩萨（一作提）寺。寺之制度，钟楼在东。唯此寺缘李右座林甫宅在东，故建钟楼于西。”[②] 按照一般寺院的基本布局，则西明寺中也当有钟楼。据前引《广弘明集》卷二十八记载的《京师西明寺钟铭》，可知西明寺有钟，自然当有钟楼。又据《太平广记》卷一百十六引《玉堂闲话》云：“长安城西明寺钟，寇乱之后，缁徒流离，阒其寺者数年。有贫民利其铜，袖锤錾往窃凿之，日获一二斤，鬻于阛阓，如是经年，人皆知之，官吏不禁。后其家忽失所在，市铜者亦讶其不来。后官欲徙其钟于别寺，见寺钟平堕在阁上，及仆之，见盗钟者抱锤錾俨然坐于其间，即已干枯矣。”[③]《宋高僧传》卷四《唐京师西明寺圆测传》云其曾“于西明寺鸣钟召众，称讲《唯识》”[④]。还有一些其他资料可作为参考，如《桂苑丛谈·客饮甘露亭》云：“吟罢，东楼晨钟遽鸣，僧户轧然而启，欻尔而散，竟无踪矣。”[⑤]

（六）藏经楼或经藏阁

据《寺塔记（下）》记载，“翊善坊保寿寺，本高力士宅，天宝九载舍为寺。初铸钟成，力士设斋庆之，举朝毕至，一击百千，有规其意，连击二十杵。经藏阁规构危巧”[⑥]。又《宋高僧传》卷十九《唐洛京天宫寺惠秀传》记载，释惠秀，“长安中往资圣寺，唱道化人，翕然归向。忽诫禅院弟子，令灭灯烛。有白秀曰：‘长明灯可留。’亦令灭之。因说火灾难测，不可不备，云：‘尝有寺家，不备火烛，佛殿被焚。又有一寺，钟楼遭爇。又有一寺，经藏煨烬，殊可痛惜。’时众不喻其旨。至夜遗火，佛殿、钟楼、经藏三所悉成灰炭”[⑦]。可见，在唐代寺院中，藏经楼或经藏阁是必备的建筑，那

① （唐）道宣：《续高僧传》，《大正藏》，第50册，No.2060，第601页。

② （唐）段成式撰，曹中孚校点：《酉阳杂俎》续集卷五《寺塔记（上）》，《唐五代笔记小说大观》，上海古籍出版社，2000年，上册，第760页。

③ （宋）李昉等编：《太平广记》，中华书局，1961年，第813页。

④ （宋）赞宁撰，范祥雍点校：《宋高僧传》，中华书局，1987年，上册，第69页。

⑤ （五代）严子休撰，阳羡生校点：《桂苑丛谈》，《唐五代笔记小说大观》，上海古籍出版社，2000年，下册，第1564、1565页。

⑥ （唐）段成式撰，曹中孚校点：《酉阳杂俎》续集卷六《寺塔记（下）》，《唐五代笔记小说大观》，上海古籍出版社，2000年，上册，第760页。

⑦ （宋）赞宁撰，范祥雍点校：《宋高僧传》，中华书局，1987年，下册，第496、497页。

么西明寺也应当有藏经楼或经藏阁。此藏经楼或经藏阁很可能就是菩提院放置“御造经藏”的东阁[①]。

（七）山亭院

据《唐会要》卷四十八记载，东都洛阳怀仁坊敬爱寺，“显庆二年，孝敬在春宫，为高宗、武太后立之，以敬爱寺为名，制度与西明寺同”[②]。《历代名画记》卷三“敬爱寺”条记载：“（敬爱寺）山亭院十轮经变、华严经，并武静藏画。”“山亭院北及门楼内两厢，震亶支提二神，并刘行臣画，今暗”[③]。又据《图画见闻志》卷五“西明寺”条记载：“敬爱寺山亭院壁上有画雉、若真，砂子上有时贤题名及诗什甚多。”[④]既然敬爱寺制度同于西明寺，而敬爱寺有山亭院，那么西明寺也当有之。山亭，不仅见于寺院，也常见于唐代贵族、官僚等的宅邸，而且在文献中多称为“山池”“池亭”等（表5-1），在《长安志》中多有记载。在陕西西安中堡村唐墓中曾经发现一组三彩建筑模型（图5-3），其中就包括三彩山池和三彩亭子[⑤]，形象逼真地展现了文献中所云的“山亭”“山池”“池亭”等，对于理解寺院中的“山亭院”有重要的参考价值。唐人的传奇故事中，也有对民间山亭生动的描述，据《李娃传》云，李娃她们设计欺骗某生时所租赁的崔尚书宅，“入西戟门偏院，中有山亭，竹树葱蒨，池榭幽绝”[⑥]。从文字描述可知，这类山亭及其所在的庭院一般偏离建筑的中轴线，且相对独立，寺院中的山亭院当是世俗的此类建筑的翻版。

（八）东、西禅院

《历代名画记》卷三记“敬爱寺”条记载，敬爱寺有东、西禅院[⑦]。理同前文，可证西明寺有东西对称分布的东、西禅院。

---

① 罗小红：《唐长安西明寺考》，《考古与文物》2006年第2期，第76—80页。

② （宋）王溥：《唐会要》，上海古籍出版社，1991年，第993页。

③ （唐）张彦远著，秦仲文、黄苗子点校，启功、黄苗子参校：《历代名画记》，人民美术出版社，1963年，第69、70页。

④ （宋）郭若虚著，黄苗子点校：《图画见闻志》，人民美术出版社，1963年，第120页。

⑤ 〔日〕セゾン美術館、日本経済新聞社：《〈シルクロードの都 長安の秘宝展〉図録》，三映印刷，1992年，第71頁，図版61；〔日〕東京国立博物館、日本中国文化交流協会、読売新聞社：《陕西・甘粛・新疆出土 漢—唐 中華人民共和国シルクロード文物展》，読売新聞社，1979年，図版31。

⑥ （宋）李昉等编：《太平广记》卷四百八十四，中华书局，1961年，第3987页。

⑦ （唐）张彦远著，秦仲文、黄苗子点校，启功、黄苗子参校：《历代名画记》，人民美术出版社，1963年，第68页。

图5-3　陕西西安中堡村唐墓出土三彩建筑模型

表5-1　唐长安城中部分贵族、官僚宅邸中的山池、池亭等

卷	坊	山池、池亭	资料出处
卷七	大业坊	东南隅太平女冠观，西有驸马都尉杨慎交山池，本（唐高祖子）徐王元礼之池	（宋）宋敏求：《长安志》，《宋元地方志丛书》，中国地志研究会刊行，清乾隆五十二年（1787年）版，第1册，第40页
卷七、卷十	长兴坊、延康坊	卷七云长兴坊有邠宁节度使马璘宅；卷十云延康坊有邠宁节度使马璘池亭。延康坊的池亭是马璘的别宅	同上，第39、54页
卷八	胜业坊	东北隅宁王宪山池院	同上，第46页
卷八	崇仁坊	半以东本尚书左仆射高士廉宅，西北隅本左金吾衙。神龙元年并为长宁公主第，有山池别院，旧东阳公主亭子	同上，第42页
卷九	新昌坊	有尚书左仆射裴向竹园。元和中，宰相武元衡遇害，或告贼匿于新昌坊向之竹园	同上，第50页
卷九	安业坊	有左龙武军统军归诚郡王程怀直宅。贞元十年赐怀直甲第一区，妓女一人，令归沧州。初，怀直自沧州归朝，德宗赐务本里宅。又赐安业里别宅，有池榭林木之胜	同上，第51页
卷九	兴化坊	东门之南有晋国公裴度池亭。白居易有《宿裴相兴化池亭兼借船舫游泛》诗	同上，第52页
卷十	延福坊	西北隅有琼山县主宅。县主开元中适慕容氏，即吐谷浑之苗裔。富于财产，宅内有山池院，溪磴自然，林木葱郁，京城称之	同上，第54页

（九）讲堂

《历代名画记》卷三“敬爱寺”条记载，敬爱寺“讲堂内大宝帐，天后大香炉，又大金铜香炉，金铜幡十三口。画绢幡十三口”①。理同前文，可证西明寺有讲堂。又据《宋高僧传》卷五《唐长安青龙寺道氤传》记载：“于青龙寺执新《疏》，听者数盈千计。至于西明、崇福二寺，讲堂悉用香泥，筑自水际至于土面，庄严之盛，京中甲焉”②。

（十）食堂

食堂是一个寺院重要而且必须的组成部分，西明寺自然不可或缺。见于文献记载的食堂不多，据《寺塔记（上）》记载，平康坊菩萨寺，“食堂东壁上，吴道玄画《智度论》色偈变，偈是吴自题，笔迹遒劲，如磔鬼神毛发”③。又据《两京新记》卷三记载：“（西明）寺内有杨素旧井，玄感被诛，家人以金投井，后人窥见，钩汲无所获。今寺众谓之灵井，在僧厨院内。”④结合文献记载，推测西明寺食堂当在僧厨院内。

（十一）库院

唐长安城中规模较大的寺院均有库院，文献中多称之为“库”“库院”等，因有些库院或因藏画、或因壁画而得以见之于文献记载。据《寺塔记（下）》记载：“翊善坊保寿寺……河阳从事李涿，性好奇古，与僧智增善，尝俱至此寺，观库中旧物。忽于破瓮中得物如被，幅裂污坌，触而尘起。涿徐视之，乃画也。”又云：“崇义坊招福寺……库院鬼子母，贞元中，李真画，往往得长史规矩，把镜者尤工。”⑤这些有关库院的记载，是西明寺这样的大寺拥有库院的重要旁证。

---

①　（唐）张彦远著，秦仲文、黄苗子点校，启功、黄苗子参校：《历代名画记》，人民美术出版社，1963年，第68、69页。

②　（宋）赞宁撰，范祥雍点校：《宋高僧传》，中华书局，1987年，上册，第98页。

③　（唐）段成式撰，曹中孚校点：《酉阳杂俎》续集卷五《寺塔记（上）》，《唐五代比较小说大观》，上海古籍出版社，2000年，上册，第757页。

④　（唐）韦述撰，辛德勇辑校：《两京新记辑校》，三秦出版社，2006年，第38—39页。

⑤　（唐）段成式撰，曹中孚校点：《酉阳杂俎》续集卷六《寺塔记（下）》，《唐五代比较小说大观》，上海古籍出版社，2000年，上册，第760、762页。

（十二）佛塔与净池

据《唐长安西明寺塔碑》[①]，西明寺应当修建了塔。尽管考古发掘中未见西明寺塔的基址，可能是由于发掘范围较小，尚未触及。日本奈良大安寺是模拟西明寺修建的，可以之复原研究西明寺的平面布局和佛塔位置。据日本《本朝高僧传·道慈传》记载："圣武天皇天平九年（727年），帝将新大官寺，下诏觅伽蓝制式，时无知者。道慈奏曰：'臣僧在中华时，见西明寺，私念异日归国，苟逢盛缘，当以此为则，写诸堂之规，袭藏中笥。今陛下圣问，实臣僧之先抱也。'以图上进……历十四年而成，赐额大安，敕慈主席。"[②]据日本奈良大安寺遗址的发掘与复原可知，在其大三门之外有两座塔址，为复原西明寺塔的位置提供了重要证据[③]。既然大安寺是仿西明寺而建，大安寺大三门外有双塔，那么西明寺的双塔也应当在大三门之外不远的地方。实际上，在寺院之内修建双塔在隋代已经开始，据《两京新记》卷三记载："怀远坊，东南隅，大云经寺。开皇四年，文帝为沙门法经所立。寺内有二浮图，东西相值。"[④]又《长安志》卷九："丰乐坊西南隅法界尼寺，隋文献皇后为尼华晖令容所立。有双浮图，各崇一百三十尺"[⑤]。又据《历代名画记》卷三记载，唐长安千福寺有东西两塔及东西塔院[⑥]。西明寺建成在高宗显庆三年（658年），受到这种双塔布局的影响是有可能的。如此一来，不仅文献记载可证西明寺前有双塔后为殿堂、院落等，日本奈良大安寺遗址的考古发掘与复原结果也是探讨西明寺布局的直接的重要证据（图5-4）。特别值得注意的是，在1935年出版的《弘法大师年谱》卷三上发表了日本江户时代所绘制的西明寺平面布局示意图，图上标明是"西明寺图"[⑦]（图5-5），它与考古发掘的西明寺遗址在平面布局上极相似，大三门外有双塔，大三门外双塔之间有净池，由三个院落及位于其中的佛殿和其他建筑组成，周围还有一些附属建筑设施，这幅图是探讨西明寺的布局特点及进一步复原研究西明寺的基本图像资料之一。

---

① （唐）苏颋：《唐长安西明寺塔碑》，《全唐文》卷二百五十七，中华书局，1983年，第2597页。

② 〔日〕財団法人鈴木学术財団編集：《大日本佛教全書》第六十三巻《史伝部二·本朝高僧伝·道慈伝》，講談社，1972年，第40頁。

③ 〔日〕森郁夫：《日本古代寺院造営の研究》，法政大学出版局，1998年，第81頁，図25。

④ （唐）韦述撰，辛德勇辑校：《两京新记辑校》，三秦出版社，2006年，第50页。

⑤ （宋）宋敏求：《长安志》，《宋元地方志丛书》，中国地志研究会刊行，清乾隆五十二年（1787年）版，第1册，第50页下栏。

⑥ （唐）张彦远著，秦仲文、黄苗子点校，启功、黄苗子参校：《历代名画记》，人民美术出版社，1963年，第58页。

⑦ 《真言宗全書》卷三十八《弘法大师年譜》卷三上，1935年。转引自〔日〕森郁夫：《日本古代寺院造営の研究》，法政大学出版局，1998年，第109、114頁，図6。

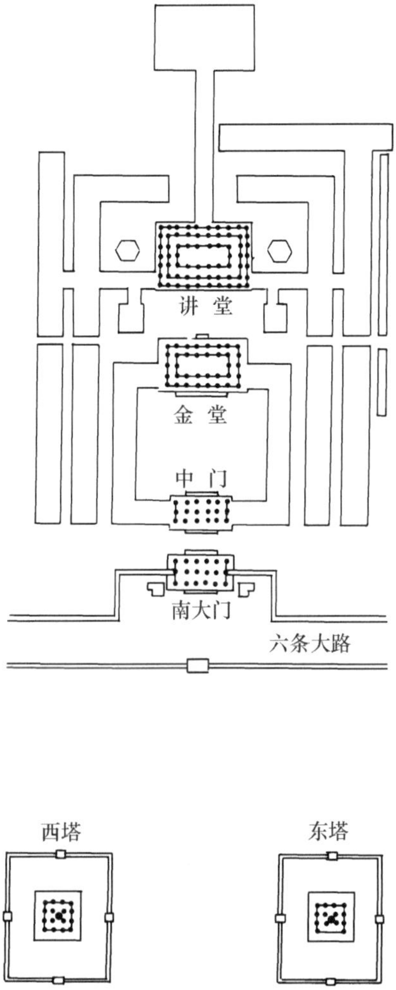

图5-4 日本奈良大安寺平面布局复原示意图

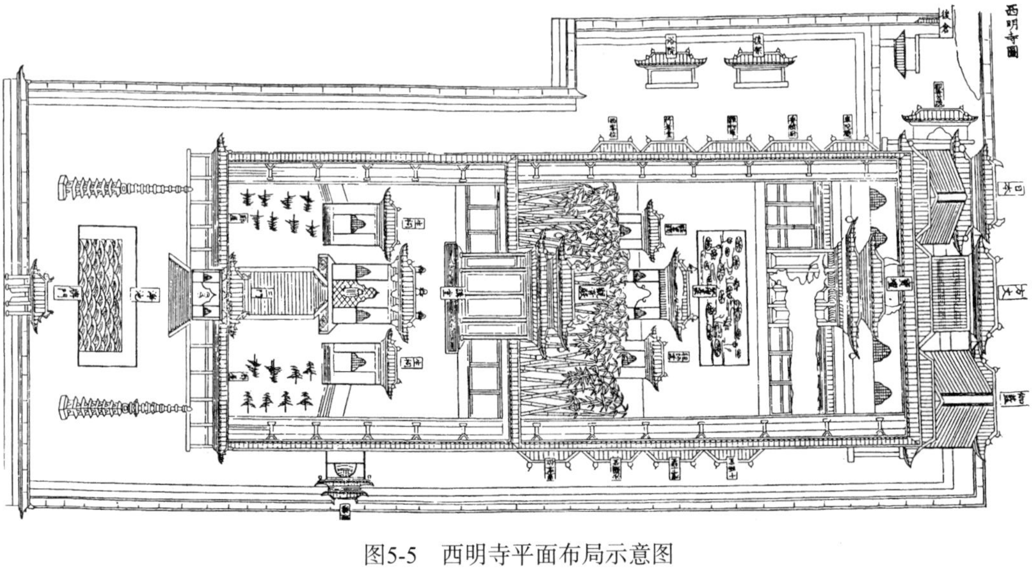

图5-5 西明寺平面布局示意图

（十三）僧造玄院

据《酉阳杂俎》前集卷十九记载："茄子，……僧人多炙之，甚美。有新罗种者，色稍白，形如鸡卵，西明寺僧造玄（一曰玄造）院中有其种。"① 僧造玄院，应该是僧院的一部分。

总之，通过文献资料、传世的图像资料与考古发掘的资料相结合，可知西明寺是一座前有双塔、后为南中北三座佛殿和三座佛殿之间的庭院组成的多重院落、其他建筑作为辅助、佛殿位于南北中轴线上的寺院，这种布局形式是对隋代以来带有双塔和佛殿及院落的寺院的继承和发展。同时，西明寺以祇园精舍为模型修建佛教寺院，与玄奘在佛教圣地萨尔那特（鹿野苑）摹写并于玉华宫（寺）雕刻佛足迹石的目的一样②，再次体现了玄奘有将唐王朝建设成为印度之外的另一个佛教中心的宏大心愿。

三、佛经翻译的重要译场

《宋高僧传》卷一《义净传》记载，高僧义净曾在西明寺翻译佛经。他本人自咸亨二年（671 年）发足南海，周游五印，"以天后证圣元年乙未仲夏（695 年）还至河洛，得梵本经律论近四百部，合五十万颂，金刚座真容一铺，舍利三百粒。天后亲迎于上东门外，诸寺缁伍具幡盖歌乐前导，敕于佛授记寺安置焉。……起庚子岁（700 年）至长安癸卯（703 年），于福先寺及雍京西明寺译《金光明王最胜王》《能断金刚般若》《弥勒成佛》《一字咒王》《庄严王陀罗尼》《长爪梵志》等经，《根本一切有部毗奈耶》《尼陀那目得迦》《百一羯磨摄》等，《掌中》《取因假设》《六门教授》等论，及《龙树劝诫颂》，凡二十部。"③ 又据《开元释教录》卷九中关于义净所译经目录记载，他于长安三年（703 年）在西明寺翻译的佛经有《金光明王最胜王经》十卷、《能断金刚般若波罗蜜多经》一卷、《掌中论》一卷、《取因假设论》一卷、《六门教授习定论》一卷、《根本说一切有部毗奈耶》五十卷、《根本说一切有部尼陀那目得迦》十卷、《根本说一切有部百一羯磨》十卷、《曼殊师利菩萨咒藏中一字咒王经》一卷，共计九部④。

《宋高僧传》卷二《唐洛京智慧传》记载："释智慧者，梵名般剌若也，姓桥答摩氏，北天竺迦毕试国人，颖悟天资。……奉天贞元二年始届京辇。见乡亲神策军正将罗好心，即慧舅氏之子也，悲喜相慰。将至家中，延留供养。八年，上表举慧翻传，

① （唐）段成式撰，曹中孚校点：《酉阳杂俎》前集卷十九《广动植之四·草篇》，《唐五代笔记小说大观》，上海古籍出版社，2000年，上册，第702页。

② 冉万里：《唐代长安地区佛教造像的考古学研究》，科学出版社，2017年，第239、240页。

③ （宋）赞宁撰，范祥雍点校：《宋高僧传》，中华书局，1987年，上册，第1、2页。

④ （唐）智升：《开元释教录》，《大正藏》，第55册，No.2154，第568页。

有敕令京城诸寺大德名业殊众者同译，得罽宾三藏般若开释梵本，翰林待诏光宅寺沙门利言度语，西明寺沙门圆照笔受，资圣寺道液、西明寺良秀、庄严寺应真、醴泉寺超悟、道岸、辩空并充证义。六月八日，欲创经题，敕右街功德使王希迁与右神策军大将军王孟涉、骠骑大将军马有邻等送梵经出内。缁伍威仪，乐部相间，士女观望，车骑交骈，迎入西明寺翻译。即日赐钱一千贯、茶三十串、香一大合，充其供施。开名题曰《大乘理趣六波罗蜜多经》，成十卷，又《华严长者问佛那罗延力经》《般若心经》各一卷，皆贞元八年所译也，是岁十月缮写毕。"①

《宋高僧传》卷二《唐五台山佛陀波利传》记载："释佛陀波利，华言觉护，北印度罽宾国人。……以天皇仪凤元年丙子，杖锡五台……返本国取得经回，既达帝城，便求进见。有司具奏，天皇赏其精诚，崇斯秘典，下诏鸿胪寺典客令杜行顗与日照三藏于内共译。译讫，赐绢三十匹，经留在内。波利垂泣奏曰：'委弃身命，志在利人。请帝流行，是所望也。'帝愍其专切，遂留所译之经，还其梵本。波利得经，弥复忻喜，乃向西明寺访得善梵语僧顺贞，奏乞重翻，帝俞其请，波利遂与顺贞对诸大德翻出，名曰《佛顶尊胜陀罗尼经》，与前杜令所译者，咒韵经文少有同异。波利所愿既毕，却持梵本入于五台，莫知所之。"②《释氏稽古略》卷三也记载，西域北印度罽宾僧佛陀波利，唐仪凤元年来五台清凉山，后返回本国。弘道元年携带经文来长安，唐高宗命杜行顗及日照三藏翻译。后来，"波利访西明寺僧顺贞。贞奏闻共译之。名《尊胜陀罗尼》，乃第三出也，与杜令译者大同小异。比诸众译，此最弘布"③。《佛祖统纪》卷三十九所记略有出入："帝令杜行顗与日照共译，留经于内。波利泣曰：'志在流布，何得自秘？'帝乃以梵本还之。波利遂与西明寺沙门顺贞重译毕。"④

四、一件关于西明寺曾名福寿寺的过所

在唐武宗会昌五年（845年）灭佛时，西明寺是唐王朝在长安城中要保留的四所寺院之一。据《唐会要》卷四十八记载："会昌五年……敕旨，宜每街各留寺两所，每寺各留三十人。六年……右街置八所，二所先准敕留，西明寺请改为福寿寺……"⑤其他史料诸如《旧唐书》《资治通鉴》等都明确记载西明寺曾改名福寿寺，而且改于会昌六年（846年）⑥。对西明寺曾改名福寿寺一事，日本流传下来的一件过所可以作为实物补

---

① （宋）赞宁撰，范祥雍点校：《宋高僧传》，中华书局，1987年，上册，第22、23页。
② （宋）赞宁撰，范祥雍点校：《宋高僧传》，中华书局，1987年，上册，第28页。
③ （元）觉岸：《释氏稽古略》，《大正藏》，第49册，No.2037，第819页。
④ （宋）志磐：《佛祖统纪》，《大正藏》，第49册，No.2035，第368页。
⑤ （宋）王溥：《唐会要》，上海古籍出版社，1991年，上册，第999页。
⑥ 史红帅：《〈唐两京城坊考〉西明寺校误》，《中国历史地理论丛》1999年第1期，第184页。

证，这件过所现藏于日本滋贺县园城寺，为纸本墨书，纵长 30.7、横宽 62.2 厘米，年代在大中九年（855 年）[①]。先收录在日本著名学者砺波护的《隋唐佛教文化》[②]一书中，后又收录于《大遣唐使展》[③]一书中（图 5-6）。其全文为：

尚书省司门
福寿寺僧圆珍年肆拾叁，行者丁满年伍拾，并随
身衣道具功德等。
韶广两浙已来关防主者，上件人贰，今月　日
得万年县申称，今欲归本贯觐省并住，请道州
府，巡礼名山祖塔，恐所在关津守捉，不练行由，请
给过所者，准状勘责状同，此正准给，符到奉行。
主事　袁参
都官员外郎判　祇　　　令史　戴敬悰
书令史
大中玖年拾壹月拾伍日下
蒲关，十二月四日，勘出。
丞郢

从过所的内容来看，它是当时留学的僧人圆珍自中国带回日本的，明记其为福寿寺僧。据前文所列相关文献可知，西明寺在会昌六年（846 年）曾经改名福寿寺，而圆珍回国在大中九年（855 年），距离西明寺改名时间不远，过所中所言的福寿寺，有可能就是西明寺。又据日本学者小野胜年先生考证，圆珍曾经驻锡西明寺[④]。将诸多情况结合起来看，过所中的福寿寺当为改名后的西明寺，如果笔者的这一推测成立，不仅可证明西明寺改名的真实性，同时也反映出在官府文书中一般使用西明寺更改后的福寿寺，而在日常生活中人们更习惯于使用原名，类似现象在唐代寺院名称中还有很多，如终南山的翠微寺就是如此[⑤]。

① 〔日〕奈良国立博物館：《大遣唐使展》，奈良国立博物館、読売新闻大阪本社、NHK、NHK プラネット近畿，2010年，第352、353页。

② 〔日〕砺波护著，韩昇编，韩昇、刘建英译：《隋唐佛教文化》，上海古籍出版社，2004年，第192、193页。

③ 〔日〕奈良国立博物館：《大遣唐使展》，奈良国立博物館、読売新闻大阪本社、NHK、NHK プラネット近畿，2010年，第254页，图版255。

④ 〔日〕小野勝年：《長安の西明寺とわが入唐僧》，《佛教芸术》第二十九號，1956年，第28—45頁。

⑤ 冉万里：《唐代舍宫为寺考略》，《西北大学学报》（哲学社会科学版）2005年第5期。

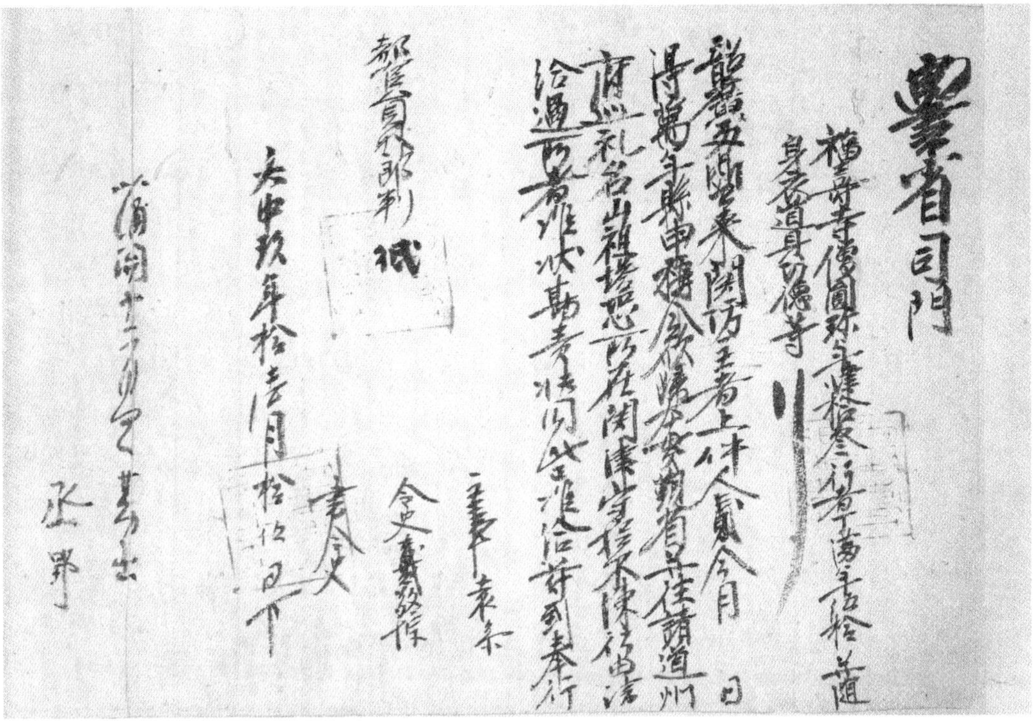

图5-6　日本僧侣圆珍的过所

五、西明寺学派及其特征

西明寺建成后，高僧道宣曾经被任命为上座，但因玄奘至西明寺而止，并参与玄奘的佛经翻译。从道宣开始，隶籍西明寺众多的高僧有一个共同的特点，就是多以著作丰富见长，其中的代表人物是道宣（图 5-7）[他在后来被称为“南山澄照法菩萨”①（图 5-8）]、道世、慧琳、圆照等。以著作等身为特点的西明寺高僧群像的出现和学风的形成，与道宣有着密切关系，正是道宣所开创的风气，使得西明寺逐步形成了一个重要学派——西明寺学派。这一学派的最大特点表现为精研佛学，勤于著述，为佛教写史，著作等身。我们现在经常使用的佛教典籍中，西明寺僧人所著者占了相当的份

① 本文所引用的日本奈良东大寺藏道宣画像，绢本着色，纵128.4、横59.2厘米，年代为室町时代（15世纪）。据云，其样式、坐姿及画中的道具，与日本京都涌泉寺俊芿律师（1166—1227年）带回的南宋嘉定三年（1210年）所绘道宣画像完全一致。参见〔日〕東大寺ミュージアム：《修理完成記念特別展——国宝東大寺金堂鎮壇具のすべて》，東大寺，2013年，第106、147頁，図版74。日本奈良国立博物館收藏的道宣律师像年代要早一些，属于镰仓时代（12—14世纪）。绢本着色，纵112.5、横56.2厘米，左上部墨书“南山澄照法菩萨”七个汉字。参见〔日〕奈良国立博物館：《奈良国立博物館蔵品図版目録・仏教絵画篇》，奈良国立博物館，2002年，第119頁，図版90，说明文字参见166頁。

图5-7　日本奈良东大寺藏道宣律师像

图5-8　日本奈良国立博物馆藏道宣律师像

额，他们所著的百科全书式的佛教著作更是研究佛教的必备书。总的来看，西明寺的高僧们将道宣开创的学风代代相传，个个著作等身，已成为唐代长安寺院中一个特殊的文化现象，是很值得关注和研究的。

（一）西明寺学派的特点

简而言之，西明寺学派的基本特点表现为以下四个方面。

1. 僧侣们目标明确，勤奋努力，著作等身

据《法苑珠林》卷一百记载，开风气之先的西明寺高僧道宣，其著作有22部一百二十七卷，分别是:《注僧尼戒本》二卷（疏记四卷）、《注羯磨》二卷（疏记四卷）、《行事删补律仪》三卷、《释门正行忏悔仪》三卷、《释门亡物轻重仪》一卷、《释门章服仪》一卷、《释门归敬仪》一卷、《释门护法仪》一卷、《释氏略谱》一卷、《圣迹见在图赞》一卷、《佛化东渐图赞》三卷、《释迦方志》二卷、《古今佛道论衡》四卷、《大唐内典录》十卷、《续高僧传》三十卷、《后集续高僧传》十卷、《广弘明集》

三十卷、《东夏三宝感通记》三卷、《西明寺录》一卷、《感通记》一卷、《祇洹图》二卷、《遗法住持感应》七卷[①]。特别是道宣的《广弘明集》《续高僧传》等著作，从其名称和写作体例上来看，是对南朝僧祐《弘明集》、慧皎《高僧传》的继承，表明他自己对文化传承的责任感，也成为现在研究唐代佛教不可或缺的典籍。说明道宣不仅是律宗的开拓者，也堪称西明寺学派的创立者。道宣之后的西明寺高僧，基本上遵循了道宣的佛学研究之路，个个都成为唐代高僧中举足轻重的人物。他们在学术上的突出特点就是百科全书式的佛学功底，对于佛学研究者或者信仰者而言，佛教典籍浩如烟海，这些著作为学习、研究佛学提供了便捷门径，对于佛教的传播功莫大焉。

西明寺高僧道世，字玄恽，也是一位著作丰富的高僧。据《法苑珠林》卷一百记载其著作有 11 部一百五十四卷，主要有《法苑珠林》一百卷、《善恶业报论》(《高丽藏》本作《诸经要集》) 二十卷、《大小乘禅门观》十卷、《受戒仪式》四卷、《礼佛仪式》二卷、《大乘十观》一卷、《辩伪显真论》一卷、《敬福论》三卷、《四分律讨要》五卷、《四分律尼钞》五卷、《金刚般若集注》三卷[②]。根据《开元释教录》卷八记载，道世所著另有《诸经要集》二十卷[③]。又据《大唐内典录》卷十记载，道世的著作达一百七十四余卷，有《敬福论》十卷（略论二卷）、《大小乘观门》十卷、《释门灵感记》五十卷、《法苑珠林》一百卷、《四分律僧尼讨要》(各五卷)[④]。而道世的《法苑珠林》则是一部佛教典籍的“百科全书”，也是研究佛教史的重要的基本资料。即使道世本人在介绍自己的著作时，也将其列为首部[⑤]，可见他本人也对它很是满意和看重。

《大唐内典录》卷十记载，皇朝西明寺沙门释法云撰论 2 部十三卷，分别为《辩量三教论》三卷、《十王正业论》十卷[⑥]。又《法苑珠林》卷一百记载，西明寺僧法云撰《辩量三教论》三卷、《禅观四诠论》十卷[⑦]。

《宋高僧传》卷六《唐京师西明寺承恩传》记载：“天宝末，关中版荡，因避地姑臧。旅泊之间，嗟彼密迩羌虏之封，极尚经论之学。恩化其内众，勉其成功，深染华风，悉登义府。自是重撰《百法论疏》并《钞》，行于西土。”[⑧]

---

① （唐）道世撰，周叔迦、苏晋仁校注：《法苑珠林校注》，中华书局，2003年，第2883页；（唐）智升：《开元释教录》，《大正藏》，第55册，No. 2154，第562页；（唐）圆照：《大唐贞元续开元释教录》，《大正藏》，第55册，No.2155，第765页。

② （唐）道世撰，周叔迦、苏晋仁校注：《法苑珠林校注》，中华书局，2003年，第2884页。

③ （唐）智升：《开元释教录》，《大正藏》，第55册，No. 2154，第562页。

④ （唐）道宣：《大唐内典录》，《大正藏》，第55册，No. 2149，第333页。

⑤ （唐）道世撰，周叔迦、苏晋仁校注：《法苑珠林校注》，中华书局，2003年，第2884页。

⑥ （唐）道宣：《大唐内典录》，《大正藏》，第55册，No. 2149，第333页。

⑦ （唐）道世撰，周叔迦、苏晋仁校注：《法苑珠林校注》，中华书局，2003年，第2883页。

⑧ （宋）赞宁撰，范祥雍点校：《宋高僧传》，中华书局，1987年，上册，第128页。

《宋高僧传》卷五《唐京师西明寺慧琳传》记载："释慧琳，姓裴氏，疏勒国人也。始事不空三藏，为室洒，内持密藏，外究儒流，印度声明，支那诂训，靡不精奥。尝谓翻梵成华，华皆典故，典故则西乾细语也。遂引用《字林》《字统》《声类》《三苍》《切韵》《玉篇》，诸经杂史，参合佛意，详察是非，撰成《大藏音义》一百卷。起贞元四年迄元和五载，方得绝笔，贮其本于西明藏中。京邑之间，一皆宗仰。琳以元和十五年庚子卒于所住，春秋八十四矣。殆大中五年，有奏请入藏流行。"① 这一词典性质的佛学著作《大藏音义》，也是现在研究佛教不可或缺的重要典籍。

《宋高僧传》卷十五《唐京师西明寺圆照传》记载："年方十岁，笃愿依西明寺景云律师。"著《贞元续开元释教录》等二十一种……。"肃代二朝，尤为杰立，累朝应奉，赐紫、充临坛两街十望大德、内供奉检校、鸿胪少卿，食封一百户。"②

《法苑珠林》卷一百记载，西明寺僧玄则于麟德二年（665 年）注《注金刚般若舍卫国》二卷，又与弘福寺僧会隐等十人撰《禅林钞记》三十卷③。

2. 以传统的"类书编纂法"，奠定鲜明的学派方法论特点

一个学派的形成，除过学者自身勤奋努力外，还应该有其独特或者鲜明的方法论。毫无疑问，道宣本人通过勤奋努力，开了风气之先，被唐高宗列为僧侣模范，加以膜拜。纵观其一生，他在佛学研习过程中的思路和方法是非常明确的，与以翻译和哲学思考见长的慈恩寺等寺院的高僧有着明显不同，自身特点突出，某种程度上而言，道宣的方法论就是西明寺学派的方法论。

第一，道宣佛学研究的思路继承了儒家经典类书的编纂方法，采用"摘录类聚"法，如《广弘明集》《法苑珠林》《续高僧传》等鸿篇巨制均如此。唐人李俨在道世《法苑珠林》的序中就云："道世法师，……爰以英博，召居西明，遂以五部余闲，三藏遍览。以为古今绵代，制作多人，虽雅趣佳词，无足于博记。所以搴文囿之菁华，嗅大义之瞻卜，以类编录，号曰《法苑珠林》。"④ 由此可见西明寺学派特点之一斑。又据《佛祖统纪》卷三十九云："（永淳）二年，西明寺沙门道世，宣律师之弟也。尝以教藏渊博，学者难观，因撰《法苑珠林》一百卷，分门类事，缆者便之。"⑤ 这种方法从道宣开始为西明寺僧侣所继承。日本学者称其为"西明寺智慧体系"，并将其命名为"西明寺类聚编纂书丛"⑥。实际上并没有那么复杂，简言之就是传统的类书编纂方法在

① （宋）赞宁撰，范祥雍点校：《宋高僧传》，中华书局，1987年，上册，第108、109页。

② （宋）赞宁撰，范祥雍点校：《宋高僧传》，中华书局，1987年，上册，第379页。

③ （唐）道世撰，周叔迦、苏晋仁校注：《法苑珠林校注》，中华书局，2003年，第2883页。

④ （唐）道世撰，周叔迦、苏晋仁校注：《法苑珠林校注》，中华书局，2003年，第2页。

⑤ （宋）志磐：《佛祖统纪》，《大正藏》，第49册，No.2035，第369页。

⑥ 〔日〕藏中诗依芙：《从玄奘传到鉴真传——长安西明寺与大安寺文化圈》，《扬州大学学报》（人文社会科学版）2010年第2期，第87—92页。

佛教经典中的运用而已，前文所列举的著作莫不如此。类书作为一种中国式的“百科全书”，学习其编纂方法并运用到佛教典籍的编纂中，这应该在世界上是独一无二的，可见西明寺僧侣的著述是以传统文化为基础——形式，以外来文化——佛教为内容，是传统文化与外来文化相结合的产物，也是一种创新和创造。

如果追其渊源，道宣的《广弘明集》和《续高僧传》则是直接继承了南朝僧祐和慧皎的衣钵，是中华文明一脉相承的一个典型事例，犹如班固之与司马迁。

第二，西明寺僧侣注重提纲挈领的目录的编纂，如道宣的《西明寺录》和《大唐内典录》、圆照的《大唐贞元续开元释教录》等，在古代经录史上都举足轻重。

第三，西明寺僧侣注重编写词典性质的佛学著作，这个则以慧琳的《大藏音义》（《一切经音义》）为代表。

以上三种情形基本代表了西明寺学派在方法论上的自身特点，说明他们有着很好的传统文化的训练。

3. 寺为律宗祖庭，僧为释门领袖

西明寺学派的第三个特征表现为，寺是律宗的祖庭之地，僧侣中道宣、道世都是释门领袖级人物。不过有人将西明寺的学风分为玄奘为代表的翻译系、道宣和道世为代表的编纂系、善无畏为代表的密宗系[①]。但从各类僧传来看，玄奘、善无畏自有其系列，他们只是曾经因某事而一时驻锡西明寺，简言之，是匆匆过客，前文提到的佛陀波利、义净等也都是如此，而且在其相关的传记中，其名分也不是西明寺僧侣。探讨他们对西明寺的影响或者作用是可以的，但将其作为其中的一分子乃至于一个派系来看待似乎有点“泛化”了。如果不强调名分和身份的话，那唐代所有的寺院都将成为“一个寺院”即所谓共性，也就没有什么特色即寺院的个性可言了。反倒是道宣、道世等人，自始至终、自生到圆寂的身份都是西明寺僧人，所以，探讨西明寺的相关问题时这些僧侣才应当是主体。道宣作为南山律宗祖师这一点是学界公认的事实，在此没有什么可论述的。他不仅是西明寺学派的开创人物，而且当时的僧侣已将西明寺看作律宗祖庭，这可以从玄畅至西明寺学习律宗之事为证。据《宋高僧传》卷十七《唐京兆福寿寺玄畅传》记载，玄畅二十岁时在福州兜率戒坛受具足戒，后因仰慕西明寺“有道宣律师旧院，所藏毗尼教迹”，因而栖于惠正律师法席[②]。关于西明寺僧侣是不是当时的释门领袖，这个问题唐人已经有明确的回答。据唐人李俨在道世《法苑珠林》的序中即云：“道世法师，字玄恽，是释门之领袖也。”[③]

① 湛如：《唐代长安西明寺与日本佛教》，《中国宗教》2016年第1期，第56—59页。

② （宋）赞宁撰，范祥雍点校：《宋高僧传》，中华书局，1987年，上册，第430页。

③ （唐）道世撰，周叔迦、苏晋仁校注：《法苑珠林校注》，中华书局，2003年，第2页。

4. 宗教实践上，慈悲为怀，护国佑民，分国家之忧愁，祈天下之太平，以求普度众生

“安史之乱”使得唐王朝受到了沉重打击，自信心丧失，由崇尚实力走向求救于神佛的保佑[①]。如前所述，西明寺僧侣参与了这类诵念活动，他们在慈悲为怀的佛教思想的指导下，积极进行宗教实践，通过诵念企图能够做到护国佑民，分国家之忧，祈天下之太平，这从他们诵念《仁王经》就可以明确地看出来，因为该佛经的全名为《仁王护国般若波罗蜜多经》。在这一点上，西明寺学派并没有放弃或者脱离其作为佛教寺院及僧侣应该履行的基本职能，说到底寺院的重要功能不是世俗的产物，也不是为了写作而设立或修建，其宗教性质决定了他们最终还是要回到宗教实践上来，以达到佛教所追求的“普度众生”的目的，这也是我们必须认清的根本问题。

（二）西明寺学派形成的原因

1. 皇家寺院的背景，大师级的佛学人才，强大的吸引力

作为皇家寺院，西明寺拥有天然的优势，不仅能够参与国家的重要活动，关键是能够得到朝廷的支持。西明寺一经建立，就站在了佛学研究的最高点，与之相关的第一代高僧如玄奘及道宣、怀素等，都是大师级的佛学人才，他们分别是法相宗、律宗的祖师，将新建的西明寺在当时一下子提高到无以复加的地位，所以能够吸引大量佛教人才加入西明寺，前文所引玄畅就是一例。

2. 西明寺藏经丰富，“御造藏经”是一切的基础

西明寺藏有在国家支持下手写而成的“经藏”，这不仅见于文献记载，而且也为考古调查所证实。据文献记载，“显庆年际（656—661 年）西明寺成，御造藏经”“一切经”[②]，也即一般所云的“大藏经”，有人对此有深入的探讨[③]。在制度上模仿西明寺的东京大敬爱寺也有“一切经”，据释静泰所撰的《大唐东京大敬爱寺一切经论目序》云：“龙朔三年（663 年）正月二十二日，敕令于敬爱道场写一切经典，又奉麟德元年（664 年）正月二十六日敕……写旧经论七百四十一部，二千七百三十一卷，又写大唐三藏

① 冉万里：《略论唐代城门遗址发现的佛教造像——唐王朝由盛转衰的见证》，《西部考古》（第15辑），科学出版社，2018年，第157—164页。

② （唐）静泰：《大唐东京大敬爱寺一切经论目序》，《大正藏》，第55册，No.2148，第180页。

③ 罗小红：《唐长安西明寺考》，《考古与文物》2006年第2期；王翔：《唐长安西明寺经藏考》，《首届长安佛教国际学术研讨会论文集》第二卷，陕西师范大学出版社，2010年，第432—444页。

法师新译经论七十五部，一千三百三十五卷，合新旧八百一十六部，四千六十六卷入藏。其有古来有目而无本者合三百八十二部，七百二十五卷，随访随写”[①]。将文献资料与考古发现结合起来看，敬爱寺不仅在布局上受西明寺影响，写一切经也紧随西明寺。在写经时代，手写一切经无疑是一项耗费人力物力的国家工程。尽管如此，在唐高宗时期竟然手写完成了两部一切经，并将其分别置于相互关系密切的西明寺和敬爱寺之内，这一点颇耐人寻味，应该是为了分别照顾两京僧侣研习佛学的需要吧。正是西明寺有了这么珍贵而且丰富的经藏，为僧侣们研习佛学和写作带来极大便利，这也就是流传下来的唐代综合性佛学著作，大都出自西明寺僧侣之手的原因。关于西明寺的“一切经”“西明藏”，文献多有记载，如智升在《大方广佛华严经》卷四十末发愿云：“大唐贞元十四年岁在戊寅四月辛亥朔，翻经沙门圆照用恩赐物，奉为皇帝圣化无穷，太子诸王福延万叶，文武百官恒居禄位，伏愿先师考妣上品往生，法界有情同沾斯益，手自书写此新译经，填续西明寺菩提院东阁一切经阙本，愿千佛出世随侍下生，同出苦源齐登正觉，又愿三宝增明法轮恒转，长留镇寺永冀传灯，有情界穷兹愿无尽”[②]。西明寺的“一切经”在文献中被称为“西明藏”，如前文所引慧琳完成《大藏音义》后，即“贮其本于西明藏中”。

3. 积极参与佛经翻译，吸收新的佛教思想和文化，培养佛学人才

在西明寺的佛教活动中，译经是一项重要内容，如佛陀波利[③]、义净[④]、善无畏[⑤]、智慧（般剌若）[⑥]等人都曾在西明寺译经。西明寺僧人不仅积极参与这些译经活动，而且多担任笔受、证义等任务，这使得他们能够了解最新的佛教思想和文化，成为得风气之先者，在无形中为西明寺培养了一大批佛学人才。即使退一步而言，参与其中的僧侣至少可以看到第一手的佛学材料，而这在以手抄佛经为主的唐代，显得尤为重要。

---

① （唐）静泰：《大唐东京大敬爱寺一切经论目序》，《大正藏》，第55册，No.2148，第180页；彭家胜：《四川安岳卧佛院调查》，《文物》1988年第8期。

② （唐）罽宾国般若译：《大方广佛华严经》，《大正藏》，第10册，No. 293，第849页。关于这条史料，很多著作和文章多标记为出自《开元释教录》卷九，但笔者通过翻阅，发现这段文字出自《大方广佛华严经》卷四十末尾，是以发愿文的形式出现的，特记录于此。

③ （宋）赞宁撰，范祥雍点校：《宋高僧传》卷二《唐五台山佛陀波利传》，中华书局，1987年，上册，第28、29页。

④ （宋）赞宁撰，范祥雍点校：《宋高僧传》卷一《唐京兆千福寺义净传》，中华书局，1987年，上册，第1—4页。

⑤ （唐）智升：《开元释教录》，《大正藏》，第55册，No. 2154，第572页；（宋）赞宁撰，范祥雍点校：《宋高僧传》卷二《唐洛京智慧传》，中华书局，1987年，上册，第17—22页。

⑥ （宋）赞宁撰，范祥雍点校：《宋高僧传》卷二《唐洛京智慧传》，中华书局，1987年，上册，第22—24页。

与此同时，优秀的佛学人才不断涌现，也是西明寺学派能够不断延续并发扬光大的一个重要原因。

4. 人文气息浓厚

唐代文人之中，诗人、画家也与西明寺院结下了不解之缘，像白居易、元稹、温庭筠、李洞等有多首诗歌以西明寺为歌咏对象。例如，白居易的《西明寺牡丹花时忆元九》[①]《重题西明寺牡丹》[②]《牡丹芳》[③]；元稹的《寻西明寺僧不在》[④]《西明寺牡丹》[⑤]；温庭筠的《题西明寺僧院》[⑥]；李洞的《题西明寺攻文僧林复上人房》[⑦] 等。这使得西明寺在宗教氛围中也充满人文和文人气息，而宗教与人文气息的相辅相成造就了西明寺独特的文化环境，也使得西明寺的僧侣身上多了一份人文和文人气息，这应该是西明寺学派能够形成的精神基础，也就是所谓的人文积淀。

题诗内容则表明，西明寺牡丹在唐长安比较有名，每到春季牡丹花开之时，西明寺从佛教圣地又成为人们赏花游玩之地，说明寺院在当时是重要的公共活动空间；另外，题诗也说明西明寺僧人与这些文人有密切往来，从中可以窥探西明寺僧侣不仅具有佛学知识，而且也具有能与文人对话的知识储备和能力。

唐代文化代表之一的书法艺术，也让西明寺成为这方面的圣地。例如，柳公权曾为西明寺书写《金刚经碑》，据《旧唐书・柳公权传》记载："上都西明寺《金刚经碑》备有钟、王、欧、虞、褚、陆之体，尤为得意。" [⑧] 如"智永禅师，传右军父子笔法，居长安西明寺。从七十至八十，十年写真草《千字文》八百本。每了，人争取。但是'律召调阳'，即其真本也" [⑨]。

唐代画家所绘制的壁画也为西明寺增色不少。《历代名画记》卷三记载："西明寺，玄宗朝南薰殿学士刘子皋书额。入西门南壁，杨廷光画神两铺，成色损。东廊东面第

---

① 《全唐诗》卷四百二十四，上海古籍出版社，1986年，第1036页。

② 《全唐诗》卷四百三十七，上海古籍出版社，1986年，第1081页。

③ 《全唐诗》卷四百二十七，上海古籍出版社，1986年，第1047、1048页。

④ 《全唐诗》卷四百一十一，上海古籍出版社，1986年，第1011页。

⑤ 《全唐诗》卷四百一十一，上海古籍出版社，1986年，第1012页。

⑥ 《全唐诗》卷五百七十八，上海古籍出版社，1986年，第1478页。

⑦ 《全唐诗》卷七百二十一，上海古籍出版社，1986年，第1814页。

⑧ （后晋）刘昫等：《旧唐书》，中华书局，1975年，第4312页。

⑨ （宋）钱易撰，黄寿成点校：《南部新书》，中华书局，2002年，第153页。关于唐太宗想方设法得到王羲之所书"兰亭序"的故事，可参见（宋）李昉等编：《太平广记》卷二百八引《法书要录》的"购兰亭序"条，中华书局，1961年，第1588—1591页。

一间传法者图赞，褚遂良书，第三间利房等，第四间昙柯迦罗，并欧阳通书”[①]。在《图画见闻志》卷五也有类似记载：“唐西明、慈恩寺率多名贤书画，慈恩塔前壁上有画‘湿耳师子趺心花’,为时所重。”[②]又据《太平广记》卷二百一十二引《卢氏杂说》记为“西明、慈恩多名画”[③]。

总而言之，西明寺不仅汇聚了许多高僧，同时也培育了许多高僧，促进了佛教的发展和延续。西明寺之所以能够延续数百年而人才不断，不仅是因为其高僧云集，使其一时成为风云际会的佛教寺院，更为重要的是西明寺的僧侣通过多种方式始终站在佛学的最前沿。同时，西明寺对佛学人才的培养是成功的，即使到唐王朝灭亡前夕，西明寺僧侣仍然保持着道宣、道世等创立的优秀传统。

六、西明寺的国际性

西明寺曾在中外文化交流史特别是中日文化交流史上起了重要作用，有史可查的在西明寺居住过或者与之有关的日本僧人有永忠、空海、宗睿、圆载、圆珍、真如、道慈等，学者就西明寺对日本佛教、文化及建筑等方面的影响有深入探讨[④]，此不多论。据文献记载，西明寺的外来僧侣还有来自新罗、渤海、吐火罗、疏勒等国家和地区的。这些僧人或者来自外国或者来自唐王朝的藩属国，他们有的在西明寺学习，有的则在此终其一生，有的则回到本国弘扬佛法，所以，西明寺不仅是一座具有国际性质的佛教寺院，同时也对唐代的中外文化交流有重要贡献。

新罗僧人在唐代比较活跃，在义净的《大唐西域求法高僧传》中收录了七名新罗僧人，如阿离耶跋摩、慧业、求本、玄太、玄恪及两位不知姓名者，他们大都自新罗至长安，然后自长安出发，前往西域求法[⑤]。著有《往五天竺国传》的慧超也是新罗僧

① （唐）张彦远著，秦仲文、黄苗子点校，启功、黄苗子参校：《历代名画记》，人民美术出版社，1963年，第62页。

② （宋）郭虚若著，黄苗子点校：《图画见闻志》，人民美术出版社，1963年，第120页。

③ （宋）李昉等：《太平广记》，中华书局，1961年，第1623页。

④ 王仁波：《唐长安城的佛教寺院与日本留学僧》，《文博》1989年第6期；杨曾文：《隋唐时期的日本留学僧》，《世界宗教文化》1997年第2期；安家瑶：《唐长安西明寺遗址的考古发现》，《唐研究》第六卷，科学出版社，2000年，第337—352页；罗小红：《唐长安西明寺考》，《考古与文物》2006年第2期；〔日〕小野勝年：《長安の西明寺とわが入唐僧》，《佛教芸术》第二十九號，1956年，第28—45页；〔日〕藏中诗依芙：《从玄奘传到鉴真传——长安西明寺与大安寺文化圈》，《扬州大学学报》（人文社会科学版）2010年第2期；湛如：《唐代长安西明寺与日本佛教》，《佛学研究》总第24期，2015年，第57—63页；湛如：《唐代长安西明寺与日本佛教》，《中国宗教》2016年第1期。

⑤ （唐）义净原著，王邦维校注：《大唐西域求法高僧传》，中华书局，1988年，第2、40—45页。

人[①]。在西明寺的新罗僧人中，以圆测最为著名。据宋复《大周西明寺故大德圆测法师佛舍利塔铭并序》云，圆测为新罗王孙，三岁出家。贞观中，太宗文皇帝度为僧，住京师元法寺。曾经于玄奘处听讲，后被召为西明寺大德，撰《成唯识论疏》十卷及《解深密经疏》十卷等[②]。但《宋高僧传》卷四《唐京师西明寺圆测传》却云："释圆测者，未详氏族也。自幼明敏，慧解纵横。三藏奘师为慈恩基师讲新翻《唯识论》，测赂守门者隐听，归则缉缀义章。将欲罢讲，测于西明寺鸣钟召众，称讲《唯识》。基慊其有夺人之心，遂让测讲训。奘讲《瑜伽》，还同前盗听受之，而亦不后基也。迨高宗之末，天后之初，应义解之选，入译经馆，众皆推挹。及翻《大乘显识》等经，测充证义，与薄尘、灵辩、嘉尚攸方其驾。所著《唯识疏钞》，详解经论，天下分行焉。"[③]不仅有来自新罗的僧人入住西明寺，也有西明寺僧人前往新罗的记载，据《中朝故事》云："西明寺中有僧名德真，过海欲往新罗。……明年僧还京，复寓西明寺"[④]。除了来自新罗的僧人之外，前文所引，西明寺还种植来自新罗的茄子品种，这些都与新罗僧人在长安的活跃及其与西明寺的密切关系相关联。

渤海僧人也有寓居西明寺者。据《唐阙史》卷下"渤海僧通鸟兽言"条云："咸通初，有渤海僧萨多罗者，寓于西明精舍，云能通鸟兽之言，往往闻鸟鹊燕雀啅噪，则说休咎及闾巷间事，如目击者。""后中官主禁旅者，将籍名于军寺，蕃僧不乐，杖锡出京，不知所往"[⑤]。

西明寺的吐火罗僧人。大历三年（768年）十月十三日唐代宗诞降日，所度僧人中有"罗文成，年十三。贯土火罗国……法名惠弘，请住西明寺"[⑥]。又有"童子罗诠，年十五。无州贯……请法名惠俊，住西明寺。"[⑦]李健超先生认为入住西明寺的童子罗诠可能也是吐火罗人[⑧]。

前文所引写出《一切经音义》的唐代著名高僧慧琳，即来自疏勒国。他利用自己

---

① （唐）慧超原著，张毅笺释：《往五天竺国传笺释》，中华书局，2000年，第1—9页前言。

② 塔铭现存陕西省西安市长安区兴教寺内，笔者参观时根据简介和碑文就近抄录了一部分。

③ （宋）赞宁撰，范祥雍点校：《宋高僧传》，中华书局，1987年，上册，第69页。

④ （五代）尉迟偓，恒鹤校点：《中朝故事》，《唐五代笔记小说大观》，上海古籍出版社，2000年，下册，第1790页。

⑤ （唐）高彦休撰，阳羡生校点：《唐阙史》，《唐五代笔记小说大观》，上海古籍出版社，2000年，下册，第1352页。

⑥ （唐）圆照集：《代宗朝赠司空大辨正广智三藏和尚上表制集》，《大正藏》第52册，No.2120，第836页。

⑦ （唐）圆照集：《代宗朝赠司空大辨正广智三藏和尚上表制集》，《大正藏》第52册，No.2120，第836页。

⑧ （清）徐松撰，李健超增订：《增订唐两京城坊考（修订版）》，三秦出版社，2006年，第211页。

在语言上的优势，并借助于西明寺的“一切经”的便利条件，为后世留下了这部彪炳千秋的佛学著作。

七、西明寺的毁灭

尽管西明寺是一座重要的寺院，但它也逃脱不了最终遭到毁灭的命运。据《宋高僧传》卷十六《梁京兆西明寺僧慧则传》记载：慧则“以大中七年就西明寺出家”，“九年于本寺承恩得度”。广明元年，黄巢起义军进长安，慧则先逃至华州下邽，后流落江南。同书同卷附载的元表也为西明寺僧，“早预西明寺法宝大师讲肆，迨广明中，神都版荡，遂出江表，居越州大善寺”①。黄巢起义军进入长安之后，僧人们纷纷逃亡外地，与前文《玉堂闲话》中所云西明寺“寇乱之后，缁徒流离，阒其寺者数年”相吻合。

另一次则是彻底的人为破坏，发生在朱全忠强迫唐昭宗迁洛之时。据《资治通鉴》卷二百六十四《唐纪十》“唐昭宗天祐元年（904 年）”记载：“车驾发长安，全忠以其将张廷范为御营使毁长安宫室百司及民间庐舍，取其材，浮渭沿河而下，长安自此遂丘墟矣”②。在这次有目的有组织的大规模破坏活动中，西明寺作为宏大壮丽的皇家寺院自然在劫难逃。至此，西明寺与其所在的长安城一样，也成为一堆废墟了。

八、结　语

综上所述，位于唐长安城的西明寺是一座国家大寺，曾为唐王朝承担过很重要的文化角色，也是一座在中外文化交流史上起过重要作用的寺院，它在东亚世界的影响非常深远，通过对其进行个案研究，能够达到窥一斑而见全豹的目的。拙著在对西明寺相关问题进行补正的同时，提出了西明寺学派这一概念，并初步总结了其特征及其形成原因，虽然不一定妥当，但某种程度上而言却是具有现实意义的。一个国家、一个团体、一个集体的延续，就是要有其特色。西明寺的高僧们不仅能够深入研究佛教，而且在群星荟萃的唐代佛教文化中独树一帜，创宗立说，形成独特的学派，更将他们的精神产品流传下来，为文化传承做出了西明寺的贡献。即使在当今世界，西明寺僧侣创造的这些精神文化产品仍然清晰地发出独特的声音，这也正是一千多年前的西明寺至今让人难以忘怀的根本原因。

---

① （宋）赞宁撰，范祥雍点校：《宋高僧传》，中华书局，1987年，上册，第397、398页。

② （宋）司马光编著，（元）胡三省音注：《资治通鉴》，中华书局，1956年，第8626页。

第六章　史海拾贝

第一节　跋东魏武定四年道颖造像碑

东魏武定四年（546 年）道颖造像碑出土于河南沁阳，现藏于美国纽约。目前发表的这尊造像碑上的图像资料，依据的是中国国家图书馆所藏拓片[①]（图 6-1）。道颖造像碑碑阴上部为无忧树下乔达摩·悉达多太子诞生图像（以下简称无忧树下太子诞生图

图6-1　中国国家图书馆藏东魏武定四年道颖造像碑阴面拓片

---

① 中国画像石全集编辑委员会编：《中国画像石全集》第八卷《石刻线画》，河南美术出版社、山东美术出版社，2000年，第80页，图版一〇四，说明文字参见第28页。

像），它虽然与一些造像背面的释迦诞生图相似，但也有许多独特之处，很值得对其进行辨识和探讨。同时，通过与其他的同类题材相比较，其中有些图像在一定程度上弥补了中原北方地区佛传故事题材的空白。还应该注意的是，个别图像的表现方式，竟然与犍陀罗造像有着千丝万缕的联系，是探讨佛教文化传播的有价值的图像资料。

一、无忧树下太子诞生图像

道颖造像碑的无忧树下太子诞生图像位于造像碑上部右侧，画面简单明了。图像中雕刻一列人物，摩耶夫人右手攀树枝，在其右侧宽大的袖子中太子露出半个身躯，前方一人跪接太子。据《过去现在因果经》卷一云："十月满足，于二月八日日初出时，夫人见彼园中有一大树，名曰无忧。花色香鲜，枝叶分布，极为茂盛。即举右手欲牵摘之，菩萨渐渐从右胁出。"①

造像碑上部左侧共有四个人物，其中右侧有三个人物，中间下方人物跪地抱持刚刚诞生的太子，包裹太子之衣刻横向衣纹，其身后是站立的两个侍女。第四个（左侧）人物伸出双手，呈欲接太子之状，应该是摩耶夫人。该画面与《过去现在因果经》卷一所云者相吻合，其文云："尔时诸婇女众，见此瑞相，极大欢喜。自相谓言：太子今生，有如此等嘉祥之事，唯愿长寿，无诸疾苦，勿令我等生大忧恼。作此言已，以天细氎（细棉布），裹抱太子，至夫人所。"②

这里想简略地讨论一下太子自摩耶夫人右胁诞生的问题。据佛经记载，太子是自摩耶夫人右腋诞生的，这类造像及绘画材料很多，如山西大同云冈石窟第6窟中心塔柱西面下层③（图6-2）、陕西安塞大佛寺石窟第4窟④（图6-3）等的无忧树下太子诞生图。对于右胁诞生，人们的理解是不同的，而且大都没有直说，或者不予以深究。但在《初学记》卷二十三《佛第五》的引文中，徐坚等加上了"剖"字，这是对佛经记载的一个大胆诠释，也说清楚了自摩耶夫人右胁诞生的本来含义。其文云："《普曜经》曰：'佛，兜率天降神于西域迦维罗卫国净梵王宫，摩耶夫人剖右胁而生。时多灵瑞，生而能言。'"⑤但《普曜经》卷二原文为："尔时菩萨从右胁生，忽然见身住宝莲华，堕

① （刘宋）天竺三藏求那跋陀罗译：《过去现在因果经》，《大正藏》，第3册，No.189，第624页。

② （刘宋）天竺三藏求那跋陀罗译：《过去现在因果经》，《大正藏》，第3册，No.189，第625页。

③ 云冈石窟文物保管所：《中国石窟·云冈石窟（一）》，文物出版社、株式会社平凡社，1991年，图版73。

④ 延安市文物研究所：《延安石窟菁华》，陕西人民出版社，2016年，第10页。

⑤ （唐）徐坚等：《初学记》，中华书局，2004年，下册，第554页。

图6-2　山西大同云冈石窟第6窟
中心塔柱西面下层佛龛左侧无忧树下
太子诞生图像

图6-3　陕西安塞大佛寺石窟第4窟
无忧树下太子诞生图像

地行七步显扬梵音，无常训教：我当救度天上天下为天人尊断生死苦，三界无上，使一切众无为常安。"[①] 显然，"剖右胁"是徐坚等的理解和解释，这一解释应该是正确的，将神话拉回到现实。

但文献中也有太子自摩耶夫人左腋下诞生的说法，有些造像或者绘画也表现为左腋诞生。《三国志》卷三十引《魏略·西戎传》记载："始莫邪（摩耶）梦白象而孕，及生，从母左胁出，生而有结，堕地能行七步。"[②] 在南印度阿玛拉瓦蒂发现的无忧树下太子诞生图像，摩耶夫人则伸出左手攀着树枝，在其身躯右侧是手捧金色氎衣（棉布衣）的四天王形象，未见诞生的太子形象[③]（图 6-4），在其身躯右侧的天人手捧雕有一双脚印的白氎衣，以脚印象征诞生的太子，还保留着早期造像不出现佛形象的传统。在新疆克孜尔石窟第 205 窟壁画"阿阇世王闷绝复苏"图中，行雨大臣手中持一画布，画布上绘制四相佛传[④]（图 6-5、6-6），其中的无忧树下太子诞生图中，摩耶夫人左手攀

① （西晋）月氏三藏竺法护译：《普曜经》，《大正藏》，第3册，No.186，第494页。

② （晋）陈寿著，（宋）裴松之注：《三国志》，中华书局，1982年，第859页。

③ 〔日〕肥塚隆、宮治昭：《世界美術大全集·東洋編》第13卷《インド（1）》，小学館，2000年，第130頁，図版112。

④ 新疆龟兹石窟研究所编：《中国新疆壁画·龟兹》，新疆美术摄影出版社，2008年，第84页，图版七三；霍旭初主编：《曹永军龟兹壁画临摹集》，新疆人民出版社，2004年，第41页。

图6-4　南印度阿玛拉瓦蒂造像中的无忧树下太子诞生图像

图6-5　新疆拜城克孜尔石窟第205窟壁画阿阇世王闷绝复苏图

无忧树树枝，太子自其左腋之下诞生，也未见太子形象，而是以头光和背光象征太子。在中原北方地区石窟寺造像及造像碑等之上，也有个别左腋诞生图像，如山西大同云冈石窟第33-3窟东壁下层的无忧树下太子诞生图像[①]（图6-7）、河南荥阳大海寺北魏孝昌元年（525年）道哈造像碑上部[②]（图6-8）、洛阳偃师水泉石窟右甬道第9龛龛楣[③]（图6-9）等的太子诞生图像，太子均自摩耶夫人左腋下诞生。另外，日本京都国立博物馆藏北魏永平三年（510年）四面造像碑中的一面也雕刻着太子自摩耶夫人左腋诞生图像，图像右侧的摩耶夫人双手上举，其左腋是诞生的太子，图像左侧则为九龙浴太子图像[④]（图6-10）。与右腋诞生图像相比较，左腋诞生图像在我国比较罕见。图像中所表现的左腋诞生，反倒与《三国志》卷三十所引《魏略·西戎传》记载的“自左胁出”

图6-6　新疆拜城克孜尔石窟第205窟壁画阿阇世王闷绝复苏图（局部）

图6-7　山西大同云冈石窟第33-3窟东壁下层的无忧树下太子诞生图像

① 张焯主编：《云冈石窟全集》第十九卷，青岛出版社，2017年，第72页，图版77。

② 中国画像石全集编辑委员会编：《中国画像石全集》第八卷《石刻线画》，河南美术出版社、山东美术出版社，2000年，第28页，图版三五，说明文字参见第11页。

③ 杨超杰：《洛阳周围小石窟全录》第一卷，外文出版社，2010年，第93页，图92。

④ 〔日〕齋藤龍一：《北魏石造仏教彫刻の展開》，図書印刷株式会社，2013年，第46—48頁，図版24。

图6-8　河南荥阳大海寺北魏孝昌元年（525年）道哈造像碑上部的无忧树下太子诞生图像

图6-9　河南洛阳偃师水泉石窟右甬道第9龛龛楣

图6-10　日本京都国立博物馆藏北魏永平三年（510年）四面造像碑（局部）

相吻合。同时，太子自摩耶夫人左腋诞生的图像也见于南印度阿玛拉瓦蒂造像，反映了这种图像受了南印度阿玛拉瓦蒂造像的影响。由此看来，太子自摩耶夫人左腋诞生确有文本和粉本存在，不是雕刻者任意而为。

二、七步莲花与右手上举

七步莲花等位于道颖造像碑图像下部中央，比较直观。其中，七朵圆形莲花表示七步莲花，右手上举的姿态也很清晰。《过去现在因果经》卷一云："（太子生时）于时树下，亦生七宝七茎莲花，大如车轮。菩萨即便堕莲花上，无扶侍者，自行七步，举其右手而师子吼：我于一切天人之中，最尊最胜。无量生死，于今尽矣。此生利益一切人天。"[①] 还有一种说法，在太子诞生后，向四个方向各走了七步，他所行走之处，生出七朵大莲花。例如，玄奘所著的《大唐西域记》卷六云："菩萨生已，不扶而行于四方，各七步，而自言曰：'天上天下，唯我独尊。今兹而往，生分已尽。'随足所蹈，出大莲花。"[②] 更有向十方各行七步的说法，据《大般涅槃经》卷二十七《师子吼菩萨品》记载："菩萨初生之时，于十方面各行七步。"[③]

三、九龙浴太子图像的特征

太子诞生后，诸多佛经如《大般涅槃经》《过去现在因果经》《修行本起经》等，均云是二龙王浴太子。例如，《过去现在因果经》卷一云："难陀龙王、优波难陀龙王于虚空中吐清净水，一温一凉，灌太子身。"[④] 唯《普曜经》卷二《欲生时三十二瑞品》云："天帝释、梵忽然来下，杂名香水洗浴菩萨。九龙在上而下香水，洗浴圣尊。"[⑤] 在一般的九龙沐浴太子图像中，九龙的布局方式采用左右对称的方式，太子上方有一个龙头，左右两侧分别为四个龙头或四条龙。但该造像碑图像下部左侧中的九龙浴太子，将九条龙全部雕刻在一侧，是其独到之处。另外，该尊造像上的龙呈双爪站立状，与河南荥阳大海寺孝昌元年（525 年）道晗造像碑右侧九龙浴太子图像中的龙本身的表现方式非常相似[⑥]（图 6-11），虽然龙的布局不同，但龙站立的姿态完全一致，说明其粉本是一致的。另外，河南新乡出土的东魏武定元年（543 年）道俗九十人造像碑的九龙浴太子图像中，太子上方右侧雕刻一排云气状纹饰，以象征九龙，其旁榜题中有"九龙吐水

① （刘宋）天竺三藏求那跋陀罗译：《过去现在因果经》，《大正藏》，第3册，No.189，第624页。

② （唐）玄奘、辩机原著，季羡林等校注：《大唐西域记校注》，中华书局，2000年，下册，第523页。

③ （北凉）天竺三藏昙无谶译：《大般涅槃经》，《大正藏》，第15册，No.374，第528页。

④ （刘宋）天竺三藏求那跋陀罗译：《过去现在因果经》，《大正藏》，第3册，No.189，第624页。

⑤ （西晋）月氏三藏竺法护译：《普曜经》，《大正藏》，第3册，No.186，第494页。

⑥ 河南省郑州市博物馆：《河南荥阳大海寺出土的石刻造像》，《文物》1980年第3期。

洗”[1]（图 6-12）。其图像中虽然没有出现龙的形象，但从榜题及表现方式来看，将象征龙的云气纹雕刻于一侧的做法与道颖造像碑应该一致。

道颖造像碑的九龙浴太子图像中，在太子像两侧还各雕刻一个站立的人物，头戴高冠，两侧缯帛飞扬，身着交领袍服。太子左侧人物右手持一细颈瓶状物，右侧人物左手持一类似之物，均以瓶口朝向站立的太子，作倾倒状。这明显与其他的九龙浴太子图像中的人物构成不同。它所表现的是《普曜经》卷二《欲生时三十二瑞品》所云“天帝释、梵忽然来下，杂名香水洗浴菩萨”[2]。帝释、梵天手持香水灌洗太子的画面，多见于犍陀罗造像，如巴基斯坦白沙瓦博物馆收藏的帝释、梵天“杂名香水洗浴菩萨”的造像[3]（图 6-13、6-14）。在尼泊尔 8 世纪的无忧树下太子诞生造像中，也有帝释、梵天各自持装满莲花的球腹罐，罐口向下，向太子头顶作倾倒状[4]（图 6-15），用以象征“杂名香水洗浴菩萨”。

还有一个现象值得重视。在道颖造像碑中，刚刚诞生的太子手臂长而过膝。对于

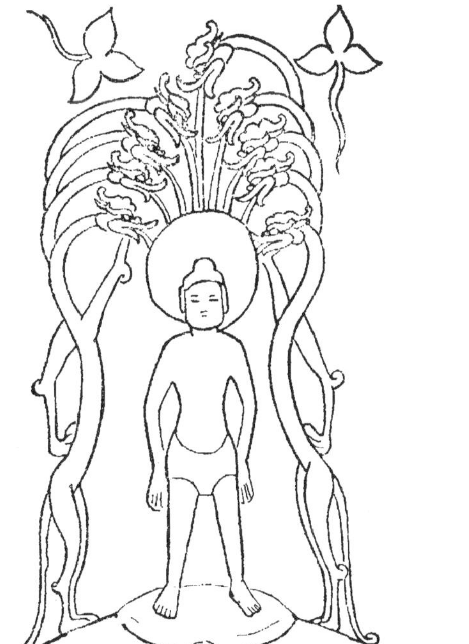

图6-11　河南荥阳大海寺孝昌元年（525年）道哈造像碑九龙浴太子图像

图6-12　河南新乡出土东魏武定元年（543年）道俗九十人造像碑九龙浴太子图像（局部）

① 中国画像石全集编辑委员会编：《中国画像石全集》第八卷《石刻线画》，河南美术出版社、山东美术出版社，2000年，第78页，图版一〇一，说明文字参见第27页。

② （西晋）月氏三藏竺法护译：《普曜经》，《大正藏》，第3册，No.186，第494页。

③ 笔者拍摄于巴基斯坦白沙瓦博物馆。

④ 笔者拍摄于尼泊尔国立博物馆。

图6-13　巴基斯坦白沙瓦博物馆帝释、梵天灌洗太子图像

图6-14　巴基斯坦白沙瓦博物馆藏帝释、梵天灌洗太子图像

图6-15　尼泊尔8世纪无忧树下太子诞生图像

这一现象，过去论之者少，人们关注的是更有趣的九龙、七步莲花等，而对其双手是否过膝反而不大注意，其实它也是佛三十二相之一的“二手过膝相”。据《佛本行集经》卷九《相师占看品》云:“九者太子正立不曲，二手过膝。”[①]《太子瑞应本起经》卷上也云“修臂指长”[②]。其他佛经上则少见这一记载，所以往往被各类论著忽略。与之相同的诞生图像中，明确地将“二手过膝相”雕刻出来者，也不在少数。例如，山西大同云冈石窟第6窟中心柱西面下层[③]（图6-16）、河南荥阳大海寺孝昌元年（525年）道哈造像碑[④]及河南洛阳偃师水泉石窟右甬道第9龛龛楣[⑤]、陕西安塞大佛寺石窟北魏晚期

① （隋）天竺三藏阇那崛多译：《佛本行集经》，《大正藏》，第3册，No.190，第692页。

② （吴）月支优婆塞支谦译：《太子瑞应本起经》，《大正藏》，第3册，No.185，第474页。

③ 云冈石窟文物保管所：《中国石窟·云冈石窟（一）》，文物出版社、株式会社平凡社，1991年，图版58。

④ 河南省郑州市博物馆：《河南荥阳大海寺出土的石刻造像》，《文物》1980年第3期。

⑤ 杨超杰：《洛阳周围小石窟全录》第一卷，外文出版社，2010年，第93页，图92。

图6-16　山西大同云冈石窟第6窟中心柱西面下层“九龙浴太子”图像

第 4 窟[①]（图 6-17）、陕西铜川耀州区药王山西魏释迦多宝对坐造像碑[②]（图 6-18）、河南新乡出土东魏武定元年（543 年）道俗九十人造像碑[③]、甘肃敦煌莫高窟北周第 290 窟人字坡东坡上段[④]（图 6-19）等雕刻或绘制的九龙浴太子图像，其中的太子均双手过膝，或者双手几乎及膝。在一些金铜造像中，也有太子双手过膝者，如日本收藏的一尊北魏金铜太子诞生像，手掌硕大，指尖及膝[⑤]（图 6-20）。手臂修长、手掌硕大的九龙浴太子像，也见于前文所列举的日本京都国立博物馆藏北魏永平三年（510 年）四面造像碑上。日本飞鸟时代（6—7 世纪）的太子诞生金铜造像，太子的右手上举，左手臂似

① 延安市文物研究所：《延安石窟菁华》，陕西人民出版社，2016年，第11页。

② 陕西省考古研究院、陕西省铜川市药王山管理局编，张燕编著：《陕西药王山碑刻艺术总集》第二卷《西魏造像碑》，上海辞书出版社，2013年，第135—170页，图280、281。

③ 中国画像石全集编辑委员会编：《中国画像石全集》第八卷《石刻线画》，河南美术出版社、山东美术出版社，2000年，第78页，图版一〇一，说明文字参见第27、28页。

④ 敦煌研究院主编：《敦煌石窟艺术全集》4《佛传故事画卷》，同济大学出版社，2016年，第63页，图39。

⑤ 〔日〕ロンドンギャラリー株式会社、福井県立美術館、株式会社生活の友社：《遥かなる時空こえて——シルクロードと東アジアの仏教美術》，ロンドンギャラリー株式会社，2010年，第71、72頁，図版40。

图6-17 陕西安塞大佛寺石窟第4窟九龙浴太子图像

图6-18 陕西铜川耀州区药王山西魏造像碑九龙浴太子等图像

乎已经超过膝盖部位，“二手过膝相”表现得非常突出[①]（图 6-21）。即使在晚期的一些造像或绘画中，也通过身躯比例来充分显示太子双臂较长，从视觉效果达到表现“二手过膝相”的目的，如甘肃敦煌莫高窟藏经洞出土唐代绢画中的九龙浴太子

① 〔日〕東武美術館、奈良国立博物館、名古屋市博物館、NHK、NHKプロモーション：《ブッダ展——大いなる旅路》，美術出版デザインセンター，1998年，第90頁，図版64。

图6-19　甘肃敦煌莫高窟北周第290窟人字坡东坡上段九龙浴太子图

图[①]（图 6-22）、甘肃敦煌莫高窟宋代第 76 窟东壁门南侧绘制的无忧树下太子诞生图[②]（图 6-23）、四川江津高坪石佛寺宋代第 2 号龛九龙浴太子图像[③]（图 6-24）等，刚刚诞生的太子双臂均大约达到了自肩至足的 2/3。诸如此类的图像资料还有很多，此不赘述。相反，在新疆拜城克孜尔石窟壁画的太子诞生图像中，未见二手过膝，或未见双手几乎达于膝部的现象。例如，其中第 175 窟的无忧树下太子诞生图[④]（图 6-25），太子双手仅及腰部，未表现出“二手过膝相”。

四、太子诞生前后的瑞应图像

太子诞生前后，天降“三十二瑞应”，《过去现在因果经》中则云是“三十四瑞应”。有的佛经记载为“欲生时”即诞生前，有的佛经记载为诞生后，如《普曜经》云

① 星云大师总监修，罗世平、如常主编：《世界佛教美术图说大典·绘画③》，湖南美术出版社，2017年，第879页。

② 敦煌研究院主编：《敦煌石窟艺术全集》4《佛传故事画卷》，同济大学出版社，2016年，第192页，图179。

③ 中国石窟雕塑全集编辑委员会编：《中国石窟雕塑全集》8《四川、重庆》，重庆出版社，2000年，第237页，图版二四〇，说明文字参见第81页。

④ 新疆维吾尔自治区文物管理委员会、拜城县克孜尔千佛洞文物保管所、北京大学考古系：《中国石窟·克孜尔石窟（三）》，文物出版社，1997年，图版36。

图6-20　日本藏北魏金铜太子诞生像

图6-21　日本爱知县正眼寺藏飞鸟时代太子诞生金铜造像

图6-22　甘肃敦煌莫高窟藏经洞出土唐代绢画中的佛传故事图

图6-23　甘肃敦煌莫高窟第76窟东壁门南侧
无忧树下太子诞生图

图6-24　四川江津高坪石佛寺第2龛
九龙浴太子像

图6-25　新疆拜城克孜尔石窟第175窟无忧树下太子诞生图

是诞生前天降瑞应，《修行本起经》云是诞生后，两者内容大体相同，略有差异。现分别录于此，将两者结合起来，作为图像辨识的依据。

据《普曜经》卷二《欲生时三十二瑞品》记载："佛语比丘，满十月已，菩萨临产之时，先现瑞应三十有二。一者后园树林自然生果。二者陆地生青莲华，大如车轮。三者陆地枯树皆生华叶。四者天神牵七宝交露车至。五者地中二万宝藏自然发出。六者名香妙熏遍布远近。七者雪山中出五百师子，罗住城门，无所娆害。八者五百白象子，罗住殿前。九者天为四面，细雨泽香。十者其王宫中自然泉水百味饮食，给诸虚渴。十一者诸龙玉女在虚空中现半身住。十二者天万玉女把孔雀拂，现宫墙上。十三者诸天玉女持万金瓶，盛满甘露，住虚空中。十四者天万玉女手执万瓶，皆盛香水，行住虚空。十五者天万玉女手执幢盖而住侍焉。十六者诸天玉女罗列而住，鼓百千伎乐，在于虚空，自然相和。十七、四渎江河，清澄不流。十八、日月宫殿，停住不进。十九、沸宿下侍，诸星卫从。二十、交露宝帐，普覆王宫。二十一、明月神珠，悬于殿堂，光明晃昱。二十二、宫中烛火，为不复明。二十三、箧笥衣被，被在架上。二十四、奇珍璎珞一切宝藏自然为现。二十五、毒虫隐藏，吉鸟翔鸣。二十六、地狱皆休，毒痛不行。二十七、地为大动，丘墟皆平。二十八、四衢街巷，平正散花。二十九、诸深坑壍，皆悉为平。三十、渔獦（猎）怨恶，一时慈心。三十一、境内孕妇，产者悉男，聋盲瘖症，瘫残百疾，皆悉除愈。三十二、一切树神半身人现，低首礼侍。是为三十二。当此之时壃埸左右，莫不雅奇，叹未曾有。"①

《修行本起经》卷上云："天降瑞应，三十有二。一者地为大动，丘墟皆平。二者道巷自净，臭处更香。三者国界枯树，皆生花叶。四者苑园自然生奇甘果。五者陆地生莲花，大如车轮。六者地中伏藏，悉自发出。七者中藏宝物，开现精明。八者箧笥衣被，被在椸架。九者众川万流，停住澄清。十者风霁云除，空中清明。十一者天为四面，细雨泽香。十二者明月神珠悬于殿堂。十三者空中火烛，为不复用。十四者日月星辰，皆住不行。十五、沸星下现，侍太子生。十六、天梵宝盖，弥覆宫上。十七、八方之神，奉宝来献。十八、天百味饭，自然在前。十九、宝瓮万口，悬盛甘露。二十、天神牵七宝，交露车至。二十一、五百白象子，自然罗在殿前。二十二、五百白师子子，从雪山出，罗住城门。二十三、天诸婇女，现伎女肩上。二十四、诸龙王女绕宫而住。二十五、天万玉女，把孔雀拂、现宫墙上。二十六、天诸婇女持金瓶盛香汁，列住空中侍。二十七、天乐皆下，同时俱作。二十八、地狱皆休，毒痛不行。二十九、毒虫隐伏，吉鸟翔鸣。三十、渔猎怨恶，一时慈心。三十一、境内孕妇，生者悉男，聋盲喑哑，瘫残百疾，皆悉除愈。三十二、树神人现，低首礼侍。当此之时，

① （西晋）月氏三藏竺法护译：《普曜经》，《大正藏》，第3册，No.186，第492、493页。

十六大国，莫不雅奇，叹未曾有。”[①] 在道颖造像碑碑阴雕刻的图像中，直观而简约地表现出了三十二瑞应中的一部分。

（一）马生白驹，黄羊生子

据《太子瑞应本起经》卷上记载："太子生日，王家青衣，亦生苍头。厩生白驹，及黄羊子。奴名车匿，马名揵陟。王后常使车匿侍从，白马给乘。”[②] 又据《过去现在因果经》卷一云："当尔之时，诸释种姓，亦同一日，生五百男。时王厩中，象生白子，马生白驹，牛羊亦生五色羔犊。如是等类，数各五百。王家青衣，亦生五百苍头。宫中五百伏藏自然而出。有诸商人入海采宝而还，各贡珍奇。”[③]

在犍陀罗造像中，表示上述瑞应现象时，往往雕刻出“象生白子”“马生白驹”等。例如，日本私人收藏的表现“马生白驹”的犍陀罗造像[④]（图 6-26）、巴基斯坦白沙瓦博物馆收藏的“马生白驹”的犍陀罗造像[⑤]（图 6-27）等。但在我国的佛传故事雕刻中，这类瑞应的表现者较少，而且往往被忽略了，道颖造像碑弥补了中原北方地区这一题材的不足。

道颖造像碑图像下部分别雕刻着马和马驹、羊和小羊，表示“马生白驹，黄羊生子”。上方雕刻的羊和小羊，采用远景法，使其身躯看起来比较小，但其头部明显有两个向前弯曲的羊角，而且是羊羔跪乳，与下方的马驹站立吃奶的姿态形成鲜明的对比，

图6-26　日本私人藏“马生白驹”犍陀罗造像

图6-27　巴基斯坦白沙瓦博物馆藏“马生白驹”犍陀罗造像

① （后汉）西域三藏竺大力共康孟详译：《修行本起经》，《大正藏》，第3册，No.184，第464页。

② （吴）月支优婆塞支谦译：《太子瑞应本起经》，《大正藏》，第3册，No.185，第474页。

③ （刘宋）天竺三藏求那跋陀罗译：《过去现在因果经》，《大正藏》，第3册，No.189，第626页。

④ 〔日〕栗田功：《ガンダーラの美術（Ⅰ）》（改訂増補版），二玄社，2003年，第278頁，図版595。

⑤ 笔者拍摄于巴基斯坦白沙瓦博物馆。

图6-28 河南新乡出土道俗九十人造像碑图像（局部）

不仅是点睛之笔，而且生动活泼。另外，在河南新乡出土的道俗九十人造像碑也雕刻着类似图像，图像左侧有两行竖刻的榜题："黄羊生黄羔，白马生白驹。"[①]（图6-28）这验证了笔者上述对道颖造像碑上同一题材的推测。道俗九十人造像碑的画面中，下方雕刻一匹母马呈回首状，小马正在吃奶，这应该是佛经中记载的"马生白驹"，榜题中的"白马生白驹"；上方雕刻一只羊，在前方则雕刻一只同向的小羊，这应该是佛经中记载的"黄羊生子"，榜题中的"黄羊生黄羔"。

（二）树神半身人现

在下部图像右侧雕刻一银杏树，在树冠中央雕刻仅露出上半身的人物，右手呈伸展上扬的姿态，左手置于腹前。这应该是太子诞生时"三十二瑞应"中的"一切树神半身人现，低首礼侍"。

（三）国界枯树，皆生花叶

在上部图像左侧自上而下雕刻一行纵向排列的树木，树冠丰茂。在上部画面右下角也雕刻一棵树木。它们看起来像是画面的背景衬托，但实际上也是佛传故事的重要组成部分，即太子诞生时"三十二瑞应"中的"国界枯树，皆生花叶"。特别是上部画面左侧树木自上而下呈行列的排列方式，明显具有界限意义，应该是所谓"国界枯树"，加上丰茂的树冠则自然表示的是"皆生花叶"。

（四）地中伏藏，悉自发出

在图像中部"七步莲花"图像右侧的上方雕刻一硕大的水滴状物，下方雕刻一边缘呈火焰状之物。在"黄羊生子"图像的左下方、"马生白驹"图像的马头上方，雕刻一伸出四个枝桠的树枝状物。前两个图像表现的应该是宝珠，树枝状物则应该是珊瑚之类，它们均属于宝物，所表现的应该是"地中伏藏，悉自发出"及"奇珍璎珞一切宝藏自然为现"。

---

① 中国画像石全集编辑委员会编：《中国画像石全集》第八卷《石刻线画》，河南美术出版社、山东美术出版社，2000年，第78页，图版一〇一，说明文字参见第27、28页。

（五）地为大动，丘墟皆平

最容易忽略的还有两处图像，一处是题记两侧自下而上呈横向的石板状物；二处是树神右侧雕刻出两座圆形山头，山头下方则雕刻以石块状物平铺的一片平地。这两处图像没有雕刻出人物等，很容易被误会为图像的背景。这些犹如石板铺设的地面，它们不是简单的图像背景，而是“三十二瑞应”中的“地为大动，丘墟皆平”及“诸深坑壍，皆悉为平”。图像中将石块横向处理成平铺于地的样子，正与佛经所载相吻合。

（六）作为参考的南朝造像碑上的瑞应图像

四川博物院收藏的 1 号造像碑背面两侧也雕刻着太子诞生时的“三十二瑞应”图像[①]（图 6-29），它们也属于佛传故事的重要组成部分，其丰富的程度远超作为主体的背面中央部分的内容，但由于属于造像碑背面的辅助题材，很容易被研究者忽略。笔者在此按照左右两侧自上而下的顺序分别辨识如下。

1. 左侧

（1）第一格，分别雕刻一匹马和一匹小马驹，一只羊和一只小羊。其所表现的应该是“马生白驹，黄羊生子”。

（2）第二格，雕刻硕大的荷叶、莲花，莲荷所生之处的地面起伏不平，表现的应该是“陆地生莲花，大如车轮”。

（3）第三格，雕刻一头大象和一头小象立于树下，表现的应该是“象生白子”。

（4）第四格，雕刻两个停驻空中的天女，表现的应该是“诸天玉女持万金瓶，盛满甘露，住虚空中”及“天万玉女手执万瓶，皆盛香水，行住虚空”。

（5）第五格，雕刻一个宫殿建筑，其前面为五头大象，表现的应该是“五百白象子，自然罗在殿前”。

（6）第六格，雕刻一个二层高楼式城门建筑，其前方有五只狮子，表现的应该是“雪山中出五百师子，罗住城门，无所娆害”。

（7）第七格，树下雕刻三个带莲座的德瓶，瓶口皆有莲座摩尼宝珠。其中，中央上方德瓶之下雕刻出柱状物，表示其从地中涌出的样子，另两个德瓶位置偏低，露出不高，则表示其正自地中涌出。整个画面表现的应该是“地中二万宝藏自然发出”及“地中伏藏，悉自发出”。

（8）第八格，雕刻一有圆形头光、面部略仰的结跏趺坐天人。虽然该图像与

① 四川博物院、成都文物考古研究所、四川大学博物馆：《四川出土南朝佛教造像》，中华书局，2013年，第106页。

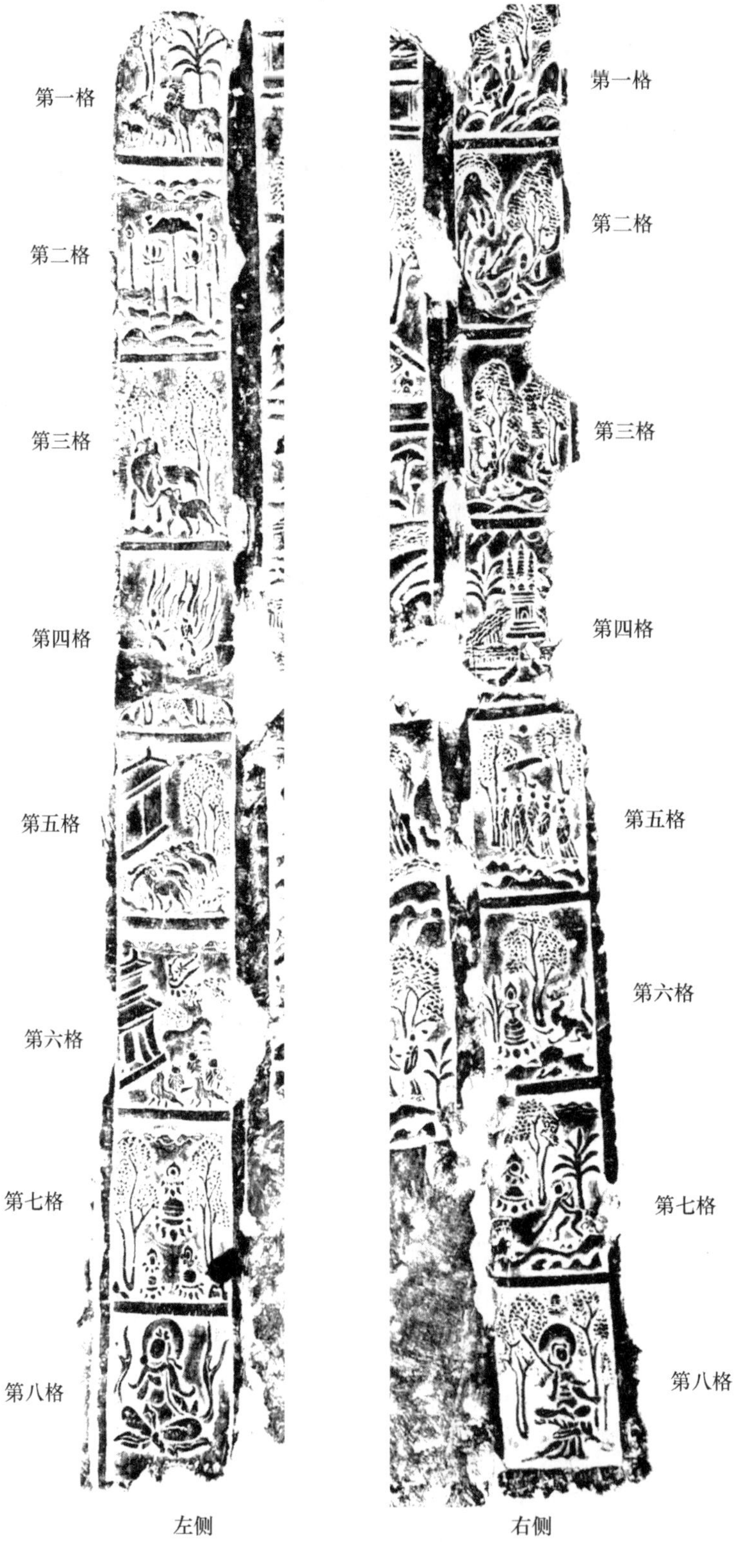

图6-29　四川博物院藏1号造像碑背面两侧图像

三十二瑞应中不容易对应，但从其面部略仰来看，似乎在望着什么，画面表示的似乎是“天为四面，细雨泽香”。

2. 右侧

（1）第一格，雕刻一个骑马奔驰的人物，马象征马拉车，表示的应该是“天神牵七宝交露车至”。

（2）第二格，雕刻两格呈飞行状的天人，两个天人的左手分别持一向后飘扬的幡形拂子，表现的应该是“天万玉女把孔雀拂，现宫墙上”。

（3）第三格，雕刻三个天人，其中两个一前一后呈飞行状，中间天人呈跪拜状，表现的应该是“天诸婇女，现伎女肩上”。

（4）第四格，雕刻一座四周绕墙的佛塔，其上有三个塔刹，构成一个以塔为中心的寺院。寺前有一桥，后面是树木山峦，右侧山峦上似有一弯月，画面中无一人物。表现的应该是“明月神珠，悬于殿堂，光明晃昱”。

（5）第五格，雕刻一列五个人物，均头戴高冠，着交领广袖衣，脚着云头大履。前方的中心人物身后有一华盖，人物身后及两侧有树木，中央上方雕刻一日。表现的似乎是《过去现在因果经》卷一所云的“三十三者诸余国王，各赍名宝同来臣伏”[①]。

（6）第六格，雕刻一树，树左侧为一莲座德瓶，瓶口有摩尼宝珠，树右侧雕刻一蹲踞的龙，表现的应该是“八方之神，奉宝来献”。

（7）第七格，雕刻一人扫地，表现的应该是“道巷自净，臭处更香”。扫地者前方雕刻一瓶口带莲座的摩尼宝珠，扫地者又可以理解为王宫的仆役，那么，瓶口有莲座摩尼宝珠的德瓶表现的应该是“中藏宝物，开现精明”。

（8）第八格，雕刻一结跏趺坐手持剑状物的天人形象，其上方有一圆日，表现的应该是“风霁云除，空中清明”。

除了南朝造像碑上的“三十二瑞应”图像之外，在甘肃敦煌莫高窟北周第290窟中也绘制了“三十二瑞应”图像[②]（图6-30），但其画面采用叙事式连续的构图方式，画面情节紧凑，内容明了，与造像碑等的构图方式明显不同，这是载体的差异造成的。

---

① （刘宋）天竺三藏求那跋陀罗译：《过去现在因果经》，《大正藏》，第3册，No.189，第625页。

② 敦煌研究院主编：《敦煌石窟艺术全集》4《佛传故事画卷》，同济大学出版社，2016年，第66、67页，图版44—49。

图6-30　甘肃敦煌莫高窟第290窟人字坡东坡“三十二瑞应”（局部）

五、结　语

通过以上论述可以看出，东魏武定四年（546 年）道颖造像碑碑阴的无忧树下太子诞生图像及诞生前后的“三十二瑞应”图像，在中原北方地区的石刻造像中是非常珍贵的，其中一些题材填补了这一地区的空白。与南朝造像碑上雕刻的内容相比较，不但其内容显得有些简单，而且雕刻方式也明显不同。南朝造像碑上多采用一图一景式，中原北方地区则以道颖造像碑为代表，采取一图数景式，也有道俗九十人造像碑上的一图一景式，而甘肃敦煌莫高窟的构图则更有其自身特点。单就石刻而言，南朝地区的“三十二瑞应”图像内容更为丰富。另外，道颖造像碑碑阴的其他题材（如二手过膝相；帝释、梵天以香水灌佛等）的特征也非常突出，是研究北方中原地区佛传故事的重要图像资料。这类题材在南北朝以后似乎不再流行，可能与此后的隋唐时期佛教完成中国化，人们更加注重对佛教思想的探讨有着密切关系。

第二节　跋陕西安塞大佛寺石窟第4窟的魔女形象

据佛经记载，魔王波旬为了阻止释迦牟尼悟道成佛，不仅派遣魔众攻击，而且派其三个女儿去诱惑，不但没有达到色诱的目的，其三个女儿还被释迦牟尼以神通力“化成老母，不能自复”。这一故事情节多见于佛传故事。一般情况下，降魔成道图像中的魔女形象由诱惑时的丰乳肥臀、身材充满诱惑的美女，被释迦牟尼以神通力变成白发苍苍、瘦骨嶙峋的老妪而已。这类降魔成道图像多见于犍陀罗、新疆拜城克孜尔石窟、甘肃敦煌莫高窟等造像或者壁画中。例如，新疆拜城克孜尔石窟第 76 窟壁画中的苦行与降魔成道图像[①]（图 6-31），画面简约，释迦牟尼身躯瘦削，结跏趺坐，施禅定印，象征释迦苦修。在其身躯右侧是赤身裸体、丰乳肥臀、妖冶无比的魔女，左侧则是三个白发老妪，表示释迦牟尼没有受到魔女的色诱，并以神通力将魔女变为老妪；甘肃敦煌莫高窟北魏第 254 窟南壁前部[②]（图 6-32）、北周第 428 窟北壁[③]（图 6-33）绘制的降魔成道壁画，画面中释迦牟尼施触地降魔印，左右两侧是兽首的魔众，左右两侧下方分别是由美变得老丑、白发苍苍的魔女。但是，山西大同云冈石窟的魔女形象前后变化不大，仅将颈部的锁骨雕刻得异常凸起，使其呈甲状腺肿的样子，如山西大同云冈石窟第 10 窟浮雕的降魔成道雕像[④]（图 6-34），释迦牟尼结跏趺坐于圆拱形龛内，施触地降魔印，龛外上方和两侧为群魔，佛座前有被降服的倒地魔众。在龛左侧下方是端庄美丽的三魔女，在其上方则是两个颈部雕刻成甲状腺肿状的魔女，表示她们被释迦牟尼以神通力变成了老妪，这种艺术形象的表现方式，某种程度上而言是一种艺术创新。

与犍陀罗、新疆拜城克孜尔石窟、甘肃敦煌莫高窟等造像或者壁画中的魔女形象相比较，陕西安塞大佛寺石窟第 4 窟魔女的诱惑画面则平淡了许多，魔女鱼贯而列于释迦牟尼两侧，人物形象简单，不像犍陀罗造像、新疆克孜尔石窟壁画中的魔女那样性感充满诱惑感。在释迦牟尼的右侧雕刻三个手执团扇于胸前的年轻女性，而其左侧则雕刻她们变为老妪后的形象，主要是将其面部变成老妪状，颈部锁骨凸起呈甲状腺

① 新疆龟兹石窟研究所编：《中国新疆壁画 · 龟兹》，新疆摄影艺术出版社，2008年，第27页，图版二一。

② 敦煌文物研究所：《中国石窟 · 敦煌莫高窟（一）》，文物出版社、株式会社平凡社，1982年，图版33。

③ 敦煌研究院主编：《敦煌石窟艺术全集》4《佛传故事画卷》，同济大学出版社，2016年，第44页，图版21。

④ 中国石窟雕塑全集编辑委员会编：《中国石窟雕塑全集》3《云冈》，重庆出版社，2001年，第121页，图版一二〇，说明文字参见第42页。

图6-31 新疆拜城克孜尔石窟第76窟苦行与降魔成道（魔女的诱惑）壁画

图6-32 甘肃敦煌莫高窟第254窟南壁前部的降魔成道壁画

图6-33 甘肃敦煌莫高窟第428窟北壁降魔成道壁画

图6-34 山西大同云冈石窟第10窟降魔成道雕像

肿的样子，双手分别拄一木棍状的拐杖[①]（图 6-35）。将颈部凸起的锁骨雕刻成甲状腺肿的样子，难免让人联想起安塞大佛寺石窟第 4 窟受了云冈石窟降魔成道图像的影响，或者其工匠可能来自平城地区（今山西大同），否则的话，颈部锁骨凸起呈甲状腺肿状的细节表现是难以复制出来的。

某种程度上而言，这种以一种病态表现魔女的前后身体变化，有可能与在北魏统治区域内曾经流行甲状腺肿，人们对这种症状有恐惧感有关，人们从审美角度视之为丑陋，从而以之来表现魔女由美变丑，同时也影响到了陕西安塞大佛寺石窟第 4 窟的开凿。

另外，陕西安塞大佛寺石窟第 4 窟中雕刻的线条流畅的银杏树树叶，也是北魏迁都洛阳以后的表现形式，虽然东魏、北齐时期仍然在雕刻，但在西魏时期及其西魏统治的区域内却并不流行，所以，陕西安塞大佛寺石窟第 4 窟的年代不会晚到西魏时期，应该是北魏孝文帝变法以后特别是迁都洛阳后的北魏作品，年代在北魏中晚期，特别是将魔女的形象及银杏树两者结合起来看，属于北魏晚期作品的可能性更大。

图6-35　陕西安塞大佛寺石窟第4窟的魔女形象

第三节　跋唐代的月宫故事镜

在唐代铜镜中，有不少的人物故事镜，其中装饰嫦娥奔月题材的月宫故事镜，因其鲜明而有趣的故事情节而格外为人们所瞩目。月宫故事镜表现的故事题材是嫦娥奔月，说明这个故事在唐代流传较广。前辈学者孔祥星、刘一曼先生曾对月宫故事的题

① 延安市文物研究所：《延安石窟菁华》，陕西人民出版社，2016年，第18、19页。

材有论述，并究明了故事题材的基本内涵[①]。笔者在此通过对嫦娥奔月故事情节的补缀，主要讨论一下其装饰题材的布局特征及装饰技法，并探讨其装饰技法与中外文化交流的关系。

（一）故事情节的补缀

装饰嫦娥奔月题材的唐代月宫故事铜镜（图6-36），在题材的配置上虽然略有差异，但其基本的元素构成表现为：桂树、形如飞天一样飞翔的嫦娥（手中托物或者持装饰“大吉”二字的长方形牌）、白兔捣药、跳跃的蟾蜍[②]。这些元素基本上可以与文献记载相对应。但是，值得注意的是，构成月宫故事铜镜背面题材的诸多元素，大多都是强调其中数个情节，并没有完整地展现整个故事的发展情节，因此，需要根据文献记载对其进行补缀，笔者对这一问题曾经进行过探讨[③]，此不赘述。这里仅对有关嫦娥奔月的内容进行探讨并补缀故事情节。

唐代的月宫故事铜镜不仅画面优美，而且其中的嫦娥与蟾蜍的关系也是人们所津津乐道的。据《淮南子》卷六《览冥篇》记载：“羿请不死之药于西王母，姮娥窃以奔月，怅然有丧，无以续之。”[④]又《初学记》卷一《天第一》所引《淮南子》尚有“托身于月，是为蟾蜍，而为月精”[⑤]的记载。说明奔月后由美貌的仙女变成了丑陋的蟾蜍。在有的月宫故事镜上，飞翔的嫦娥手中还持一个上有“大吉”二字的长方形牌，这也

1　　2　　3

图6-36 唐代的月宫故事铜镜

1、3.《中国铜镜图典》收录 2.浙江江山出土

① 孔祥星、刘一曼：《中国古代铜镜》，文物出版社，1984年，第159页。

② 孔祥星、刘一曼：《中国铜镜图典》，文物出版社，1984年，第624—627页。

③ 冉万里：《汉代以来月宫故事图像的考古学观察》，《秦汉研究》（第八辑），陕西人民出版社，2014年，第54—72页。

④ 何宁：《淮南子集释（上）》，《新编诸子集成》（第一辑），中华书局，1998年，第501、502页。

⑤ （唐）徐坚等：《初学记》，中华书局，2004年，上册，第4页。

是有文献依据的，表现的是嫦娥奔月前曾经找有黄占卜的情节。据张衡《灵宪》云："羿请不死之药于西王母，姮娥窃之以奔月。将往，枚筮之于有黄。有黄占之，曰：'吉。翩翩归妹，独将西行，逢天晦芒，毋惊毋恐，后且大昌。'嫦娥遂托身于月，是为蟾蜍。"[①]

根据以上文献所记载的内容，大体可以勾勒出嫦娥奔月故事的发展脉络，共计6个情节：①后羿自西王母处得到不死之药；②后羿之妻嫦娥窃药；③奔月前的准备（占卜）；④奔月过程；⑤至月宫后变为蟾蜍；⑥与捣药的玉兔、桂树共处月宫。从唐代月宫故事镜的装饰来看，其画面构成是自第3个情节"奔月前的准备"开始的，画面中共涉及其中的4个情节——③—⑥，但表现出来的只有3个情节，主要是将其中③"奔月前的准备（占卜）"与④"奔月过程"两个情节合并在了一起。唐代月宫故事铜镜的装饰，是将不同时间段发生的故事情节置于同一画面中，从而形成了嫦娥奔月、变为蟾蜍及与捣药玉兔、桂树并存于月宫的图像，这种表现手法是较为典型的异时同图法，其特点是一图数景（情节），即不同时间段的情节同时出现在一个画面中。这种表现手法主要见于古印度早期佛教造像及犍陀罗造像等，我国的佛教造像和壁画受其影响，也有采用这种表现手法者。这说明，唐代月宫故事铜镜背面故事情节的表现手法与外来文化有着密切相关。

图6-37　印度巴尔胡特塔公元前1世纪鹿王本生浮雕

（二）唐代月宫故事铜镜装饰手法的源流

唐代月宫故事铜镜的采用异时同图的表现手法，吸收了佛教造像及壁画的表现手法，与古印度早期佛教造像及犍陀罗佛教造像中的异时同图表现手法非常相似。例如，印度巴尔胡特塔上雕刻的公元前1世纪的鹿王本生浮雕[②]（图6-37）、阿富汗阿姆河流域昆都士出土的犍陀罗造像上雕刻的四门出游场景[③]（图6-38），都采用的是异时同图的表现手法。还有大量的燃灯佛授记本生采用异

①　（清）严可均辑：《全上古三代秦汉三国六朝文》，中华书局，1955年，第776、777页。

②　〔日〕肥塚隆、宮治昭：《世界美術大全集・東洋編》第13巻《インド（1）》，小学館，2000年，第32頁，図版23。

③　〔日〕奈良国立博物館：《仏教美術ハンドブック》2《美術にみる釈尊のあゆみ》，天理时报社，2010年，第29頁。

图6-38　阿富汗阿姆河流域昆都士出土的四门出游造像

时同图的表现手法，将儒童买花、抛撒花朵、欢喜腾空、解发布地表现在同一画面中。例如，巴基斯坦拉合尔博物馆收藏的犍陀罗造像中的燃灯佛授记本生[①]（图 6-39）、白沙瓦博物馆收藏的犍陀罗造像中的燃灯佛授记本生[②]（图 6-40）等，其表现手法均采用了基本相同的异时同图法。

受古印度早期佛教造像及犍陀罗造像异时同图表现手法的影响，新疆拜城克孜尔石窟壁画中也出现这种图像，如其中第 76 窟绘制的四门出游场景[③]（图 6-41）。沿着绿洲丝绸之路向东，在敦煌莫高窟壁画中也出现了类似的异时同图的表现手法，如甘肃敦煌莫高窟北魏第 254 窟南壁绘制的萨埵太子舍身饲虎本生故事，采用异时同图的表现手法，将萨埵太子三兄弟见虎、跳崖、刺颈出血、饲虎、亲属收骨、造塔供养等多个情节绘制在同一幅画面中[④]（图 6-42）。

从以上所列举的传播情况来看，异时同图的表现手法大体上是从古印度—古龟兹—敦煌—唐代京师长安地区，可以明显地看出一条传播路线。这条传播路线，与绿洲丝绸之路基本是吻合的。所以，唐代铜镜上的月宫故事采用异时同图的表现手法，其源头应该是古印度的早期佛教造像及犍陀罗佛教造像，并经过绿洲丝绸之路传播到

---

① 〔日〕田辺勝美、前田耕作：《世界美術大全集・東洋編》第15卷《中アジア》，小学館，1999年，第106頁，図版132。

② 笔者拍摄于巴基斯坦白沙瓦博物馆。

③ 新疆龟兹石窟研究所编：《中国新疆壁画・龟兹》，新疆摄影艺术出版社，2008年，第26页，图版二〇。

④ 敦煌研究院主编：《敦煌石窟艺术全集》1《再现敦煌》，同济大学出版社，2016年，第201页，图版214。

图6-39 巴基斯坦拉合尔博物馆藏燃灯佛授记本生造像

图6-40 巴基斯坦白沙瓦博物馆藏燃灯佛授记本生造像

图6-41 新疆拜城克孜尔石窟第76窟四门出游壁画

图6-42 甘肃敦煌莫高窟北魏第254窟萨埵太子舍身饲虎本生壁画

唐代京师长安地区。在唐代众多的人物故事镜中，由于嫦娥奔月的故事内容丰富，故事情节的连续性较强，同时故事内容又广为流传，为当时人所喜爱，所以，较为适合采用异时同图手法来表现，以之作为装饰也为人们所喜闻乐见。这样的装饰，不仅可以使月宫故事铜镜美观实用，而且最终也使得作为商品的月宫故事铜镜的“销量”增加。

（三）结语

唐代月宫故事镜装饰题材及其布局的突出特征，与汉代以来的其他月宫图像完全不同，这些月宫图像中完全没有出现嫦娥的图像，要么只有蟾蜍，要么只有玉兔和蟾蜍，要么为蟾蜍、玉兔和桂树，而且完全未采用异时同图的手法进行表现。唐代其他载体上的月宫图像，则以桂树居中，两侧分别绘制或者雕刻蟾蜍、捣药玉兔，展现的是故事的最后一个情节，也没有采用异时同图的手法。显然，装饰嫦娥奔月题材的唐代月宫故事镜，在装饰手法上实现了超越和突破，而这一超越和突破，与印度、巴基斯坦佛教造像等的异时同图手法密切相关，单就这一个故事题材的表现形式来看，可以说是“前无古人，后无来者”，这也是唐代人能够在各个方面融合外来文化，使得外来文化为我所用，并创造出新样式的又一个代表性案例。另外，嫦娥形象本身就来自壁画和雕刻中的飞天形象，其受佛教影响可见一斑。

第四节　跋青海都兰吐蕃墓出土的鸟纹锦题材

1983 年，在青海都兰吐蕃墓中曾经发现一块鸟纹锦（图 6-43），横宽 49、纵长 18 厘米，现藏于青海省文物考古研究所。其年代被认为在 7—9 世纪，而且被认为很可能产于波斯[①]。赵丰将其命名为“黄地瓣窠灵鹫纹锦”，认为是斜纹纬锦，其中的图案是鹰爪抓住一人形动物，并对其纹样进行了复原（图 6-44），同时还认为其中鹰的正面造型在中国极为罕见，在西方却较为常见，即使在中亚地区也时有发现，并列举了乌兹别克斯坦扎尔特佩发现的类似壁画题材[②]。

从都兰吐蕃墓出土的鸟纹锦构图来看，其图案的基本元素为两个：一个是鹰，另一个是鹰的双爪抱持的似人非人的猴子状动物。由于其题材非常简约，难以直接地判断其所表现的题材内涵是什么，但可以借助与之类似的相关壁画等图像资料对其进行推测。

---

① 〔日〕大広：《中国☆美の十字路展》，株式会社東京印書館，2005年，第226、227頁，図版189。

② 赵丰主编：《丝绸之路：起源、传播与交流》，浙江大学出版社，2015年，第128页。

图6-43　青海都兰吐蕃墓出土鸟纹锦

鹰和猕猴的题材，在佛教绘画中较多，就目前国内的发现的情况来看，较多地集中在新疆拜城克孜尔石窟，如克孜尔第118窟窟顶中部绘制的一幅鹰抓猕猴的狮王本生故事壁画[①]（图6-45）。与壁画中的鹰呈飞翔或者俯冲状不同，鸟纹锦中的鹰首偏于一侧，头后有圆形头光，鹰双翅伸展呈正面形象，在鹰的胸部及羽翅上部织出横向排列的连珠纹，整个图案的周边织成八个连弧形装饰以象征莲瓣，表现出一定的佛教因素。鹰爪抱持的小猕猴上肢伸展，面方且两耳较大。

在犍陀罗造像中，有鹰形迦楼罗抢掠龙女的造像，如英国维多利亚与阿尔伯特美术馆收藏的迦楼罗抢掠龙女的犍陀罗造像[②]（图6-46），其中的龙女形象是一位美丽的女性，与鸟纹锦上方面大耳呈裸体状丑陋不堪的形象不一致。在马图拉的造像中，也有类似的迦楼罗抢掠龙女的造像，如印度马图拉博物馆收藏的2世纪迦楼罗抢夺龙女的造像[③]（图6-47）。被迦楼罗抢掠的龙女造型，与希腊神话中宙斯抢掠的克里特美少年伽倪墨得斯非常相似。宙斯化为雄鹰将伽倪墨得斯掳走，在奥林匹斯山上公然与之欢爱，引发赫拉的嫉妒并设计害死这名美少年，将之变为一只水瓶。

又据《经律异相》卷四十七记载："过去世有一师子王，在深山窟，常作是念：我是一切兽中之王，力能视护一切诸兽。山中有二猕猴，共生二子。时二猕猴问师子王：

① 新疆维吾尔自治区文物管理委员会、拜城县克孜尔千佛洞文物保管所、北京大学考古系：《中国石窟·克孜尔石窟（二）》，文物出版社，1996年，图版153。

② 〔日〕栗田功：《ガンダーラの美術（Ⅱ）》（改訂増補版），二玄社，2003年，第176頁，図版510。

③ 〔日〕肥塚隆、宮治昭：《世界美術大全集·東洋編》第13巻《インド（1）》，小学館，2000年，第107頁，挿図68。

图6-44 青海都兰吐蕃墓出土鸟纹锦的纹样复原

图6-45 新疆拜城克孜尔石窟第118窟窟顶中部的鹰抓猕猴的狮王本生故事壁画

图6-46 英国维多利亚与阿尔伯特美术馆藏犍陀罗迦楼罗抢掠龙女造像

图6-47 印度马图拉博物馆藏2世纪迦楼罗抢夺龙女造像

王若能护一切兽者，我今二子以相委付，我欲余行求觅饮食。时师子王即便许之，猕猴留寄二子即舍而行。是时山中有一鹫鸟王，厥名利，见师子王睡，即便抟取猕猴二子处崄而住。师子王即寤，即白鹫言：我今固请，见为放之。莫令失信，生我惭愧。鹫王答曰：我能飞行空，无畏过汝界。若欲护二子，为我应舍身。师子又曰：我今护二子，舍身如枯草。护身而妄语，云何得称行。说是偈已，即至高处欲舍其身。鹫王复曰：为他能舍身，则受无上乐。施汝猕猴子，愿王莫自害（出《大集经》第三卷）。”[①] 根据这段狮王本生故事雕刻的佛教造像或者绘制的壁画，其艺术表现形式有以下两种。

第一种形式仅表现了鹰抓猕猴之子这一部分内容，而省略了狮子和猕猴之母、树木等辅助内容，是一种较为简约的表现形式，如前文列举的新疆拜城克孜尔石窟第 118 窟窟顶中部绘制的狮王本生故事。

第二种形式则出现狮子、猕猴、鹰和被抓的小猕猴及花树等。这种情况在新疆拜城克孜尔石窟绘制较多，如克孜尔石窟第 14 窟（图 6-48）、第 38 窟（图 6-49）、第 178 窟（图 6-50）等窟绘制的狮王本生故事壁画[②]。在新疆库车库木吐喇石窟也有此类本生故事壁面，如库木吐喇石窟第 23 窟绘制的狮王本生故事壁画[③]（图 6-51）。这些壁画的画面布局与构图方式基本相似，只是狮子与猴子的位置略有变化，都绘制于菱形格或者半个菱形格内，中央一棵大树，树冠旁是双爪抓小猴子的鹰，在相关资料中鹰

图6-48　新疆拜城克孜尔石窟第14窟狮王本生壁画

图6-49　新疆拜城克孜尔石窟第38窟狮王本生壁画

① （梁）沙门僧旻、宝唱等集：《经律异相》，《大正藏》，第53册，No.2121，第224页。

② 新疆维吾尔自治区文物管理委员会、拜城县克孜尔千佛洞文物保管所、北京大学考古系：《中国石窟·克孜尔石窟（二）》，文物出版社，1996年，图版135；新疆龟兹石窟研究所编：《中国新疆壁画·龟兹》，新疆美术摄影出版社，2008年，第78页，图版六七；贾应逸、非青编：《新疆壁画线描精品》，新疆美术摄影出版社，1993年，第31页，图42。

③ 贾应逸、非青编：《新疆壁画线描精品》，新疆美术摄影出版社，1993年，第33页，图47。

图6-50　新疆拜城克孜尔石窟第178窟狮王本生壁画

图6-51　新疆库车库木吐喇石窟第23窟的狮王本生壁画

图6-52　新疆吐鲁番阿斯塔那唐代M325出土猪头纹锦

也往往被称为鹫。从克孜尔石窟及库木吐喇石窟壁画中绘制数量不少的同类题材的壁画来看，狮王本生故事在当地为人们所熟识而且是比较重要的一个本生故事。

如此，青海都兰吐蕃墓出土的鸟纹锦上装饰的可能也是狮王本生故事的内容，其表现形式属于狮王本生故事艺术表现形式的第一种，只是其画面较为简约，辨认起来较为困难而已。那么，能够生产这类丝绸的地点，应该是既能够织出纬锦又对这类佛教题材较为熟悉的地区。从目前所知的龟兹、高昌能够纺织纬锦并流行佛教这两点来看，该鸟纹锦的产地可能是龟兹或者高昌地区，可能是仿制西方的产品然后输出的。在新疆吐鲁番阿斯塔那与哈拉和卓的唐代墓葬之中就曾发现仿制的猪头纹锦，如新疆吐鲁番阿斯塔那唐代M325出土的猪头纹锦[①]（图6-52）。

① 新疆维吾尔自治区博物馆编：《中国博物馆丛书》第9卷《新疆维吾尔自治区博物馆》，文物出版社、株式会社讲谈社，1991年，图版57，说明文字参见第184页。

又从鹰的表现形式为正面，其胸部和羽翼织出的横向连珠纹来看，它们也可能与中亚粟特人有关。虽然粟特人主要信仰祆教，但为了贸易而织出与佛教题材相关的织锦也无不可。也就是说，不排除粟特人为了出售自己的产品，而刻意将一些佛教题材作为其织锦的装饰图案的可能性。

第五节　跋长沙窑瓷器装饰纹样中的树神图像

湖南长沙窑遗址出土的一件褐斑模印贴花执壶腹部的模印贴花纹饰非常独特，格外引人注目[①]（图6-53）。其上的模印贴花纹饰为一粗壮的树干，树干上下左右为棕榈树形的宽阔树叶，树干上方是露出上半身的人物，人物头戴冠，冠两侧缯帛下垂，双手合十，颈部有项饰，双臂上部装饰臂钏，由于其形象如菩萨，所以，一般将其与树叶一起称为“羽叶菩萨纹”。

图6-53　湖南长沙窑遗址出土褐斑模印贴花执壶

众所周知，长沙窑是唐代经营外销瓷的重要窑口之一，其产品远销东亚的日本、西亚及中亚等地，如在印度尼西亚勿里洞海域打捞的著名的“黑石号”沉船中，其上装载的主要是长沙窑产品，由此可见长沙窑在唐代外销瓷中的地位。由于其外销瓷的性质，在其产品中不仅以大量的唐诗和格言为题材装饰纹样，还有一部分装饰充满外来文化色彩，这里着重探讨一下上述褐斑模印贴花执壶“羽叶菩萨纹”的问题。

在目前所知的长沙窑产品中，与佛教相关的装饰题材比较常见而且数量巨大，主要有佛塔、草庐、莲花、莲花化生等，甚至有些器物上还直接以釉下彩的形式写着“佛”字，其中褐斑模印贴花执壶上的“羽叶菩萨纹”是比较特殊且罕见的纹饰，其主要特点表现为：在树木之上露出人像的上半身，而且双手合十，装饰华丽。这种在树木的枝干上显出上半身的人像，从视觉效果来看，其形象确实与菩萨像非常相似，加上长沙窑产品上装饰着大量的佛教题材，所以人们往往简单地以“羽叶菩萨纹”称之，而没有深究。笔者以为，褐斑模印贴花执壶上所表现的不是菩萨像，应该是释迦牟尼诞生前后的三十二瑞应之一的“树神半身人现，低首礼侍”。树神以半人的形象出现，

① 李效伟：《长沙窑——大唐文化辉煌之焦点》，湖南美术出版社，2003年，第42页，图版76。

并对诞生前后的释迦牟尼进行礼拜，就是为了表示释迦牟尼诞生的神奇和伟大，并以之象征释迦牟尼的诞生。

据《普曜经》卷二《欲生时三十二瑞品》记载："佛语比丘，满十月已，菩萨临产之时，先现瑞应三十有二。……三十二、一切树神半身人现，低首礼侍。是为三十二。当此之时壃埸左右，莫不雅奇，叹未曾有。"① 又据《修行本起经》卷上云："天降瑞应，三十有二。……三十二、树神人现，低首礼侍。当此之时，十六大国，莫不雅奇，叹未曾有。"②

根据佛经的记载，可知释迦牟尼诞生前后天降三十二瑞应，其中之一便是树神以半身人出现，低首礼侍。褐斑模印贴花执壶上的装饰，人物仅露出上半身，而且装饰华丽——有冠饰、项饰、臂钏，特别是其呈双手合十呈礼拜的样子，与佛经相吻合。与此同时，树木的枝干粗壮，树叶宽阔，枝叶茂盛，也可以看作其作为树神的特点。

褐斑模印贴花执壶上的纹饰题材虽然简单，但明确地表现了释迦牟尼诞生前后的三十二瑞相之一的"一切树神半身人现，低首礼侍"，它与其他佛教题材一起，展示了长沙窑产品上蕴含的唐代佛教文化。

第六节 迦陵频伽与摩竭的绝妙结合
——赏析一件辽代白瓷提梁壶

图6-54 内蒙古巴林左旗乌兰套海苏木辽代遗址出土白瓷提梁壶

在内蒙古巴林左旗乌兰套海苏木辽代遗址出土1件白瓷提梁壶（图6-54），这件器物高16、长19.5厘米，被人们称为"人鱼形提梁壶"③。笔者通过对其仔细观察，发现该器物的造型并不是所谓的"人鱼形提梁壶"，而是辽代瓷器制作者将迦陵频伽与摩竭形象完美结合的产物。即使是一件工艺美术品，其造型的美也是令人叹为观止的。这件白瓷提梁壶的造型，制作者取舍得当，不仅在视觉效果上给人以美感，而且彰显了制作者独到的审美观。其造型中所包含的浓郁

① （西晋）月氏三藏竺法护译：《普曜经》，《大正藏》，第3册，No.186，第492、493页。

② （后汉）西域三藏竺大力共康孟详译：《修行本起经》，《大正藏》，第3册，No.184，第464页。

③ 张柏主编：《中国出土瓷器全集》4《内蒙古》，科学出版社，2008年，第66页，图版66。

的佛教文化元素，不仅是制作者佛教文化素养的反映，也是那个时代佛教文化影响的结果。烧造这件器物的工匠，绝对是当时的工艺美术大师，而且其制作者有深厚的佛教情结。现在，我们就来静静地赏析其造型结构中包含的美和佛教文化元素吧。

从侧视的角度来看，这件白瓷提梁壶的主体部分呈仕女形象，其双手于胸前托起一龙头状流，龙头状流似乎是穿胸而出，与后部的鱼身完美地构成摩竭（亦作羯）的形象，而且鱼身之上又贴塑两个鸟羽状羽翼。从视觉效果来看，使人看到了一个带羽翼的摩竭形象。在辽代的瓷器、金银器等器物中，以带双翼的摩竭形象作为器物造型者不在少数，如将照明的灯具制作成双翼摩竭形就是重要的例证[①]。此外，还有大量的以双翼摩竭为装饰题材的器物。由此可见，辽代人对于来自佛教文化的摩竭的喜欢，这又从一个侧面反映出辽代佛教文化的盛行。

摩竭是何物？据《一切经音义》卷二十记载："摩伽罗鱼，亦云摩竭鱼，正言么迦罗鱼，此云鲸鱼也。"[②]《一切经音义》卷二十三也记载："摩竭鱼，此云大体也。谓即此方巨鳌鱼，其两目如日，张口如涧谷吞舟，光出濆流如潮，若歙水如壑，高下如山，大者可长二百里也。"[③]《翻译名义集》卷二云："摩竭，或摩伽罗。此云鲸鱼，雄曰鲸，雌曰鲵，大者长十余里。《大论》云，五百贾客，入海采宝，值摩竭鱼王开口，船去甚疾。船师问楼上人：'何所见耶？'答曰：'见三日及大白山，水流奔趣如入大坑。'船师云：'三日者，一是实日，二是鱼目，白山是鱼齿，水奔是入鱼口，我曹死矣。'时船中人，各称所事，都无所验。中有优婆塞，语众人言：'吾等当共称佛名字，佛为无上救苦厄者，众人一心共称南无佛。是鱼先世，曾受五戒，得宿命智，闻佛名字，即自悔责。'鱼便合口，众人命存。《庄子》云：'吞舟之鱼，失水，则蝼蚁而能制之'。"[④]辽代的摩竭形象往往装饰硕大的带有夸张性质的双羽，但其形象明显受到唐代的影响，这一点已有众多的论述，此不赘述。

白瓷提梁壶呈仕女形状的部分，实际上是迦陵频伽的头部和胸腹部。匠人在制作时仅露出其胸腹部，巧妙地省略了迦陵频伽的尾部，同时又在壶两侧贴塑出鸟羽状羽翼，让迦陵频伽与摩竭共用一对羽翼，在视觉效果上达到了表现迦陵频伽鸟身部分的目的。但匠人似乎意犹未尽，或者说仅仅如此的话尚不足以表达其匠心独具的构思。为了更进一步表达其设计思想，匠人又在有意无意之间，在器物圈足的侧面贴塑出带蹼的爪状足，而摩竭是没有爪足的，显然这是匠人为了更进一步说明提梁壶呈仕女形状的这一部分表现的是迦陵频伽，是其匠心独具之作，这犹如一场大戏有了戏眼。贴

① 孙机：《摩羯灯——兼谈其相关问题》，《文物》1986年第12期。
② （唐）慧琳：《一切经音义》，《大正藏》，第54册，No. 2128，第433页。
③ （唐）慧琳：《一切经音义》，《大正藏》，第54册，No. 2128，第456页。
④ （南宋）法云：《翻译名义集》，《大正藏》，第54册，No. 2131，第1091页。

塑于圈足侧面的爪足，看起来在有意无意之间，实为画龙点睛之笔，是匠人要告诉观赏者或使用者，其呈仕女形状的部分是迦陵频伽，虽然未完整地表现出迦陵频伽的身躯，但“此时无声胜有声”。以笔者的眼光来观察，它活脱脱就是一体迦陵频伽，犹如断臂的维纳斯——无臂胜有臂，那这件提梁壶的迦陵频伽部分则是无身胜有身了。又让其站立在覆莲座之上，同时提梁壶的口部也呈莲花状，从而使得这件器物与佛教盛行的大背景相吻合。

通过分析可清晰地看出，这件白瓷提梁壶是迦陵频伽与摩竭绝妙结合的产物，其造型中充满佛教文化的元素，而其出自盛行佛教的辽代遗址绝非偶然。众所周知，辽代是继隋唐之后崇尚佛教的一个时期，至今遗留下来的佛教遗迹与遗物可以说不胜枚举。正是由于整个时期对佛教的崇尚，使得工匠们得以吸收借鉴佛教的艺术形象，从而创造出大量与佛教有关的新器形与新题材，不仅丰富了物质和精神文化，更重要的是显示了文化交流的重要作用。

后　记

岁末年初，“新冠”这个不受欢迎的化了妆的“瘟神”，硬生生闯进了西安，并肆虐起来，西安也不得不按下了暂停键，而其他地区人们的工作、生活则一如既往地其乐融融地前行着。这种不同步性，不仅给居住在西安的人们的工作、生活本身带来不便，而且需要与外部合作才能进行的工作或不得不停下来，或狼狈不堪地勉勉强强地继续着，书稿的校对工作就属于后者。

西安封城期间，顺丰还在继续邮递着各种货物，当顺丰邮递员隔着高高的铁门的栅栏，将科学出版社编辑柴丽丽女士邮寄来厚厚的《丝路豹斑（再续）》书稿递到我手里时，我的心情复杂，简单地说，就是喜忧参半。虽然嘴里说着或者心里想着：疫情封城期间，待在家里可以好好地认真地如扫落叶一般来校对书稿。但现实是：心情无法宁静下来，也就谈不上什么效率，就这么时断时续地艰难地翻阅着。每当看到一个不当或者错误之处，嘴里就念叨一遍：坚决消灭每个病毒分子，绝不允许其猖狂！除过这些之外，对于有些错别字或者不当，心里也自我问道：怎么可能出现这样莫名其妙的错误呢？不可能吧？但事实是：它就“堂堂正正”地蹲在那儿，那就得让它消失或者变形，用正确的加以替代。特别麻烦的是，封城期间不能去办公室，也就谈不上与原著原文进行核对，就只好动用以前积攒的一点电子版图书资料进行校对，但自己积攒得并不多，就不得不麻烦别人。这期间，也确实麻烦了多位同仁和学生，如西北大学文化遗产学院党委书记李伟，陕西省考古研究院研究馆员田有前，硕士研究生张佩玲、周艺欣、全刘涛等，他们或多或少地提供了力所能及的帮助，使得一些错误得以订正，使得一些疑问落地靠实，使得一些问题得到彻底解决，加快了校对的进度，这些都是不能不感谢的。特别是责任编辑柴丽丽女士，认真负责，不放过一字一词一标点的错误，在书稿中用各种符号和颜色表示出来，加以提醒，付出的辛劳巨大，非常让人感动，在这里深表谢意。同时，对长期以来支持、帮助我的亲友们，也在此深表谢意。拙著中的错误在所难免，敬请诸位同仁和朋友批评指正。在文末，就以几句带有感情色彩的话语作为结束吧：

历史是什么？历史就是回眸一望，可以包含泪水，因为我深沉地热爱着这片土地；也可以满目疮痍，极目沧桑，因为我深沉地爱着这片土地；还可以金戈铁马，马革裹尸，也是因为我深沉地爱着这片土地；可以默然而平淡无奇，因为我深沉地爱着这片土地；可以迸发思想火花，也是因为我深沉地爱（着）这片土地；更可以是五千年文明之大美，还是因为我深沉地爱着这片土地。